Gestão Ambiental

O GEN | Grupo Editorial Nacional – maior plataforma editorial brasileira no segmento científico, técnico e profissional – publica conteúdos nas áreas de ciências sociais aplicadas, exatas, humanas, jurídicas e da saúde, além de prover serviços direcionados à educação continuada e à preparação para concursos.

As editoras que integram o GEN, das mais respeitadas no mercado editorial, construíram catálogos inigualáveis, com obras decisivas para a formação acadêmica e o aperfeiçoamento de várias gerações de profissionais e estudantes, tendo se tornado sinônimo de qualidade e seriedade.

A missão do GEN e dos núcleos de conteúdo que o compõem é prover a melhor informação científica e distribuí-la de maneira flexível e conveniente, a preços justos, gerando benefícios e servindo a autores, docentes, livreiros, funcionários, colaboradores e acionistas.

Nosso comportamento ético incondicional e nossa responsabilidade social e ambiental são reforçados pela natureza educacional de nossa atividade e dão sustentabilidade ao crescimento contínuo e à rentabilidade do grupo.

Mari Elizabete Bernardini Seiffert

Gestão Ambiental

Instrumentos, Esferas de Ação e Educação Ambiental

3ª Edição

gen | atlas

A autora e a editora empenharam-se para citar adequadamente e dar o devido crédito a todos os detentores dos direitos autorais de qualquer material utilizado neste livro, dispondo-se a possíveis acertos caso, inadvertidamente, a identificação de algum deles tenha sido omitida.

Não é responsabilidade da editora nem da autora a ocorrência de eventuais perdas ou danos a pessoas ou bens que tenham origem no uso desta publicação.

Apesar dos melhores esforços da autora, do editor e dos revisores, é inevitável que surjam erros no texto. Assim, são bem-vindas as comunicações de usuários sobre correções ou sugestões referentes ao conteúdo ou ao nível pedagógico que auxiliem o aprimoramento de edições futuras. Os comentários dos leitores podem ser encaminhados à **Editora Atlas Ltda.** pelo e-mail faleconosco@grupogen.com.br.

Rua Conselheiro Nébias, 1384
Campos Elíseos, São Paulo, SP – CEP 01203-904
Tels.: 21-3543-0770/11-5080-0770
faleconosco@grupogen.com.br
www.grupogen.com.br

Capa: Nilton Masoni

Composição: Set-up Time Artes Gráficas

CIP-BRASIL. CATALOGAÇÃO NA PUBLICAÇÃO
SINDICATO NACIONAL DOS EDITORES DE LIVROS, RJ

C938c

Seiffert, Mari Elizabete Bernardini
Gestão ambiental: instrumentos, esferas de ação e educação ambiental / Mari Elizabete Bernardini Seiffert. – 3. ed. – [4. Reimpr.]. – São Paulo: Atlas, 2019.

Bibliografia
ISBN 978-85-224-8715-8

1. Desenvolvimento sustentável 2. Educação ambiental 3. Gestão ambiental 4. Meio ambiente I. Título.

07-4493 CDD-333.72

Índice para catálogo sistemático:
1. Gestão ambiental : Conservação e proteção do meio ambiente : Economia 333.72

*"Ninguém pode voltar atrás e mudar o ontem,
mas, sem dúvida, todos podemos começar agora
a fazer um novo hoje e amanhã."*

Sumário

Agradecimentos

À Fundação de Amparo à Pesquisa do Estado de São Paulo (FAPESP) pelo apoio nas pesquisas realizadas, cujos resultados parciais são aqui divulgados.

À Especialista em Gestão Ambiental Renata da Silva Lelis, pelo apoio na pesquisa bibliográfica que integra este livro.

A Mara Regina Bernardini pelo apoio na edição desta publicação.

Aos(Às) bons(boas) alunos(as), que sempre deixam marcas indeléveis na existência de cada professor. Muitos(as), sem dúvida, contribuíram, com seu interesse e percepção crítica, para o aprimoramento do conteúdo aqui apresentado.

Aos meus antigos mestres da Universidade Federal de Santa Catarina (UFSC), pois cada um contribuiu a sua maneira para minha formação.

Prefácio

O ser humano percebeu que a forma como vem conduzindo seus processos produtivos, desde a Revolução Industrial, provoca problemas socioambientais, com um potencial crescente de impactos que afetam drasticamente e de um modo altamente negativo sua saúde e qualidade de vida. Alguns prognósticos mais pessimistas chegam mesmo a considerar a própria extinção do ser humano como raça. As leis da natureza determinam que a cada ação existe uma reação correspondente. A incapacidade dessa raça de utilizar os recursos naturais disponíveis no planeta de forma racional acabou por gerar tamanho desequilíbrio ambiental, que a tornou incapaz de sustentar sua existência.

A polêmica sobre a necessidade de o homem repensar seus processos produtivos, a fim de moldá-los segundo a ótica da sustentabilidade, não é um fato recente. Mas a divulgação dos resultados do relatório do Painel Intergovernamental de Mudanças Climáticas (IPCC) revelou que algumas previsões quanto ao aquecimento global, anteriormente consideradas alarmistas, foram confirmadas. Isso vem gerando acaloradas discussões e grande mobilização de pesquisadores na área, bem como extensa veiculação na mídia para a importância do equilíbrio ambiental. Felizmente, esse contexto parece estar implicando em uma mudança de paradigma social, onde a preocupação ambiental, antes considerada por muitos como "um modismo", tornou-se uma necessidade para a sobrevivência do homem. Nesse contexto, a implantação de instrumentos de gestão ambiental, em seus vários níveis de abrangência e naturezas, tornou-se um imperativo social, o que vem demandando a formação de massa crítica compatível com essa nova realidade.

Além disso, vivemos atualmente a era do conhecimento, quando passamos a deixar de vender somente nossas habilidades manuais e estamos inexoravelmente rumando a uma sociedade que nos demandará conhecimento.

O domínio de conhecimentos relacionados à área ambiental é hoje importante, independentemente da área de conhecimento do profissional, muitas vezes não somente por uma questão de simplesmente manter-se informado sobre o assunto, mas também, na maioria dos casos, como uma demanda objetiva de mercado. Um profissional de qualquer área de conhecimento pode se deparar, em um determinado momento de sua carreira, com uma demanda associada à implantação da ISO 14001 em sua empresa, independentemente de qual seja seu setor de atuação (indústria ou serviços).

A obra da Profa. Mari Elizabete Bernardini Seiffert foi estruturada visando a suprir o interesse de profissionais das mais diversas áreas de conhecimento e sua leitura pode ser realizada tendo como ponto de partida qualquer capítulo de maior interesse, embora, sem dúvida, a leitura a partir do primeiro capítulo seja sempre muito proveitosa.

Este livro é particularmente recomendado para profissionais envolvidos no processo de gestão ambiental (engenheiros, advogados, biólogos, administradores, geógrafos, geólogos etc.), tanto no âmbito de instituições públicas como privadas, bem como para estudantes de graduação e pós-graduação de disciplinas correlatas à área ambiental, como Ciências do Ambiente, Introdução à Engenharia Ambiental, Gestão Ambiental, Desenvolvimento e Meio Ambiente, Análise Ambiental, Avaliação de Impactos Ambientais, Licenciamento Ambiental, Sistemas de Gestão Ambiental, Planejamento Ambiental, Auditoria Ambiental, Educação Ambiental, Direito Ambiental, Turismo e Meio Ambiente etc.

Ela foi idealizada a partir da perspectiva da autora, adquirida nos últimos dez anos de experiência em ensino, pesquisa e consultoria em gestão ambiental, muito orientada pela perspectiva sistêmica, onde se aborda também a educação ambiental, cujo papel é crucial nesse processo.

Acredito que a leitura dessa publicação venha a contribuir sobremaneira para estimular a consolidação de uma perspectiva mais crítica sobre a visão do desenvolvimento sustentável e como este pode ser alcançado através dos diversos instrumentos de gestão ambiental.

Boa leitura!

Dr. Isak Kruglianskas
Professor Titular – FEA/USP

Introdução

Historicamente, em virtude da percepção dos desequilíbrios ambientais, que foram se avultando ao longo dos anos, as pessoas vêm apresentando maior preocupação com a conservação da qualidade ambiental. Essa preocupação gerou a necessidade da implantação de alternativas de instrumentos de gestão ambiental com diferentes enfoques a fim de implantar a visão do desenvolvimento sustentável. Nesta publicação, almeja-se discutir esses vários instrumentos a partir de uma visão crítica, estruturando um conteúdo abrangente, mas não extremamente aprofundado.

Nesta obra, teve-se como principal objetivo, através de uma perspectiva interdisciplinar, integrar informações preexistentes e muito fragmentadas no âmbito de várias publicações, condensando-se o considerado essencial para a compreensão dos vários instrumentos de gestão ambiental, seus inter-relacionamentos, vantagens, desvantagens e limitações. Uma das grandes riquezas existentes sobre o debate no processo de gestão ambiental é a diversidade de opiniões sobre o assunto, que, na maioria das vezes, embora em um primeiro momento pareçam divergentes, elas são sim extremamente complementares. Buscou-se, aqui, captar a essência dessa complementaridade, acrescentando a própria perspectiva quanto à necessidade da revisão de alguns conceitos associados aos determinantes do processo de gestão ambiental.

No Capítulo 1, apresentam-se as origens da percepção do conceito de desenvolvimento sustentável e de sua importância para a qualidade de vida do homem. Utiliza-se como recurso a apresentação de um histórico de problemas ambientais de repercussão mundial a partir da segunda metade do século XX, evidenciando, assim, os problemas gerados pelo padrão de crescimento econômico até então adotado. A discussão das diferenças existentes entre os conceitos de crescimento econômico, desenvolvimento e desenvolvimento sustentável e seus pressupostos básicos foi utilizada como um recurso para compreender a origem dos problemas ambientais hoje vivenciados em virtude dos conflitos existentes, particularmente, entre os imperativos das esferas econômica e ambiental.

No Capítulo 2, discute-se a necessidade da gestão ambiental para a materialização da visão do desenvolvimento sustentável, bem como faz-se um breve histórico da evolução dos paradigmas associados ao conceito de gestão ambiental, uma consequência da acentuação da degradação ambiental e nível de sensibilização do ser humano. Discutem-se, também, o conceito de gestão ambiental, bem como as diferentes naturezas dos instrumentos de gestão (comando e controle, autocontrole ou autorregulação econômicos).

O conteúdo do Capítulo 3 é voltado para os princípios norteadores da criação dos vários instrumentos de gestão ambiental independentemente de sua natureza, entre os quais o princípio do poluidor pagador merece destaque. Procura-se também dar ao leitor uma visão geral do processo de valoração dos bens ambientais e da sua importância para o desenvolvimento de instrumentos de gestão ambiental eficazes e de que as origens da degradação ambiental estão vinculadas a falhas nesse processo. A discussão é focada em dois tipos básicos de métodos de valoração: os Métodos de Função de Demanda (métodos indiretos) e de Função de Produção.

O Capítulo 4 trata dos vários instrumentos de abrangência macro e da esfera pública, como instrumentos cujo foco da gestão é mais abrangente (municipal, estadual, regional, federal), desde os pactos internacionais como Kyoto e Montreal e sua relação com as mudanças climáticas, que vêm levando ao aquecimento global, até o processo de zoneamento ambiental e a importância da gestão de recursos hídricos. Neste capítulo, a Agenda 21, que pode ser considerada como um pacto internacional para o alcance da sustentabilidade, cujas diretrizes devem ser buscadas nos mais diversos níveis da gestão ambiental, é também discutida.

O Capítulo 5 aborda os instrumentos de gestão ambiental, abrangência micro e atuação da esfera pública. Aqui, enquanto o licenciamento ambiental e a avaliação de impactos ambientais, em licenciamentos simplificados ou no âmbito de um EIA/RIMA, surgem como instrumentos de caráter preventivo na gestão ambiental, outros instrumentos, como a fiscalização ambiental e a compensação ambiental, assumem caráter reativo ou corretivo.

No Capítulo 6, discutem-se os instrumentos de abrangência micro e a esfera privada, instrumentos de caráter voluntário, colocando-se em evidência a importância do desempenho ambiental sustentável para as organizações em um mercado cada vez mais competitivo e globalizado. Aqui, a norma ISO 14001 surge como importante instrumento de gestão, principalmente em virtude de sua aceitação como padrão de referência para a gestão ambiental organizacional e o crescente número de certificações tanto no mundo como no Brasil. Evidencia-se, também, a importância de instrumentos, como a análise ambiental, a rotulagem e a avaliação do desempenho ambiental dentro e fora do ambiente ISO. Além disso, há a importância da implantação de produção mais limpa e a formação de *clusters* ambientais como alternativas para maximizar a gestão ambiental organizacional.

No Capítulo 7, abordam-se os instrumentos econômicos de gestão ambiental, sua eficácia e contexto de utilização, e como isso vem se tornando crucial na avaliação econômica das organizações, bem como apresentando importantes tipos de mecanismos de gestão: transferência fiscal (impostos, taxas e subsídios), mecanismos de mercado, o índice de sustentabilidade nas bolsas de valores etc. Aqui, o mercado de licenças de poluição surge como instrumento de implantação muito recente em virtude da ratificação do Protocolo de Kyoto pela Rússia, bem como do estímulo dado pela crescente preocupação com a gestão ambiental para a criação de econegócios como demanda social objetiva.

No Capítulo 8, coloca-se a importância da educação ambiental como um instrumento de gestão ambiental ao qual todos os outros estão condicionados de alguma forma. O pressuposto cultural surge, então, como ponto de alavancagem para a gestão ambiental a fim de harmonizar os padrões de consumo das populações em virtude de sua pegada ecológica. Enfatiza-se, nesse contexto, as condicionantes motivacionais do indivíduo para a conservação/preservação ambiental e sua relação com o crescimento populacional e paradigmas religiosos, bem como discute-se a importância da educação ambiental para a melhoria dos impactos socioambientais no Brasil.

Por fim, apresentam-se as considerações finais sobre a forma de implantação dos diversos instrumentos de gestão ambiental e a importância da educação ambiental nesse contexto.

Visando também atender àquele público com conhecimentos menos especializados sobre o assunto, nos casos em que expressões de cunho mais técnico são utilizadas, optou-se pela complementação de informações com notas de rodapé a fim de maximizar o aprendizado e não comprometer a fluidez do parágrafo. As notas de rodapé também foram utilizadas como recurso para vincular a complementaridade de conteúdo existente entre os diferentes capítulos.

Algumas informações aqui fornecidas, como, por exemplo, as relacionadas à divulgação dos resultados do relatório do Painel Intergovernamental de Mudanças Climáticas (IPCC), foram obtidas de jornais e revistas especializadas.

1 Desenvolvimento Sustentável

Neste capítulo, são discutidas as consequências da progressiva expansão da capacidade produtiva dos ecossistemas antrópicos, que foi paulatinamente induzindo a uma degradação ambiental sem precedentes. Paralelamente a isso, o homem também percebeu como a sua qualidade de vida e sua saúde eram afetadas pela poluição. Nesse contexto, uma série de condicionantes históricas induziu o ser humano a repensar seu modelo de desenvolvimento calcado no crescimento econômico, o qual, até então, vinha relegando a um segundo plano as questões socioambientais.

Surgiu então a alternativa do desenvolvimento sustentável, cujo conceito foi amadurecendo ao longo dos anos a partir da visão crítica de vários especialistas e políticos, tendo como pano de fundo várias convenções mundiais. A esse conceito sugere-se aqui a agregação de um sexto pressuposto, o tecnológico, extremamente importante, devido ao fato de as alternativas tecnológicas adotadas serem determinantes para a sustentabilidade dos processos produtivos.

1.1 Crise ambiental e o despertar do ser humano para a degradação ambiental

Graças ao seu intelecto, o homem criou um mundo próprio, aparentemente independente, ao lado do mundo natural: é o mundo da economia global baseada na tecnologia. Os ecossistemas gerados pelo homem apresentam como característica marcante um nível elevadíssimo de entropia,[1] uma consequência natural da sua baixa autonomia local ou insustentabilidade. Os impactos ambientais decorrentes da entropia gerada por estes ecossistemas vêm evidenciando, ao longo das últimas décadas, um potencial muito elevado de comprometimento da qualidade de vida do homem e mesmo de sua sobrevivência.

Isso foi uma consequência do modelo de crescimento econômico adotado, que se fundamentava no lucro a qualquer preço, atrelado à lógica do aumento da produção (os recursos naturais são utilizados sem o respeito à capacidade natural de recomposição dos ecossistemas e a natureza é vista como um grande supermercado gratuito, com reposição infinita de estoque, observando-se os benefícios econômicos e desprezando-se os custos socioambientais[2]).

A questão da sustentabilidade do atual modelo de "desenvolvimento" capitalista-industrial, vista a partir da perspectiva da lei da entropia, mostra o quadro de insustentabilidade, pois se trata de duas forças que caminham em direções opostas. "Enquanto a lei da entropia aponta para os limites materiais e energéticos, o capital aponta para uma necessidade inerente de expansão infinita. [...] Enquanto a entropia aponta para uma questão qualitativa, o desenvolvimento do capitalismo é orientado e sancionado pelas regras quantitativas do mercado."[3]

Em virtude desse cenário, a percepção crítica de muitos especialistas, mais particularmente de Maurice Strong e Ignacy Sachs, vem desde a década de 70 alertando o ser humano para a necessidade de repensar o modelo de crescimento econômico até então adotado. Nesta década, surgiu o conceito de ecodesenvolvimento, o qual amadureceu ao longo dos anos, dando o ensejo ao surgimento do conceito de desenvolvimento sustentável.

---

1 A entropia é discutida pela 2ª Lei da Termodinâmica e estabelece que parte da energia que circula em um sistema tende a perder-se para o meio, não podendo ser utilizada para produzir trabalho ou biomassa. Ela mede o grau de desorganização ou ineficiência de um sistema. Os sistemas gerados pelo homem são extremamente entrópicos quando comparados aos sistemas naturais.

2 Dias (2002).

3 Stahel apud Rampazzo (2001).

De modo geral, a preocupação com a conservação[4] e a preservação[5] da qualidade ambiental vem se tornando um tema cada vez mais importante e presente na vida dos cidadãos em todos os países do mundo, mais particularmente nos desenvolvidos. As pesquisas de opinião pública realizadas em vários países indicam que o meio ambiente está classificado na terceira posição no *ranking* das principais questões sistêmicas consideradas na atualidade.[6] Meio ambiente e desenvolvimento estão cada vez mais associados ao debate internacional no que concerne ao futuro da humanidade.

Isto é o resultado da evolução de um histórico de problemas ambientais gerados ao longo dos anos, particularmente pela operação de processos industriais, que geravam degradação da qualidade ambiental tanto em sua operação diária quanto no caso de acidentes ambientais (explosões, derramamentos, vazamentos, transbordamentos etc. em equipamentos ou instalações). Estes últimos vêm recebendo maior destaque em nível mundial, pois o nível de degradação ambiental é geralmente muito mais elevado. A partir da década de 50, dá-se início então a uma sequência de eventos/acidentes ambientais, que começam a chamar a atenção da sociedade para a crescente degradação da qualidade ambiental e também para o fato de que a qualidade de vida do homem e mesmo a sua sobrevivência a longo prazo no planeta está por ela condicionada.

Como pode ser percebido pela análise do Quadro 1.1, a maioria dos eventos descritos, exceto os episódios de Minamata no Japão, *smog* industrial em Londres e o incidente do Love Canal nos EUA, não está associada com acidentes ambientais, pois a contaminação ambiental ocorria no dia a dia da organização responsável.

---

4 Entende-se conservação ambiental como a exploração racional dos recursos naturais de modo a garantir sua sustentabilidade. Pressupõe-se, aqui, então um manejo destes recursos, uma utilização econômica.

5 Pressupõe manter o recurso natural intacto e não utilizá-lo para outro fim que não seja a pesquisa científica.

6 Segundo Benakouche e Cruz (1994).

Quadro 1.1 *Histórico de incidentes/acidentes ambientais que chamaram a atenção do mundo para a importância da qualidade ambiental.*[7]

Ano	Incidente/Acidente
1952	Na Inglaterra, na região de Londres, entre 4 e 13 de dezembro, grande parte das indústrias, sobretudo as de geração de energia elétrica, e das residências que usavam carvão para a produção de energia e calor, cuja queima emitia grande quantidade de enxofre e material particulado na atmosfera, ocasionou um fenômeno denominado *smog* (contração das palavras *smoke* e *fog*). O problema foi causado pela chegada de uma grande massa de ar frio, vinda do Norte, ocorrendo uma inversão térmica. Depois de quatro dias com esse mesmo quadro, houve em Londres mais de 100 mortes, decorrentes de ataques cardíacos pela dificuldade de respiração. Cerca de 8.000 pessoas faleceram como consequência do problema ou bronquite, enfisema pulmonar, gripe, pneumonia, além de ataques cardíacos.
1956	Contaminação da Baía de Minamata, Japão. Inicialmente, os efeitos da contaminação por mercúrio foram detectados nos gatos (Mal dos Gatos). Foram registrados casos de disfunções neurológicas em famílias de pescadores, gatos e aves. A contaminação acontecia desde 1939 devido a uma companhia química (Chisso) instalada às margens da baía. Setecentos moradores mortos e 9.000 doentes crônicos devido às altas concentrações de mercúrio, que causavam a doença "Mal de Minamata". Os sintomas envolviam distúrbios sensoriais nas mãos e nos pés, danos à visão e audição, fraqueza e, em casos extremos, paralisia e morte também de natureza teratogênica[8] (Figuras 1.1 e 1.2).
1976	Em Seveso, cidade italiana perto de Milão, a fábrica Hoffmann Roche liberou densa nuvem de uma dioxina (Tetracloro Dibenzeno Dioxina – TCDD), um desfolhante (agente laranja), altamente venenosa. Em virtude do acidente, ocorreram abortos e nascimento de crianças sem cérebro (anencefalia) e com deformações físicas as mais diversas. Mais ou menos 5.000 italianos foram vítimas desse acidente.
1978	Um dos canais abandonados após a construção da usina de Niagara Falls (Love Canal) foi utilizado pela empresa Hooker Chemical and Plastics como depósito de resíduos no período de 1942 a 1953. Posteriormente, a área foi aterrada e vendida para a construção de um loteamento. Infelizmente, o *playground* acabou localizado exatamente sobre a antiga área do canal. As crianças, principalmente, passaram a apresentar problemas de saúde: câncer, distúrbios neurológicos e psicológicos.
1984	Um vazamento de 25 toneladas de isocianato de metila, ocorrido em Bhopal, Índia, causou a morte de 3.000 pessoas e a intoxicação de mais de 200.000. O acidente foi causado por uma fábrica fornecedora da Union Carbide. No dia seguinte ao do acidente, o valor das ações da Union Carbide caiu à metade, fazendo com que a companhia perdesse sua posição de liderança no mercado mundial.

[7] Elaborado a partir de Dias, 2006; Moura, 2002; Tinoco e Kraemer, 2004.

[8] Transmissíveis da mãe para o feto durante o processo de gestação, ocasionando ao mesmo deformações.

1985	É descoberto o buraco na camada de ozônio[9] na Antártida. Em reunião na cidade de Villach, Áustria, discute-se sobre o aumento crescente das emissões de dióxido de carbono e outros gases de estufa na atmosfera, prevendo-se o aquecimento global.
1986	Explosão do reator da usina de Chernobyl (antiga URSS, atual Ucrânia), causado pelo desligamento do sistema de refrigeração com o reator ainda em funcionamento. Provocou um incêndio que durou uma semana, lançando na atmosfera um volume de radiação cerca de 30 vezes maior que o da bomba atômica de Hiroshima. A radiação espalhou-se, atingindo vários países europeus e até mesmo o Japão. Ocorreram 80 mortes e 2.000 pessoas foram levadas aos hospitais. No prazo de cinco anos, supõe-se que o acidente provocou câncer em 135.000 pessoas e nos próximos 150 anos em seus descendentes por mutação genética. A rigor, considera-se que somente o Hemisfério Sul não foi afetado pelo problema.
1986	Em Basileia, Suíça, após incêndio em uma indústria foram derramadas 30 toneladas de pesticidas no Rio Reno, causando a mortandade de peixes ao longo de 193 km. Foram estimados cerca de 500.000 peixes e centenas de enguias mortos.
1987	Com a mudança do Instituto Goiano de Radioterapia, foram abandonados alguns aparelhos de radioterapia, vendidos como sucata a um ferro velho. Ao abrir a cápsula, liberou-se o pó radioativo (Césio 137) e, pouco tempo depois, as pessoas que frequentavam o local começaram a apresentar os sintomas básicos de contaminação, como queimaduras por todo o corpo, vômitos e diarreias. Com esse acidente, 110 pessoas foram contaminadas e quatro morreram.
1989	O navio-tanque Exxon-Valdez, a partir de uma colisão, foi responsável pelo vazamento no Alasca de cerca de 44 milhões de litros de petróleo. Considerado o pior da história dos EUA, atingiu uma área de 260 km^2, poluindo águas, ilhas e praias da região. Morreram milhares de animais – peixes, baleias, leões-marinhos e aves, ameaçando a sobrevivência de muitos pescadores da região.
2000	Por causa de uma falha na operação de um duto da Petrobras, houve o vazamento de 1,3 milhão de litros de óleo, contaminando as águas da Baía de Guanabara. A contaminação estendeu-se por uma faixa de 3 km, atingindo praias da ilha de Paquetá e 1.434 hectares da Área de Proteção Ambiental de Guapimirim, a reserva mais importante da Baía de Guanabara, bem como uma área de manguezal.
2000	Ocorreu vazamento de óleo pelo rompimento de um duto sem válvula de segurança na área do oleoduto pertencente à Petrobras de São Francisco do Sul (SC), provocando o derramamento de cerca de 4 milhões de litros de óleo bruto. Sua contaminação estendeu-se por uma área de cerca de 300.000 m^2, atingindo Arroio Saldanha, e deste para o Rio Barigui e, em seguida, o Rio Iguaçu, formando mancha superior a 8 quilômetros. Isto provocou a morte de cerca de 60% dos animais atingidos.
2002	O petroleiro Prestige, que pertence à firma grega Mare Shipping, encalhou diante do litoral da Galícia (noroeste da Espanha), vindo a afundar no dia 19 a 350 km da costa espanhola e derramando no mar 20 mil toneladas de óleo, segundo dados do Greenpeace. O vazamento prejudicou a indústria pesqueira da Galícia, deixando na época 4.000 pescadores e 28 mil trabalhadores temporariamente sem trabalho e um número indeterminado de aves marinhas mortas ou cobertas de óleo. A mancha de óleo, cujo tamanho estimado equivale à área da cidade de New York, foi localizada a cerca de 4 km do litoral de Portugal.

[9] Informações complementares na seção 4.1.

Figura 1.1 *Teratogenia do mercúrio. Presidente da Chisso Co. e pesquisadores da indústria geradora da contaminação por mercúrio examinam caso.*[10]

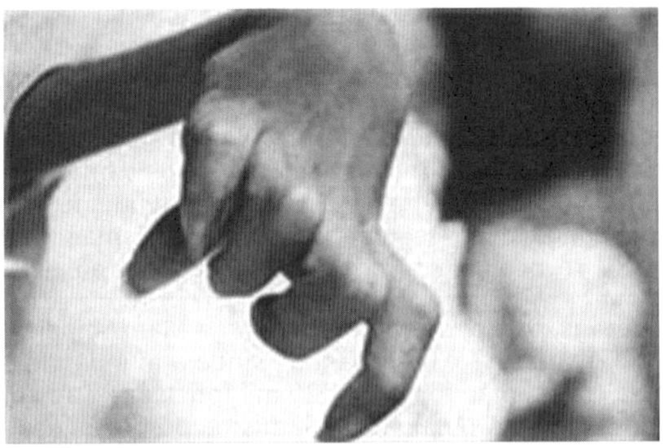

Figura 1.2 *Efeito teratogênico do mercúrio.*[11]

---

[10] UFAM (2007).

[11] UFAM (2007).

Todos estes problemas fizeram com que o homem passasse a repensar sua postura em relação ao usufruto dos recursos naturais que o cercam. Esta preocupação materializou-se através de uma série de eventos de grande importância histórica fundamentais para a melhoria do controle ambiental nos ecossistemas urbanos que levaram ao amadurecimento dos conceitos de desenvolvimento sustentável e educação ambiental.[12] Esses eventos foram induzidos pela maior percepção dos problemas ambientais, ao longo das décadas, e envolveram a atuação de especialistas da área ambiental, os quais buscavam propor soluções, analisando criticamente o então atual modelo de crescimento econômico de modo a melhor orientá-lo para a sustentabilidade.

1.1.1 Década de 60

Foi a partir da década de 60 que começou a mudar a situação de descaso com relação às emissões de poluentes. Alguns recursos naturais passaram a ser mais valorizados, já com a preocupação com o aumento da população e do consumo, visualizando-se o seu esgotamento futuro (petróleo, madeira, água etc.), e da ocorrência de alguns grandes acidentes que alertaram a humanidade para a magnitude das agressões à natureza e suas repercussões sobre a vida.[13]

Em 1962, a bióloga marinha Rachel Carson publicou o livro *Silent spring* (Primavera silenciosa), que teve enorme repercussão na opinião pública e que expunha os perigos do uso do DDT (Dicloro Difenil Tricloroetano). Embora considerado inicialmente como inofensivo ao homem, Carson descobriu que o mesmo atingia, através da cadeia trófica, o metabolismo de fixação de cálcio no momento da formação dos ovos pela fêmea, os quais eram esmagados ao serem chocados.

A descoberta do DDT rendeu ao químico suíço Paul Hermann Muller o prêmio Nobel de medicina em 1948, em virtude de sua importância na época para o combate dos mosquitos causadores da malária e do tifo. Descobriu-se posteriormente que o DDT é extremamente tóxico ao meio ambiente, por ser persistente no meio (estimativas indicam mais de 100 anos) e por ser bioacumulativo através da cadeia trófica.[14]

---

[12] Discutido mais detalhadamente no Capítulo 8.

[13] Moura (2002).

[14] Processo de biomagnificação biológica, em que a concentração deste elemento químico aumenta vertiginosamente a partir do primeiro nível da cadeia trófica.

Este primeiro exemplo deixa realmente muito claro como o homem apresentava naquela época um nível de conhecimento muito baixo em relação às dinâmicas ambientais de produtos químicos, como inseticidas e herbicidas, no ambiente, fazendo com que seu desenvolvimento e utilização sejam atualmente muito mais criteriosos.

Em 1968, é criado o Clube de Roma, liderado pelo industrial italiano Peccei e pelo cientista escocês Alexander King e formado por 36 cientistas e economistas. Suas comissões multidisciplinares estudaram o impacto global das interações dinâmicas entre a produção industrial, a população, o dano no meio ambiente, o consumo de alimentos e o uso de recursos naturais.[15]

1.1.2 Década de 70

O Clube de Roma publicou, em 1972, um relatório denominado "Os limites do crescimento" (*Limits to grow*), elaborado por Dennis Meadows e outros; por meio de simulações matemáticas, foram feitas projeções do crescimento populacional, nível de poluição e esgotamento dos recursos naturais da Terra. O relatório previa que as tendências que imperavam até então conduziriam a uma escassez catastrófica dos recursos naturais e a níveis perigosos de contaminação num prazo de 100 anos.[16]

Em 1972, ocorreu a Conferência das Nações Unidas sobre o Meio Ambiente Humano em Estocolmo, Suécia, liderada por Maurice Strong. Essa conferência contou com representantes de 113 países, 250 organizações não governamentais e vários organismos da ONU. Os países desenvolvidos, nessa conferência, defendiam um programa internacional voltado para a conservação dos recursos naturais e genéticos do planeta, pregando que medidas preventivas teriam que ser implementadas imediatamente, o que evitaria um grande desastre no futuro. Os países em desenvolvimento argumentavam que se encontravam assolados pela miséria, graves problemas de moradia, saneamento básico, enfermidades infecciosas e que necessitavam desenvolver-se economicamente.[17] Foi a primeira manifestação dos governos de todo o mundo para discutir as consequências da economia sobre o meio ambiente, quando foi inicialmente delineando o conceito de desenvolvimento sustentável.

---

15 Tinoco e Kraemer (2004).

16 Moura (2002).

17 Tinoco e Kraemer (2004).

Naquela ocasião, foram discutidos os potenciais efeitos nocivos das mudanças climáticas globais e agendadas futuras reuniões internacionais para o acompanhamento desse assunto.[18]

Esta conferência gerou a Declaração sobre o Ambiente Humano e produziu um Plano de Ação Mundial, com o objetivo de orientar o uso racional dos recursos naturais e a melhoria no ambiente humano. Outro importante resultado do evento foi a criação do Programa das Nações Unidas sobre o Meio Ambiente (PNUMA), encarregado de monitorar o avanço dos problemas ambientais no mundo.[19]

Na mesma década, passou a ser exigida, nos EUA, a realização de Estudos de Impacto Ambiental (EIA) como um pré-requisito à aprovação da instalação de empreendimentos potencialmente poluidores. Esta foi a primeira regulamentação criada que apresentava um enfoque eminentemente preventivo em contraste com as demais criadas na mesma década, em geral de caráter corretivo. Este foi o primeiro passo na busca de um processo de controle na expansão industrial de modo a reduzir os impactos ambientais ainda no projeto, sendo um dos principais instrumentos de gestão ambiental na esfera pública, o que será discutido mais detalhadamente no Capítulo 5.

1.1.3 Década de 80

A década de 80 foi marcada como sendo aquela em que surgiram, em grande parte dos países, leis regulamentando a atividade industrial no tocante à poluição. Também nessa década teve impulso a formalização e obrigatoriedade da realização de Estudos de Impacto Ambiental e Relatórios de Impactos sobre o Meio Ambiente (EIA-RIMA), com audiências públicas e aprovações dos licenciamentos ambientais em diferentes níveis de organizações do governo.[20]

Em 1980, foi elaborada a I Estratégia Mundial para a Conservação. A IUCN, com a colaboração do PNUMA e do World Wildlife Fund (WWF), adota um plano de longo prazo para conservar os recursos biológicos do planeta. No documento, aparece pela primeira vez o conceito de "Desenvolvimento sustentável".[21]

---

18 Fundação Brasileira para o Desenvolvimento Sustentável (FBDS).

19 Dias (2006).

20 Moura (2002).

21 Dias (2006).

É formada pela Organização das Nações Unidas (ONU) a Comissão Mundial sobre o Meio Ambiente e o Desenvolvimento (CMMAD), em 1983. Presidida pela ex-Primeira-Ministra da Noruega, Gro Harlem Brundtland, tinha como objetivo examinar as relações entre o meio ambiente e o desenvolvimento e apresentar propostas viáveis, para a solução dos problemas existentes.

Surge no Canadá, em 1984, o Programa de Atuação Responsável (*Responsible Care Program*), considerado o primeiro modelo de gestão ambiental formal. Esse programa surgiu através de iniciativa das indústrias químicas formalizadas pelo *Chemical Manufacturers Association* (CMA), que, por ser um programa voluntário, é requisito daqueles que participam do CMA. Os seis códigos do programa são:[22]

1. conscientização da comunidade e programa de emergência;
2. prevenção de poluição;
3. segurança de processos;
4. distribuição de produtos;
5. saúde e segurança ocupacional;
6. responsabilidade pelos produtos.

Em 1987, é publicado o "Relatório Brundtland", intitulado "Nosso futuro comum" (*Our common future*), que recebeu esse nome em virtude da Coordenadora da Comissão, Gro Harlem Brundtland, várias vezes Primeira-Ministra da Noruega. Esse relatório apontava para a desigualdade existente entre os países e para a pobreza como uma das principais causas dos problemas ambientais, contribuindo para disseminar o conceito de Desenvolvimento Sustentável, que surge formalmente no seu bojo, introduzindo definitivamente a ideia de que o desenvolvimento econômico de hoje deve se realizar sem comprometer as necessidades das futuras gerações.[23]

O relatório define as premissas do que seria o Desenvolvimento Sustentável, o qual contém dois conceitos-chaves: o de "necessidades, sobretudo as necessidades essenciais dos pobres no mundo, que devem receber a máxima prioridade"; e "a noção das limitações que o estágio da tecnologia e da organização

[22] Tinoco e Kraemer (2004).

[23] Fernandes (2005).

social impõe ao meio ambiente, impedindo-o de atender às necessidades das gerações presentes e futuras".[24]

Os impactos transfronteiriços passam a ser contemplados a partir dessa década mediante acordos internacionais específicos. Em setembro de 1987, foi assinado por 24 países e pela Comunidade Europeia o Protocolo de Montreal sobre substâncias que reduzem a camada do ozônio, do qual o Brasil foi signatário. O tratado estabeleceu restrições amplas à produção e ao uso dos CFCs, como também dos halons, outro grupo de produtos químicos destruidores do ozônio. Cabe ressaltar que o problema da destruição da camada de ozônio foi identificado já na década de 70. Em alguns países ricos, os CFC foram abolidos antes do prazo fixado (2001). O Brasil espera alcançar sua meta até 2007, embora, como outros países em desenvolvimento, tenha até 2010 para alcançá-la.

Posteriormente, em virtude dos graves impactos causados pela movimentação de resíduos perigosos entre os países, notadamente dos subdesenvolvidos, foi promovida pelo PNUMA (ONU), em 1988, uma Conferência diplomática na cidade de Basileia (Suíça), onde 105 países e a Comunidade Europeia assinaram a Convenção da Basileia para o Controle dos Movimentos Transfronteiriços de Resíduos Perigosos e sua disposição. A Convenção da Basileia entrou em vigor em maio de 1992 e em maio de 2000 o número de países signatários era de 136.

1.1.4 Década de 90

A década de 90 colocou em evidência os problemas relacionados ao clima e como isso poderia comprometer a sobrevivência dos ecossistemas. Nesta década, houve grande impulso com relação à consciência ambiental na maioria dos países, aceitando-se pagar um preço pela qualidade de vida e mantendo-se limpo o ambiente. A expressão *qualidade ambiental* passou a fazer parte do cotidiano das pessoas. Muitas empresas passaram a se preocupar com a racionalização do uso de energia e de matérias-primas (madeiras para fabricação de papel, água, combustíveis e outros), além de maior empenho e estímulos à reciclagem e reutilização, evitando desperdícios.[25]

---

[24] Tinoco e Kraemer (2004).

[25] Moura (2002).

Em outubro de 1990, em Genebra, ocorre a Conferência Mundial sobre o Clima, promovida pela Organização Mundial de Meteorologia, em que se discutiu a questão dos desequilíbrios climáticos globais.[26]

Em 1991, foi elaborada a norma internacional de proteção ambiental ISO 14001, somente proposta como referência para o processo de gestão ambiental organizacional durante a ECO 92. A ISO (International Organization for Standardization) criou o grupo Estratégico Consultivo sobre o meio ambiente. Esse grupo tinha como objetivo promover uma abordagem comum à gestão ambiental semelhante à gestão da qualidade, aperfeiçoando a capacidade das organizações para alcançarem e medir melhorias no desempenho ambiental, bem como facilitar o comércio entre as nações.

A II Estratégica Mundial para a Conservação, "Cuidando da Terra", foi elaborada em 1991. Dela surgiu o Documento conjunto do IUCN, PNUMA e WWF, mais abrangente que o formulado anteriormente; baseia-se no informe Brundtland; preconiza o reforço dos níveis políticos e sociais para a construção de uma sociedade mais sustentável.[27]

A Conferência das Nações Unidas para o Meio Ambiente e Desenvolvimento (CNUMAD), oficialmente denominada "Cúpula da Terra", Eco 92 ou Rio 92, realizou-se no Rio de Janeiro em 1992. Reuniu 103 chefes de Estado, de um total de 182 países, aprovando cinco acordos oficiais internacionais:[28]

a) Declaração do Rio sobre Meio Ambiente e Desenvolvimento;
b) Agenda 21 e os meios para sua implementação;
c) Convenção – Quadro sobre Mudanças Climáticas;
d) Convenção sobre Diversidade Biológica;
e) Declaração de Florestas.

Teve como objetivo discutir temas ambientais globais e sugerir soluções potenciais. Dois importantes resultados desta conferência foram a Agenda 21 e as normas da série ISO 14000. Ambos são instrumentos valiosíssimos para a gestão ambiental. Enquanto a Agenda 21 permite uma atuação em nível macro, através do estabelecimento de diretrizes gerais, para processos de gestão em nível federal, estadual e municipal, as normas da série ISO 14000 apresentam

[26] Dias (2003).

[27] Dias (2006).

[28] Assunção apud Pedrini (2002).

importante função dentro de um contexto micro, em nível organizacional. A importância das normas da série ISO 14000, e particularmente da ISO 14001, reside no fato de que estabelecem uma base comum para a gestão ambiental eficaz no mundo inteiro, sendo aplicável a organizações com os mais variados perfis.[29] O Plano de Implantação da Agenda 21 tem como objetivos supremos a serem alcançados: a erradicação da pobreza, a mudança dos padrões insustentáveis de produção e consumo de recursos naturais.[30]

Em 1995, realiza-se em Berlim a Primeira Conferência das Partes para a Convenção sobre Mudanças Climáticas, em que se conclui que a abordagem escolhida, a de tornar a adesão voluntária, fracassa. A conferência resulta no Mandato de Berlim, que convoca as nações industrializadas para estabelecer objetivos mais específicos para a redução das suas emissões.[31]

Em junho de 1997, líderes dos oito países mais ricos do globo (G8), responsáveis por metade da emissão de gases causadores do efeito estufa, reúnem-se em Denver (Colorado) para formular um acordo. Representantes da União Europeia e ambientalistas declaram-se decepcionados com a decisão dos Estados Unidos de não oferecer objetivos numéricos para a redução de emissões. Em outubro do mesmo ano, o presidente dos EUA, Bill Clinton, anuncia a posição do seu país para a Conferência de Kyoto: estabilizar as emissões nos níveis de 1990 até o ano 2012. Tal decisão foi recebida sem entusiasmo, mas em negociações realizadas em Bonn, na Alemanha, esperava-se por reduções mais acentuadas, devido aos graves danos causados ao meio ambiente global pelo efeito estufa.[32]

O Protocolo de Kyoto foi assinado na 6ª Conferência das Partes da Convenção das Nações Unidas sobre Mudanças Climáticas (COP6), realizada no Japão, em 1997, após discussões que se estendiam desde 1990. A conferência reuniu representantes de 166 países para discutir providências em relação ao aquecimento global. O Protocolo funciona como uma espécie de adendo à Convenção do Clima e estabeleceu como meta para 38 países industrializados reduzir as emissões de gases que contribuem para o efeito em 5,2%, no período de 2008 até 2012, em relação aos níveis existentes em 1990.

---

29 Seiffert (2006).

30 Tinoco; Kraemer (2004).

31 Dias (2003).

32 Dias (2003).

1.1.5 *Século XXI*

Em 2000, a Assembleia Geral das Nações Unidas resolveu que a CDS serviria de Órgão Central organizador da Cúpula Mundial sobre o Desenvolvimento Sustentável (CMDS), conhecida como Rio + 10, que ocorreria em Johannesburgo, África do Sul, entre os dias 26 de agosto e 4 de setembro de 2002, e que teria como objetivo avaliar a situação do meio ambiente global em função das medidas adotadas na CNUMAD.[33]

Deste evento resultaram dois documentos: a Declaração Política e o Plano de Implementação. A Declaração política tem como título "O Compromisso de Johannesburgo por um Desenvolvimento Sustentável". Ela está estruturada em seis grandes temas:

1. Desde nossas origens até o futuro;
2. Desde os Princípios do Rio até o Compromisso de Johannesburgo por um Desenvolvimento Sustentável;
3. Os grandes problemas que devemos resolver;
4. O compromisso de Johannesburgo por um Desenvolvimento Sustentável;
5. O multilateralismo é o futuro;
6. Como lográ-lo.

Em 2005, o presidente da Rússia Vladimir Putin, finalmente, ratificou o Protocolo de Kyoto, após sete anos de espera para sua efetiva implantação desde sua assinatura em 1997 por 180 países. Os signatários do Protocolo de Kyoto estarão sujeitos a punições se não cumprirem suas metas de corte de emissão de poluentes. Para entrar em vigor, o Protocolo requeria a ratificação de um número total de países que representassem 55% do total de emissões no mundo. Os países que o haviam ratificado até então concentravam somente 37,4% das emissões; a adesão do Canadá e, por fim, da Rússia permitiu sua implantação. Apesar disso, os EUA, que respondem por 25% do total das emissões mundiais, sendo o maior poluidor do planeta (36,7%), colocam em dúvida a eficácia de sua implantação. A partir desse momento, criou-se o contexto necessário para a comercialização de créditos de carbono entre os diversos países.[34]

---

[33] Dias (2006).

[34] Informações complementares nas seções 4.1 e 7.2.2

Em virtude destes eventos, foi sendo moldada uma percepção mais crítica em relação à forma como o modelo de crescimento econômico adotado vem significando sérios impactos sobre a questão socioambiental, gerando problemas de difícil solução. A percepção que surgiu inicialmente a partir da visão crítica de especialistas foi paulatinamente disseminada para membros da sociedade de modo geral. Seus princípios gerais são: crescimento econômico ilimitado é uma quimera sob a ótica socioambiental; necessidade de implantação de instrumentos de gestão ambiental de comando e controle e autocontrole,[35] de forma complementar, no processo de gestão ambiental; importância do controle de natalidade através de planejamento familiar das populações e importância da educação ambiental para o alcance da sustentabilidade.

Muito recentemente, no período de 29 de janeiro a 3 de fevereiro de 2007 se desenrolou o Painel Intergovernamental de Mudanças Climáticas (*Intergovernmental Panel of Climatic Changes* – IPCC), em Paris, com a participação de 500 especialistas. Após divulgação do relatório do Grupo de Trabalho do IPCC, 46 países pediram a criação de uma agência ambiental nas Nações Unidas mais atuante e com poderes mais abrangentes que o PNUMA, algo similar à Organização Mundial da Saúde (OMS). O IPCC foi criado em 1988 pela ONU e pela Organização Meteorológica Mundial, com o objetivo de estabelecer um elo entre a pesquisa e os governantes. A proposta foi feita no encerramento da conferência "Cidadãos da Terra", da qual discordaram os EUA, assim como China e Índia. As informações contidas no relatório divulgado pelo IPCC confirmam várias previsões alarmantes sobre as consequências do aquecimento global sobre os ecossistemas e a qualidade de vida do homem.

1.2 Implicações socioambientais do modelo de produção

A origem dos impactos ambientais[36] gerados pelos ecossistemas antrópicos[37] nos ecossistemas naturais está associada a características bastante peculiares do ser humano. Ecologicamente, o que diferencia o homem dos demais animais que fazem parte dos ecossistemas naturais é o raciocínio. E é ele que vem

---

35 Entende-se como um instrumento de comando e controle como aquele que é imposto por força de lei e que, quando não cumprido, implicará em alguma forma de penalização legal.

36 Alteração da qualidade do meio (ar, água, solo, consumo de recursos minerais, modificações na paisagem e perda de biodiversidade) gerada por qualquer forma de energia e/ou matéria produzida pela atividade humana.

37 Criados pelo homem.

possibilitando, ao longo dos anos, que o homem molde as características do meio natural para assegurar-lhe conforto e sobrevivência, diferentemente da maioria dos animais, que em geral se adaptam ao meio.[38]

A capacidade de o homem alterar as características do meio que o cerca aumentou exponencialmente a partir da Revolução Industrial que se iniciou em meados do século XVIII. Com esse processo, o homem passou a criar substâncias de natureza sintética, cujas características químicas são muito distintas das substâncias naturais, sendo, portanto, muito menos ou não biodegradáveis. O aumento no volume de produção associado a uma maior demanda por bens e serviços gerados pelo aumento do contingente populacional no período vem potencializando a degradação ambiental desde então. Isso é particularmente importante, quando se considera que a revolução médica, que ocorreu no final do século XIX, aumentou a expectativa de vida dos indivíduos de 40 para 70 anos, aumentando ainda mais a pressão sobre os recursos naturais.

A elevação do contingente populacional, particularmente nos países em desenvolvimento, traz à tona a necessidade de que nossos processos produtivos devam considerar não só a capacidade de suporte dos ecossistemas, como também a capacidade de suporte do sistema econômico. Isto porque cada indivíduo é responsável em sua existência pela geração de esgotos, produção de resíduos sólidos e emissões atmosféricas resultantes do consumo de recursos naturais, os quais devem ser assimilados como energia e/ou matéria nos ecossistemas através da cadeia trófica.

Assim, à medida em que o número de indivíduos aumenta por km^2 de espaço físico, o volume de poluentes também aumenta. O processo de poluição instala-se definitivamente quando é excedida a capacidade de suporte do ecossistema em converter esses poluentes em substâncias que possam ser reintegradas às cadeias tróficas, e passam a se acumular no meio. Nesse caso, o ecossistema passa a ter a sua estabilidade de elasticidade[39] permanentemente comprometida, não conseguindo mais recuperar sua estrutura e propriedades originais.

A mesma lógica é validada para os processos industriais, em que cada indivíduo cria uma demanda de produção de determinado bem e serviço para

38 Predominantemente associada à seleção dos indivíduos com aquelas características genéticas que lhes conferem maior adaptabilidade ao meio, as quais representam variação genética originada por mutação ou recombinação gênica nas espécies.

39 Capacidade de recuperar rapidamente a sua estrutura e funções após a perturbação.

seu consumo, gerando assim maior produção de esgotos, efluentes industriais, emissões atmosféricas, resíduos sólidos e consumo de recursos naturais. A situação se agrava seriamente na medida em que os poluentes em questão apresentam uma natureza mais sintética, gerados particularmente em processos industriais, que são, em virtude disso, persistentes no meio.

Além disso, é importante discutir aqui o padrão de consumo adotado pelas populações, que a partir da Revolução Industrial foi se tornando cada vez mais exigente, sofisticado e esbanjador. Esse fator vem contribuindo para aumentar a insustentabilidade dos espaços urbanos, ilhas de entropia completamente dependentes de áreas rurais para sua manutenção. Temos aqui um desequilíbrio duplo, uma vez que as áreas rurais são caracterizadas em geral por um modo extensivo de produção extremamente degradador, em virtude de sua dependência extrema de insumos (defensivos agrícolas e fertilizantes) e de um processo de mecanização agrícola que gerou a ociosidade de mão de obra.

A sustentabilidade do crescimento econômico ou o desenvolvimento sustentável sempre foi uma questão central dos modelos de desenvolvimento. Entretanto, os modelos adotados pelos países nos últimos 50 anos eram de planejamento e de intervenção governamental; excepcionalmente referiam-se às questões ambientais como uma restrição, sem considerar a finitude dos recursos naturais.[40] Isso chama a atenção para o fato de que, no século passado, ocorreu na verdade um processo de crescimento econômico e não propriamente desenvolvimento, sendo necessário elucidar as diferenças entre os conceitos de crescimento econômico, desenvolvimento e desenvolvimento sustentável.

1.3 Crescimento econômico e introdução às teorias do desenvolvimento

O próprio capitalismo e a expansão constante do sistema industrial se legitimam como necessidade de satisfação das necessidades individuais e coletivas. Trata-se da busca de bem-estar, um fim qualitativo, o qual pode ser visto em termos materiais como a satisfação das necessidades humanas pelo sistema econômico. Na teoria econômica, esta ideia legitimadora se traduz na ideia de "consumidor soberano", que, pela manifestação dos seus desejos no mercado,

[40] Fernandes (2005).

dirige a evolução do sistema produtivo, ou ainda, em sua forma originária, a ideia da "mão invisível" de Adam Smith.[41]

Uma outra visão, muito mais consistente, procura fazer a adaptação do termo à realidade dos povos situados em reservas extrativistas, indicando que, para estas populações tradicionais, o desenvolvimento sustentável caracteriza-se como o processo de transformação no qual se busca a harmonização da exploração dos recursos, da direção dos investimentos, da orientação do desenvolvimento tecnológico e da mudança institucional, a fim de reforçar o potencial presente e futuro do meio ambiente, suporte das atividades econômicas destas populações, procurando melhor atender às suas necessidades e aspirações, respeitando a livre determinação sobre a evolução de seus perfis culturais.[42]

É importante deixar claro que necessariamente crescimento econômico não implica desenvolvimento. Conceitos importantes que permitem visualizar claramente as diferenças entre crescimento e desenvolvimento são:[43]

1. *crescimento: relaciona-se à expansão da escala das dimensões físicas do sistema econômico, ou expansão da escala de produção;*
2. *desenvolvimento: significa um estágio econômico, social e político de determinada comunidade, o qual é caracterizado por altos índices de rendimento dos fatores de produção, ou seja, pelos recursos naturais, o capital e o trabalho;*
3. *sustentável: possui dois significados, o primeiro é estático, que significa "impedir que caia, suportar, apoiar, conservar, manter e proteger", e o segundo é dinâmico e positivo e significa "favorecer, auxiliar, estimular, incitar e instigar".*[44]

Desta maneira, crescimento econômico não implica propriamente em desenvolvimento, mas simplesmente na expansão da escala de produção e dimensões físicas de um sistema econômico. Cabe salientar que em sua essência a palavra *desenvolvimento* implica em sustentabilidade.[45] O vivenciado pelo homem nas últimas décadas constitui-se, em sua essência, em um processo de crescimen-

---

[41] Stahel (1998).

[42] Bellia (1996).

[43] Ferreira [s/d].

[44] Bellia (1996).

[45] Seiffert (2006).

to econômico. Isso porque se fundamenta no lucro a qualquer custo, e este é atrelado à lógica do aumento da produção, em que os recursos naturais são utilizados sem o respeito à capacidade natural de recomposição.[46]

Da questão da sustentabilidade surge a necessidade de tratar o capital material diferentemente do capital natural. Enquanto as formas de capital material podem ser reproduzidas via crescimento do produto, o capital natural tende a decrescer e a impor restrições ao crescimento futuro, criando condições de não sustentabilidade ao crescimento ou ao bem-estar das gerações futuras.[47]

Existem variadas percepções a respeito do que vem a ser desenvolvimento sustentável; uma delas estabelece que as relações entre ambiente e desenvolvimento estão integradas. Entretanto, existe também a preocupação de que as políticas de desenvolvimento e o planejamento integrado das atividades setoriais levem em consideração os limites existentes para a renovação dos recursos naturais. Isto faria com que os padrões ambientais fossem estabelecidos em bases ecológicas a partir da noção de capacidade de suporte dos ecossistemas.[48] Isto torna evidente que é fundamental a utilização de um processo de análise e realização de intervenções no meio ambiente que seja feito dentro de visão globalizante integradora, com base no enfoque holístico, o qual servirá como base para a estruturação de um sistema de gestão descentralizado, com participação das sociedades locais.

Assim, o desenvolvimento sustentável constitui-se na adoção de um padrão de desenvolvimento requerido para obter a satisfação duradoura das necessidades humanas, com qualidade de vida. Isto necessariamente implicará na eficácia do uso dos fatores de produção dos recursos naturais (matérias-primas e insumos de processo) e sociais (mão de obra).

O real significado da palavra *desenvolvimento* caracteriza um estágio econômico, social e político de determinada comunidade, baseado em altos índices de rendimento dos fatores de produção: capital, trabalho e forma de apropriação dos recursos naturais. Desta maneira, crescimento econômico não implica propriamente em desenvolvimento, mas simplesmente na expansão da escala de produção e dimensões físicas de um sistema econômico. Cabe salientar que em sua essência a palavra *desenvolvimento* implica em sustentabilidade.

---

[46] Dias (2002).

[47] Fernandes (2005).

[48] Maglio (1995).

O conceito de desenvolvimento sustentável vem atraindo, como poucos, a opinião pública e acadêmica, já que se constitui em um objetivo político para numerosas nações. Além disso, existem duas interpretações opostas para desenvolvimento sustentável: "sustentabilidade fraca" e "sustentabilidade forte". A primeira trata a sustentabilidade como uma nova forma de eficiência econômica estendida para a gestão dos serviços da natureza; a segunda não considera a eficiência um critério adequado para satisfazer às preocupações com desenvolvimento sustentável e propõe regras de sustentabilidade.[49]

1.4 Desenvolvimento sustentável: pressupostos e limitações

Embora seja um conceito amplamente utilizado, não existe uma única visão do que seja o desenvolvimento sustentável. Para alguns, alcançar o desenvolvimento sustentável é obter o crescimento econômico contínuo através de um manejo mais racional dos recursos naturais e da utilização de tecnologias mais eficientes e menos poluentes. Para outros, o desenvolvimento sustentável é antes de tudo um projeto social e político destinado a erradicar a pobreza, elevar a qualidade de vida e satisfazer às necessidades básicas da humanidade que oferece os princípios e as orientações para o desenvolvimento harmônico da sociedade, considerando a apropriação e a transformação sustentável dos recursos ambientais.[50]

Isso representou um novo paradigma para lidar com a complexidade, o qual envolve mais que um conhecimento interdisciplinar: um conhecimento transdisciplinar. O Quadro 1.2 apresenta as diferenças entre o velho e o novo paradigma.

[49] Faucheux e Noël apud Braga (2005).

[50] Dias (2006).

Quadro 1.2 *Paradigma cartesiano (crescimento econômico)* versus *paradigma da sustentabilidade (desenvolvimento).*[51]

Cartesiano	Sustentável
Reducionista, mecanicista, tecnocêntrico	Orgânico, holístico, participativo
Fatos e valores não relacionados	Fatos e valores fortemente relacionados
Preceitos éticos desconectados das práticas cotidianas	Ética integrada ao cotidiano
Separação entre o objetivo e o subjetivo	Interação entre o objetivo e o subjetivo
Seres humanos e ecossistemas separados, em relação de dominação	Seres humanos inseparáveis dos ecossistemas, em uma relação de sinergia
Conhecimento compartimentado e empírico	Conhecimento indivisível, empírico e intuitivo
Relação linear de causa e efeito	Relação não linear de causa e efeito
Natureza entendida como descontínua, o todo formado pela soma das partes	Natureza entendida como um conjunto de sistemas inter-relacionados, o todo maior que a soma das partes
Bem-estar avaliado pela relação de poder (dinheiro, influência, recursos)	Bem-estar avaliado pela qualidade das inter-relações entre os sistemas ambientais e sociais
Ênfase na quantidade (renda *per capita*)	Ênfase na qualidade (qualidade de vida)
Análise	Síntese
Centralização de poder	Descentralização de poder
Especialização	Transdisciplinaridade
Ênfase na competição	Ênfase na cooperação
Pouco ou nenhum limite tecnológico	Limite tecnológico definido pela sustentabilidade

A despeito das divergências existentes quanto ao conceito de desenvolvimento sustentável, alguns denominadores comuns sempre estão presentes:[52]

[51] Almeida apud Tinoco; Kraemer (2004).

[52] Kinlaw (1997).

1. igualdade: todos os povos devem ter acesso à possibilidade de melhorar seu bem-estar econômico, tanto suas gerações presentes quanto futuras;
2. administração responsável: os processos produtivos e financeiros devem ser responsáveis com relação àquilo que é objeto de suas ações, sendo elaborados de forma a causar o menor prejuízo ambiental;
3. limites: o desenvolvimento deve ser encaminhado dentro dos limites tanto dos recursos naturais não renováveis, quanto da intervenção tolerável do ser humano sobre os ecossistemas;
4. comunidade global: não há fronteiras nacionais ou geográficas para os prejuízos ambientais; somente as ações e a cooperação internacional possibilitam reparar prejuízos já causados e assegurar um desenvolvimento seguro no futuro;
5. natureza sistêmica: o desenvolvimento deve considerar os inter-relacionamentos entre ecossistemas naturais e as atividades humanas.

O conceito de desenvolvimento sustentável foi cunhado inicialmente pelo relatório da Brundtland Commission, em 1987, intitulado "Nosso futuro comum". Esse relatório foi produto da Comissão Mundial sobre o Meio Ambiente e Desenvolvimento, que abordou o desenvolvimento sustentável como aquele que utiliza os recursos naturais sem comprometer a capacidade das gerações futuras de atenderem às suas necessidades.[53]

Fica claro que o conceito dá margem a interpretações que de modo geral baseiam-se num desequilíbrio entre os três eixos fundamentais do conceito de sustentabilidade, que são: o crescimento econômico, a preservação ambiental e a equidade social. O predomínio de qualquer desses eixos desvirtua o conceito e torna-se manifestação de interesses de grupos, isolados do contexto mais geral, que é o interesse da humanidade como um todo.[54] A Figura 1.3 ilustra os imperativos de cada um desses aspectos do desenvolvimento sustentável e os conflitos a ele inerentes.

Assim, com a predominância dos imperativos das esferas ecológica e social sobre a econômica, tem-se a perspectiva da ecologia profunda, a partir da qual amadureceu o conceito de desenvolvimento sustentável. Com a predominância dos imperativos da esfera ambiental e econômica sobre a social, tem-se o conservacionismo. Por sua vez, com o predomínio dos

53 Seiffert (2006).

54 Dias (2006).

âmbitos econômico e social sobre o ambiental, tem-se o crescimento econômico, padrão típico das últimas décadas e causador de tanta degradação ambiental. Finalmente, o desenvolvimento sustentável, que só pode ser alcançado através do equilíbrio entre os imperativos das esferas ambiental, social e econômica.

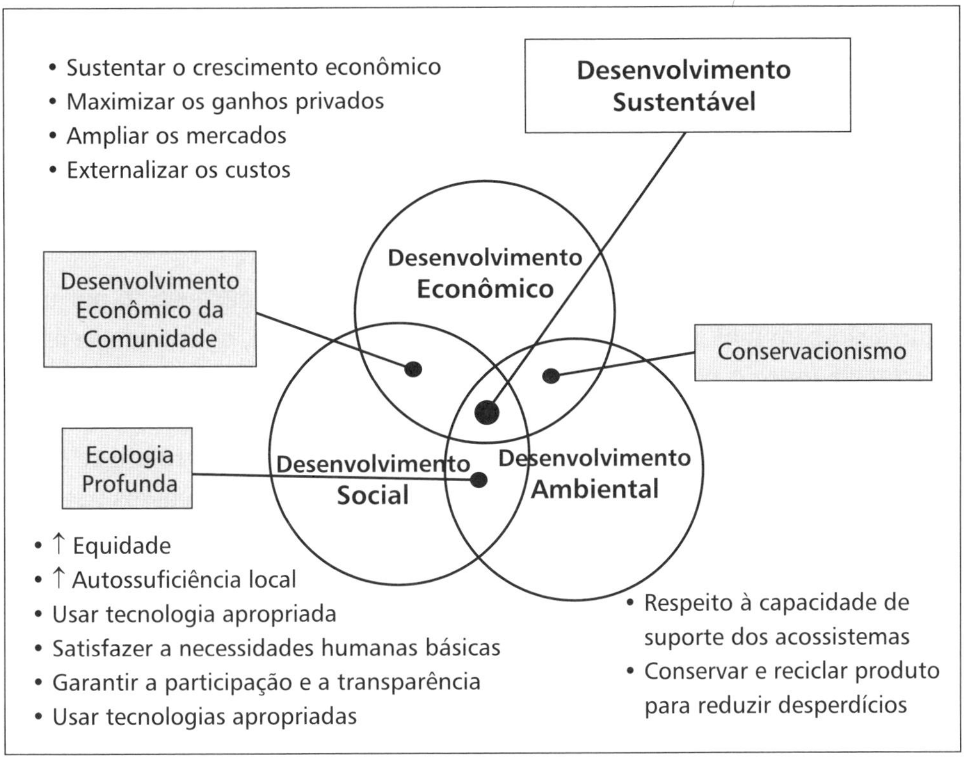

Figura 1.3 *Imperativos e conflitos dos âmbitos social, ambiental e econômico para o desenvolvimento sustentável.*

A partir do surgimento do conceito de desenvolvimento sustentável, passou a existir um discurso cada vez mais articulado que procura condicionar a busca de um novo modelo de desenvolvimento aliado à noção de conservação do meio ambiente. Os pressupostos associados a esse conceito vêm sendo discutidos por muitos, notadamente o canadense Maurice Strong e o holandês Ignacy Sachs.

Entretanto, foi Ignacy Sachs[55] quem amadureceu seu conceito, que só poderá ser alcançado através de um equilíbrio integrado entre cinco dimensões de sustentabilidade ou pressupostos básicos: *ecológica, social, econômica, cultural* (respeito às especificidades culturais e importância da conscientização ambiental através da educação) e *geográfica ou espacial* (cujo foco é uma configuração rural-urbana equilibrada).

Esse conceito assumiu desde então um arcabouço teórico bastante consistente. Seu conceito baseia-se nos pressupostos citados, cada qual apresentando um significado muito peculiar, os quais são extremamente inter-relacionados e interdependentes.

1.4.1 Pressuposto social

Significa criação de um processo de desenvolvimento sustentado por uma civilização com maior equidade na distribuição de renda, de modo a reduzir a distância entre o padrão de vida dos abastados e o dos não abastados. Em relação ao pressuposto social, é essencial salientar a importância da equidade intrageracional e intergeracional. A equidade intrageracional refere-se à paridade na forma de distribuição de renda e ao usufruto dos recursos naturais em uma geração específica. Por sua vez, a equidade intergeracional está associada à paridade na forma de distribuição de renda e ao usufruto dos recursos naturais entre gerações.

Na busca destas equidades, devem-se considerar tanto o nível nacional, como o internacional. Isso porque a falta de uma delas, na abrangência internacional, implicará no fato de um país, por não ser geograficamente autônomo no consumo de recursos naturais, passar a buscá-los em outros países. Em virtude, de modo geral, da não incorporação do real valor dos recursos naturais,[56] no processo produtivo, eles são considerados *commodities.*[57] Com isso, estabelece-se uma dinâmica de degradação ambiental no país exportador da *commodity* em questão. Geralmente, essa é uma dinâmica típica estabelecida entre o comércio internacional entre países em desenvolvimento e subdesenvolvidos.

---

55 Sachs (1993).

56 O valor de um bem também é determinado por sua escassez (ex.: ouro, pedras preciosas).

57 Bem de baixo valor agregado, em geral recursos naturais.

A partir da Revolução Industrial, gerou-se uma nova disciplina de trabalho nas fábricas, a qual marcou o ritmo de formação da classe operária. Enquanto as condições de vida no ambiente fabril e nas cidades iam tornando-se insuportáveis, a deterioração do ambiente urbano era, em muitos casos, ainda pior que nos dias de hoje. A intensa migração campo-cidade, impulsionada pela expropriação camponesa e pelos processos de acumulação primitiva, acelerava o desordenado crescimento das cidades industriais. O resultado disso foi a alta concentração populacional, constituída principalmente de trabalhadores pobres, expostos a um ambiente insalubre de trabalho e moradia.[58]

Segundo Panayotou, atualmente nos deparamos com um abismo crescente entre ricos e pobres, num mundo em que, não obstante todos os ganhos da economia global, 1,2 bilhão de pessoas ainda subsistem com o equivalente a menos de US$ 1 por dia. Entretanto, a mensuração da pobreza em termos de renda *per capita* é apenas parte do quadro da pobreza. Os indicadores de qualidade de vida, que não se correlacionam necessariamente com a renda, como mortalidade infantil, expectativa de vida e analfabetismo, também contribuem para o desenvolvimento humano.[59]

Os pobres urbanos são as principais vítimas da destruição ambiental. Eles vivem na miséria, sujeitos à poluição gerada tanto pelo seu próprio estilo de vida, quanto por aquela que se origina do estilo de vida esbanjador das elites urbanas. Não têm acesso nem a infraestruturas e serviços adequados nem a moradia decente, devido aos altos índices de desemprego e subemprego e à baixa renda da maioria de seus indivíduos. Sem negar que a urbanização acompanha e, em considerável extensão, alimenta o progresso econômico, social e cultural dos países predominantemente agrícolas, cujos impactos estão longe de ser apenas positivos.

Qualquer pessoa pode entender a matemática de Malthus.[60] Mas há um consenso abstrato quanto aos limites do crescimento, que não se traduzirá em decisões específicas de políticas se atenção não for dada para *onde* o crescimento ocorre.[61] A falta de um controle sobre o contingente populacional nos países em desenvolvimento agrava ainda mais a situação. "O planeja-

---

58 Carvalho (2004).

59 Holliday, Schmidheiny e Watts (2002).

60 Thomas Robert Malthus, responsável pela criação da "teoria das populações" e da discussão da importância do controle do crescimento populacional.

61 Hogan (1995).

mento familiar não é uma panaceia para alcançar o desenvolvimento social, equilíbrio ambiental e crescimento econômico. É só um dos meios, embora um dos mais importantes, para interromper a transmissão intergeracional de pobreza, particularmente quando combinado com as políticas apropriadas de desenvolvimento social [...]. É impossível acreditar que a gravidez de uma menina de 16 anos seja realmente desejada. Um objetivo principal deve ser evitar toda gravidez antes de 19 anos [...]. Medidas imediatas devem ser tomadas para diminuir a gravidez não desejada e para garantir acesso a serviços de saúde reprodutiva."[62]

O pressuposto social está muito associado com a importância da manutenção de um contingente populacional compatível com a capacidade de carga dos ecossistemas, uma vez que isso significará maior uniformidade sobre como esses recursos são disponibilizados entre os membros da população, tanto na geração atual, como nas próximas, assegurando assim maior equilíbrio ecológico na utilização dos mesmos e garantindo sua sustentabilidade econômica.

1.4.2 Pressupostos econômico e ecológico

Existe inter-relação muito grande esses dois pressupostos, em virtude de a origem de grande parte da degradação ambiental hoje observada ser uma resultante da má utilização econômica dos recursos naturais nos processos produtivos. O *pressuposto econômico somente será alcançado* por uma alocação e gestão mais eficientes de recursos e por um fluxo regular do investimento público e privado. Isso implica em uma efetiva incorporação do valor do bem ambiental no processo produtivo, sendo, portanto, necessária uma adequada forma de valoração dos recursos naturais.

Por sua vez, *o pressuposto ecológico* aborda a necessidade do uso dos recursos para propósitos válidos, como: limitação do consumo de combustíveis fósseis e de outros recursos facilmente esgotáveis; redução do volume de resíduos e de poluição, por meio da conservação e reciclagem de energia e recursos; autolimitação do consumo material pelos países ricos em todo o mundo; aumento da pesquisa de tecnologias limpas que utilizem de modo mais eficiente os recursos naturais; definição de regras para uma adequada proteção ambiental.

---

[62] Declaração do chefe da delegação brasileira na 3ª Sessão do Comitê Preparatório para a Conferência Internacional Sobre População e Desenvolvimento – Cairo, 94 (HOGAN, 2000. p. 23).

Os padrões de crescimento econômico devem ser avaliados neste contexto. O crescimento rápido impulsionado por empresas modernas não reduzirá por si só a heterogeneidade inicial. Pelo contrário, tende a concentrar a riqueza e a renda nas mãos dos poucos felizardos que controlam o arquipélago, relegando ao oceano todos aqueles que se tornam redundantes, devido à substituição do trabalho pelo capital. Os autores latino-americanos estavam certos ao denunciar este padrão de crescimento como concentrador e excludente. Daí a necessidade de se ter uma estratégia dupla, na qual também se dê atenção às oportunidades para o que pode ser chamado de crescimento puxado pelo emprego.[63]

Todo recurso que não foi eficientemente utilizado em um processo produtivo irá gerar desperdício, ou seja, perdas no processo produtivo, indicando sua ineficiência. Por outro lado, isso significa mais degradação ambiental, tanto através da aceleração do ritmo de exaustão das reservas naturais, como de uma maior produção de rejeitos no processo (resíduos sólidos, efluente hídricos, emissões atmosféricas etc.) que irão induzir a degradação ambiental.

Contudo, a forma como as questões econômicas e ecológicas são contempladas no padrão de crescimento econômico adotado é uma função direta dos paradigmas culturais de sua população.

1.4.3 Pressuposto cultural

A busca das raízes dos modelos de modernização e dos sistemas rurais integrados de produção, que facilitem a geração de soluções específicas para cada ecossistema e cultura local, envolve um relacionamento muito grande com a tecnologia, uma vez que se atribui aqui uma importância muito grande ao respeito à cultura local, geralmente muito afetada pelas opções tecnológicas adotadas. Desse modo, evita-se a descaracterização de um padrão cultural moldado durante anos pela história da comunidade, pois tal fato em geral induzirá sua desagregação e um processo de emigração.

A incorporação de valores ambientais através de um processo educacional efetivo molda o caráter de indivíduos ambientalmente sensibilizados, formando cidadãos completos. As origens da importância desse item estão associadas à educação ambiental que será discutida mais aprofundadamente no Capítulo 8.

---

63 Sachs (2004).

1.4.4 Pressuposto geográfico

Está voltado para a estruturação de uma configuração rural-urbana mais equilibrada e melhor distribuição territorial dos assentamentos humanos e atividades econômicas. Os aglomeramentos urbanos podem ser considerados como ilhas de entropia, em que há alta concentração de indivíduos gerada pelo processo de verticalização, cuja consequência é a elevada produção de aspectos ambientais (poluentes) em espaço físico limitado com baixa capacidade de assimilação. Esse padrão de ocupação do espaço físico implica na formação de ilhas de calor, em virtude da elevada impermeabilização da superfície do solo por edificações, as quais também funcionam como anteparos físicos, reduzindo as dinâmicas atmosféricas cujos impactos ambientais estão associados principalmente com a produção de esgotos sanitários, resíduos sólidos, efluentes industriais e emissões atmosféricas. A elevada concentração de indivíduos nestas áreas faz com que sejam extremamente dependentes de recursos produzidos em zonas rurais para o abastecimento de sua população.

Por sua vez, a degradação ambiental nas áreas agrícolas ocorre em virtude de um padrão de produção agrícola baseado em uso de variedades "melhoradas geneticamente"[64] para produtividade, mas de modo geral extremamente exigentes em condições do solo, dependentes de fertilizantes inorgânicos e defensivos agrícolas, condicionando o processo de produção ao uso de maquinário pesado (preparo do solo, plantio e colheita) e gerando degradação não somente das características físico-químicas, mas também biológicas dos solos. Historicamente, o uso dessas variedades levou pequenos produtores a assumirem financiamentos bancários para o pagamento de semente e demais insumos de produção para sustentar esse novo modo de produção, em que quebras de safra fizeram com que os mesmos fossem obrigados a vender suas propriedades para produtores de maior porte.

Esses indivíduos, em virtude da falta de perspectiva no campo, rumam então para os grandes centros urbanos, considerados zonas de prosperidade, contribuindo para o adensamento populacional nas zonas urbanas e para o processo de favelização das grandes metrópoles. Esse processo agravou ainda mais a degradação ambiental, em virtude de esse processo de favelização ocorrer muitas vezes às expensas da ocupação de áreas de preservação permanentes,

---

[64] Determinadas características interessantes de produção das variedades são melhoradas, entretanto a falta de variabilidade genética faz com que as culturas sejam extremamente susceptíveis ao ataque de pragas e doenças, tornando-se em virtude disso mais dependentes de defensivos e fertilizantes.

consideradas áreas marginais de ocupação, sem infraestrutura básica e saneamento. Por sua vez, nas áreas urbanas o processo de mecanização industrial ao longo do século XX também gerou mão de obra ociosa que, juntamente com os imigrantes de áreas agrícolas, integrarão o contingente de desempregados, marginalizados da sociedade.

Isso, indubitavelmente, também contribuiu para um processo de degradação de áreas de preservação permanente, importantes para o equilíbrio ecológico e sem aptidão para comportar um processo de ocupação urbana desestruturado, formando-se assim as ocupações marginais. Por sua vez, a concentração de grande número de indivíduos em zonas urbanas vem aumentando sobremaneira o ônus de Municípios e Estados, associado a uma maior demanda por serviço de saúde pública e educação, em números absolutos. Isto é autoevidente, quando se considera o comentário da então prefeita do Estado de São Paulo, Marta Suplicy: "Para atender à demanda de creches em virtude do número de nascimentos no Estado seria necessária a abertura de uma creche por dia." Portanto, é importante, além de se considerar a capacidade de suporte de um ecossistema natural, considerar o limite da capacidade de suporte do sistema econômico embutido nos ecossistemas antrópicos.

Percebe-se então que os desequilíbrios ambientais são gerados por padrões de produção e ocupação do espaço físico ecologicamente inadequados, que, por sua vez, geram mais desigualdades sociais. Nos países em desenvolvimento, a pobreza se intensificou pela distribuição desigual de recursos, gerando um círculo vicioso, em que miséria gera mais miséria. Além disso, o rápido crescimento populacional e a necessidade cada vez maior de explorar comercialmente terras de boa qualidade (produtivas) levaram muitos agricultores de subsistência a ampliar cada vez mais as fronteiras de seu sistema produtivo, deixando no seu trajeto áreas totalmente depauperadas em virtude de práticas agrícolas técnica e ecologicamente impróprias. Isto evidencia, paradoxalmente, que a maioria dos países em desenvolvimento busca o seu crescimento econômico às expensas do desgaste ambiental, ou seja, a pobreza leva à deterioração do meio ambiente que, por sua vez, leva a uma pobreza ainda maior,[65] que leva à aceleração desta degradação.

É importante perceber que isso não se trata somente de uma questão de crescimento alimentado por migração, mas também fecundidade. Apesar do fato de que muitas sociedades já atravessaram a transição demográfica, associada a um maior controle populacional, particularmente países desenvolvi-

65 Becker (2001).

dos, processos de distribuição populacional continuarão a exigir a atenção de especialistas interessados em viabilizar a perspectiva do desenvolvimento sustentável. O controle sobre a migração de indivíduos de áreas economicamente menos atrativas para as mais atrativas, bem como seus fatores indutores, é um dos problemas de longo prazo, provavelmente o mais difícil de ser resolvido, nas relações homem/recursos naturais, e não passível de resolução somente através de planejamento familiar. Cuidadosos estudos da capacidade regional de suporte serão necessários para dirigir os investimentos econômicos e suas consequências para as oportunidades de emprego e migração. Ainda é necessário muito trabalho conceitual para avaliar as variáveis (e seus indicadores) envolvidas na estimação da capacidade de suporte dos ecossistemas e sua relação com a atividade antrópica.[66]

Principalmente nas áreas urbanas, materializa-se então um padrão de miséria, não apenas pelo declínio do salário mínimo, de serviços sanitários, saúde pública, habitação e outros destinados a associar o "progresso" à qualidade de vida local. À degradação da qualidade de vida urbana, com fenômenos variados de contaminação de solo, ar, das águas nas zonas metropolitanas e nas áreas de expansão da industrialização no interior do país, junta-se o esgotamento de recursos naturais em regiões de grandes projetos (mineração, barragens e projetos de desenvolvimento).[67]

A expectativa de explosão demográfica, de degradação ambiental, de má distribuição de renda, de educação básica deficitária, insuficiência de moradia condizente, de transporte conveniente e de outros elementos de inter-relação do homem com o meio ambiente compromete a qualidade ambiental. Como foi previsto pela United Nation Population Division, segundo a qual no ano 2000 mais da metade da população do mundo passou a viver nos grandes centros urbanos e 23 desses centros urbanos tornaram-se megacidades, podendo atingir um contingente populacional de mais de 10 milhões de habitantes.[68] Podem-se recordar aqui as discussões sobre as "cidades geradoras e parasíticas" – ambas características presentes ao mesmo tempo na maior parte das cidades – e também sobre o "viés urbano" das políticas de desenvolvimento,

---

66 Hogan (1995).

67 Neder (1995).

68 Brito e Câmara (1998).

discussões agravadas pelos índices sem precedentes de crescimento urbano devido ao afluxo dos "refugiados do campo".[69]

A expansão dos serviços deve ocupar um lugar destacado no desenvolvimento rural, oferecendo, juntamente com as indústrias rurais, muitas vagas para empregos não agrícolas e reduzindo a clivagem civilizacional entre a cidade e o campo. A pluriatividade tende a se tornar uma palavra-chave para os agricultores e as suas famílias. Entre 1978 e 2000, a China conseguiu criar mais de 120 milhões de empregos não agrícolas em áreas rurais, muitos deles nos setores da construção e da administração. Certamente, vale a pena refletir sobre essa lição.[70] Isso evidencia a necessidade de uma nova configuração das áreas rurais, de modo que se tornem capazes de oferecer infraestrutura básica para a sobrevivência e o lazer de sua população de modo a reduzir a atratividade do processo de migração para áreas urbanas.

A integração de economia, ecologia e política representa uma perspectiva ainda em construção. A discussão apresenta limitações quase na mesma medida em que traz uma contribuição aos conceitos e práticas presentes na problemática ambiental. Esse debate em torno do desenvolvimento sustentável também levou a outras constatações, as quais se traduzem em elementos comuns à maioria das definições de desenvolvimento sustentável.

Na maioria das vezes, as pessoas responsáveis pela administração dos recursos naturais e proteção ao meio ambiente estão organizadas separadamente, longe dos responsáveis pelas empresas e pelos sindicatos. No entanto, instituições separadas e nações que agem isoladamente não podem mais lidar com assuntos que estão inter-relacionados. A interdependência dos assuntos sociais, econômicos e ambientais não mudará. As instituições, sim, devem mudar para que se assegure a efetividade ao enfrentarem as novas realidades.[71]

Nesse contexto, fica explícito que o principal objetivo do desenvolvimento sustentável é satisfazer às necessidades e às aspirações humanas. Em sua essência, ele[72]

> "é um processo de transformação no qual a exploração dos recursos, a direção dos investimentos, a orientação do desenvolvimento tecnológico e a mudança

---

69 Sachs (1993).

70 Sachs (2004).

71 Corson (2002).

72 CMMAD (1991).

institucional se harmonizam e reforçam o potencial presente e futuro, a fim de atender às necessidades e aspirações humanas".

A forma como determinada sociedade utiliza os recursos naturais está intrinsecamente associada às alternativas tecnológicas por ela selecionadas, as quais também devem ser consideradas essências para o alcance da sustentabilidade.

1.4.5 Pressuposto tecnológico: o sexto pressuposto do desenvolvimento sustentável

Considerando-se a visão do desenvolvimento sustentável e as relações existentes entre as dinâmicas socioeconômicas e as questões ambientais, caberia discutir a importância da inserção de um sexto pressuposto ou requisito para o desenvolvimento. O pressuposto tecnológico, sem dúvida, deve ser nele enfatizado e discutido, uma vez que pode contribuir para a elevação da insustentabilidade de determinada sociedade. Os processos produtivos têm sua sustentabilidade comprometida na medida em que são escolhidas alternativas tecnológicas sem considerar sua adaptabilidade ao contexto em que irão ser implantadas.

Sachs[73] apresenta cinco dimensões da sustentabilidade: social, econômica, ecológica, geográfica ou espacial e cultural. Propõe-se aqui o acréscimo da dimensão tecnológica. A Figura 1.4 apresenta estas dimensões, pressupostos ou pilares de sustentação.

---

73 Sachs (1993).

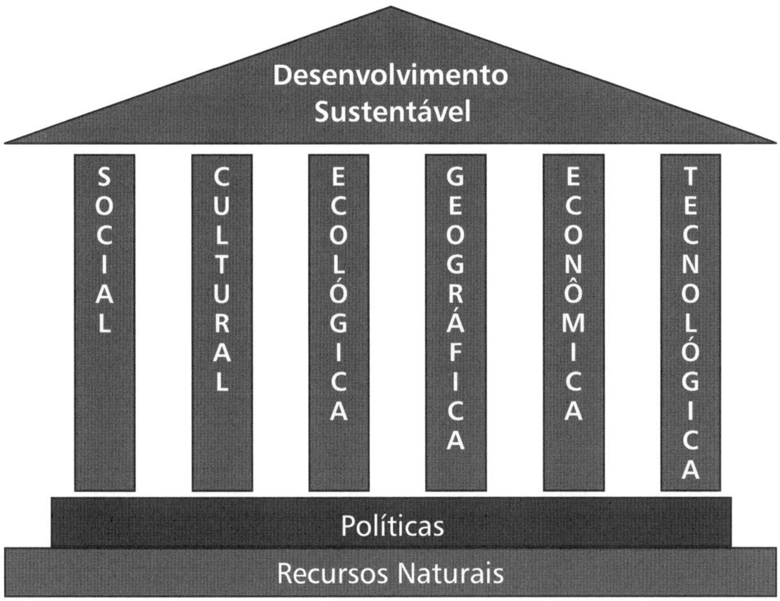

Figura 1.4 *Equilíbrio dinâmico da sustentabilidade e pressupostos (pilares) do desenvolvimento sustentável.*

Além disso, considera-se como base fundamental para os pressupostos do desenvolvimento sustentável a criação de políticas a eles associadas de modo a viabilizar a visão do desenvolvimento sustentável. Sem dúvida nenhuma, a diferença entre a situação-problema e a situação almejada sempre passará pela criação e implantação de políticas públicas compatíveis, que permitirão um nível de exploração adequado dos recursos naturais a fim de atingir a sustentabilidade.

Na preocupação com o uso de tecnologias mais adequadas a determinado contexto sócio-econômico-ambiental, deve-se considerar sua origem, uma vez que a tecnologia gerada em um contexto pode não ser necessariamente adequada para outro. Isto passa pelos problemas enfrentados quando uma tecnologia não é desenvolvida localmente, mas simplesmente importada de outros países, particularmente dos desenvolvidos.

Para que uma tecnologia seja desenvolvida localmente, é necessário que o país realize investimentos pesados em educação, a fim de gerar massa crítica para a criação de conhecimento científico e produção de tecnologia, ou em último caso sua importação após minuciosa análise contextual dos impactos de sua utilização. Isto envolve preocupação com a análise de ciclo de vida de produtos, desde o projeto do processo/produto até o descarte dos resíduos.

Para que técnicos tenham esta preocupação, é fundamental a realização de investimentos em educação, buscando um aprimoramento do processo de educação ambiental. Isto evidencia como o pressuposto cultural pode ser determinante no processo de gestão ambiental. Enquanto, por um lado, a tecnologia foi responsável pelo aumento do nível de conforto para o ser humano, também levou a uma redução do número de postos de trabalho, evidenciando cada vez mais a transição de uma economia baseada na venda de mão de obra para uma sociedade que demanda conhecimento.

Assim, a criação de políticas ambientais deve sempre considerar uma análise integrada dos seis pilares do desenvolvimento sustentável, de modo a viabilizar o desenvolvimento de alternativas que efetivamente contribuam para o bem-estar das populações de modo equilibrado. Em virtude disso, os principais objetivos das políticas ambientais e desenvolvimentistas, em síntese, são:[74]

a) retomar o crescimento;
b) alterar a qualidade do desenvolvimento;
c) atender às necessidades essenciais de emprego, alimentação, energia, água e saneamento;
d) manter um nível populacional sustentável;
e) conservar e melhorar a base de recursos;
f) reorientar a tecnologia e administrar o risco;
g) incluir o meio ambiente e a ecologia no processo de tomada de decisões.

Para o desenvolvimento dessas políticas, devem ser escolhidos pontos de alavancagem[75] no processo de intervenção que realmente consigam mudar a situação-problema, de modo que ela assuma uma configuração mais próxima da situação desejada possível. Neste caso, indubitavelmente o pilar cultural é uma importante alternativa, uma vez que possibilita não só elevar o nível de sensibilização ambiental dos cidadãos de modo a tornar sustentável seu padrão de consumo, como também controlar a natalidade através de métodos anti-

---

[74] CMMAD (1991).

[75] Segundo Senge (2004), significa aqueles aspectos do sistema em que pequenas intervenções são capazes de gerar grande mudança tanto positiva como negativamente.

concepcionais, isso porque educação ambiental implica em educação sexual, discutida mais detalhadamente no Capítulo 8.

Assim, para a definição de políticas ambientais que orientem o processo de definição e implantação dos instrumentos de gestão ambiental, que uma nação pode utilizar em combinações de alternativas mais adequadas para a sua realidade, é essencial compreender os impactos ambientais existentes e os níveis de intervenção mais adequados, o que será discutido a seguir.

1.5 Prioridades de intervenção e mitigação dos impactos ambientais na busca da sustentabilidade

Entre o número crescente de compilações, uma das mais concisas e melhor formuladas das prioridades de intervenção para o alcance do desenvolvimento sustentável foi a do Worldwatch Intitute em seu relatório *State of the World 1988* (Estado do Mundo, 1988). Além do *State of the World*, vários outros relatórios recentes têm incluído temas internacionais ou globais, especificando prioridades à limitação da deterioração ambiental e tornando o desenvolvimento mais sustentável (Quadro 1.3).[76]

Como pode ser observado no referido quadro, algumas prioridades de intervenção são consensuais entre vários especialistas, como: reduzir o crescimento populacional; diminuir a pobreza, desigualdades e a dívida do Terceiro Mundo; praticar a agricultura sustentável; proteger florestas e *habitats*; limitar a perda de espécies, aumentar a eficiência energética; desenvolver fontes renováveis de energia; limitar os gases de estufa e outros poluentes atmosféricos; proteger a camada de ozônio.

Esses impactos problemáticos podem, por sua vez, ser mitigados através da seleção de alternativas de intervenção consideradas efetivas e prioritárias para cada aspecto ambiental. No entanto, comparações de impactos de programas alternativos e seus custos e benefícios respectivos representam um passo necessário em direção a escolhas políticas e econômicas.[77] Uma análise do Quadro 1.4 leva às seguintes conclusões:

- *Reduzir o crescimento populacional* é fundamental para mitigar todos os impactos problemáticos.

---

[76] Corson (2002).

[77] Corson (2002).

- *Reduzir a pobreza e a desigualdade* – o que inclui fatores como melhorias na saúde, longevidade e alfabetização; aumento da oferta de empregos e participação política; e extensão das oportunidades às mulheres e minorias.

Quadro 1.3 *Prioridades internacionais para a sustentabilidade.*[78]

Prioridade	1	2	3	4	5	6	7
Reduzir o crescimento populacional	■	■	■	■	■	■	■
Diminuir a pobreza, as desigualdades e a dívida do Terceiro Mundo	■	■	■	■	■	■	■
Praticar a agricultura sustentável	■	■	■		■	■	■
Proteger florestas e *habitats*. Limitar a perda de espécies	■	■	■	■	■	■	■
Proteger os recursos oceânicos e costeiros	■	■		■			
Proteger a qualidade da água doce. Melhorar a eficiência do uso de água	■	■	■			■	
Aumentar a eficiência energética	■	■	■	■	■	■	■
Desenvolver fontes renováveis de energia	■	■	■	■	■	■	■
Limitar os gases de estufa e outros poluentes atmosféricos	■	■	■	■	■	■	■
Proteger a camada de ozônio	■	■		■	■	■	
Reduzir a geração de lixo. Reciclar os rejeitos (resíduos e efluentes)	■	■	■	■			
Transferir os gastos militares ao desenvolvimento sustentável	■		■	■	■		■

1. World Commission on Environment and Development (WCRD). *Our common future* (New York University Press, 1987). Relatório de um programa de três anos estabelecido pelas Nações Unidas. A Comissão inclui 22 membros de 21 nações.
2. Robert Repetto (Ed.). *Agenda for action*. The global possible: resources, development, and the new century (New Haven: Yale University Press, 1985). p. 496-519. Recomendações de uma conferência de 1984 do World Resources Institute (Instituto de Recursos Mundiais) (WRI) de 75 líderes de 20 nações.

[78] Corson (2002).

3. Rushworth M. Kidder, Agenda 2000, *The Christian Science Monitor* (CSM), 25 July 1988, p. B1-B12. Recomendações de uma conferência de 35 participantes de 12 nações, cobrindo degradação ambiental, relações Norte-Sul e Oriente-Ocidente, e moral pública e privada.

4. *Time*, Planet of the year: endangered Earth, 2 jan. 1989, p. 24-63. Recomendações de uma conferência de 26 jornalistas da *Time*, e 33 especialistas de 11 nações.

5. Frank Barnaby (Ed.), *The gaia peace atlas*: survival into the third millennium (New York: Doubleday, 1988), cap. 8, Short-term steps for survival; cap. 9, The choices for humanity.

6. Richard E. Benedick, Environment: an agenda for the next G-7 Summit, *International Herald Tribune*. 25 July 1989.

7. Lester R. Brown e Edward C. Wolf, Reclaiming the future, In: Brown et al., *State of the world 1988* (New York: Norton, 1988), p. 170-188. Uma publicação do Worldwatch Institute (WI).

Ao ver satisfeitas suas necessidades básicas, o indivíduo se torna mais propenso à sensibilização ambiental, reduzindo assim a degradação ambiental.

- *Praticar a agricultura sustentável*, o que inclui evitar a erosão com a adoção de boas práticas de cultivo do solo, reduzindo o uso de produtos químicos. É importante, para limitar a degradação do solo, o consumo e a poluição da água, reduzir o consumo de energia e a eliminação de espécies animais e vegetais. É uma ação menos relevante, mas significativa, para satisfazer às necessidades básicas humanas e reduzir a poluição atmosférica e os conflitos.
- *Proteger as florestas e outros* habitats, o que inclui reflorestamento e proteção de outros recursos vivos, de modo a diminuir a destruição das espécies, limitar a degradação do solo, reduzir a poluição atmosférica e o esgotamento dos suprimentos de água doce. É uma ação considerada menos importante, porém significativa, para a redução da destruição das fontes renováveis de energia e para a satisfação das necessidades básicas.
- *Tornar sustentável o uso de energia*, o que inclui melhorias na eficiência energética e conservação de energia através de incentivos econômicos e desenvolvimento de fontes renováveis de energia, é essencial para a redução da poluição do ar, degradação do solo, esgotamento dos suprimentos de energia e minerais e conflitos entre países. É uma ação menos relevante, mas significativa, para a redução da destruição das espécies e para a satisfação das necessidades básicas do ser humano.

- *Praticar o uso sustentável da água*, o que inclui melhorar a eficiência do uso da água e proteger a qualidade da água; é fundamental a limitação do esgotamento e poluição dos suprimentos de água. É uma ação menos importante, mas significativa, para limitar o esgotamento dos recursos energéticos, degradação da terra, conflitos e satisfação das necessidades básicas.
- *Reduzir a geração de lixo*, o que inclui melhorias nos processos de produção e reciclagem dos restos líquidos e sólidos, é determinante para a redução da poluição do ar e das águas, e exaustão das reservas de energia, minerais e água. É uma ação pouco importante, mas significativa, para a satisfação das necessidades básicas.

Com base nas estimativas no Quadro 1.4, percebe-se claramente que reduzir o crescimento populacional é a única medida considerada unanimemente efetiva, para mitigar os vários impactos problemáticos globais listados no Quadro 1.3. Praticar agricultura sustentável é a próxima medida mais efetiva na solução dos problemas. Proteger as florestas e utilizar a energia de modo sustentável são as seguintes, acompanhadas pela redução da pobreza, uso sustentável dos suprimentos de água e redução da geração do lixo.

O controle do crescimento populacional é um grande ponto de alavancagem que se possa alcançar a visão do desenvolvimento sustentável, ou o mais próximo dela possível. Outro ponto de alavancagem, também essencial, é a existência de políticas educacionais mais adequadas, de modo a fazer com que a educação ambiental seja inserida a contento no processo de educação formal, o que será discutido mais detalhadamente no Capítulo 8. É essencial lembrar que só através da educação sexual, uma componente fundamental da educação ambiental, será possível obter um contingente populacional compatível com a capacidade de suporte dos ecossistemas.

Enquanto a atividade industrial ganhou, ao longo dos anos, importância cada vez maior em virtude da expansão de sua escala de produção induzida pelo crescimento populacional e pela sofisticação do padrão de consumo dos indivíduos, gerando grande degradação ambiental, por sua vez, o processo de produção agrícola também é responsável por uma grande parcela dessa degradação em virtude do modelo de produção adotado. Outra questão importante, como já enfatizado por Sachs, é a configuração rural/urbana, ou seja, a forma como a população de uma nação se distribui em sua área, a qual deve ser uma grande preocupação dos governos.

Quadro 1.4 *Impactos problemáticos globais e efetividade estimada das soluções prioritárias.*

Impactos Problemáticos	Soluções Prioritárias						
	1 Reduzir o Crescimento Populacional	2 Diminuir a Pobreza e Desigualdades	3 Praticar a Agricultura Sustentável	4 Proteger as Florestas e Outros *Habitats*	5 Utilizar a Energia de Modo Sustentável	6 Utilizar a Água de Modo Sustentável	7 Reduzir a Geração de Lixo
1. Não satisfação das necessidades humanas básicas de água tratada, alimentos, cuidados médicos, educação, emprego etc.	■	░	░	░	░	░	░
2. Destruição das espécies (extinção de plantas e animais), degradação dos *habitats*.	■	■	▒	■	░	...	...
3. Degradação do solo: erosão do solo, desertificação, perda da fertilidade de solo.	■	▒	■	■	▒	░	...
4. Esgotamento dos recursos não renováveis de energia e de minerais.	▒	...	▒	...	■	░	▒
5. Destruição dos recursos de água doce (águas de superfície e subterrâneas).	■	...	■	▒	...	■	▒
6. Poluição das águas: contaminação por produtos químicos e bactérias das águas de superfície e subterrâneas.	▒	░	▒	...	...	■	▒
7. Poluição atmosférica: poluição atmosférica urbana, deposição ácida, destruição da camada de ozônio, acúmulo de gases de estufa.	▒	...	░	▒	■	...	▒
8. Conflitos e guerras: internos e internacionais.	▒	▒	░	...	▒	░	...

■ solução muito importante
▒ solução de importância moderada
░ solução pouco importante, mas significativa
... solução sem importância ou irrelevante

O atual modelo de crescimento vem induzindo um padrão de ocupação que se caracteriza pelo esvaziamento das áreas agrícolas em função de um modelo de produção focado em culturas extensivas e mecanizadas. Nessas culturas, o principal mercado é a exportação, o que, em virtude de suas características inerentes, gera degradação ambiental no campo e desemprego, induzindo um processo de migração para as áreas urbanas. Esses migrantes passam então a instalar-se em áreas marginais, dando origem a ocupações irregulares (favelas), muitas vezes em áreas de preservação ambiental (encostas, margens de rios), gerando um círculo vicioso de miséria e crescimento populacional desordenado pela falta de acesso a educação e saúde.

É necessário que esse padrão de urbanização tenha maior equilíbrio, devendo ocorrer o processo inverso do que vem acontecendo nas últimas décadas, uma migração do contingente populacional urbano para as áreas agrícolas e aumento do número de pequenos produtores rurais. Esse processo vem cada vez mais acentuando as desigualdades sociais, a miséria, a perda de qualidade de vida do homem, a violência e uma degradação ambiental cada vez mais intensa.

A partir dos problemas existentes, surgiu então a necessidade de mudar a realidade existente, de modo a amenizar ou eliminar completamente os desequilíbrios existentes, através do processo de Gestão Ambiental, em seus mais diversos níveis.

2 Gestão Ambiental

O processo de gestão ambiental surgiu como uma alternativa para buscar a sustentabilidade dos ecossistemas antrópicos, harmonizando suas interações com os ecossistemas naturais. O conceito de gestão ambiental, assim como o de desenvolvimento sustentável, amadureceram durante as últimas décadas, mas não assumiram ainda uma configuração definitiva e de caráter consensual.

Contudo, para obter essa harmonização, através da gestão ambiental, é necessário lidar com situações extremamente complexas, envolvendo uma realidade problemática e cujas condições necessitam ser melhoradas. Isso envolve, na maioria das vezes, lidar com interventores ou agentes que apresentam interesses conflitantes em relação à forma de utilização de um determinado bem ambiental. Em virtude disso, foi necessária a criação ao longo dos anos de instrumentos de gestão ambiental de várias naturezas, como uma forma de mediar essa complexidade.

2.1 Gestão ambiental para a materialização do desenvolvimento sustentável

A preservação do meio ambiente converteu-se em um dos fatores de maior influência dos anos 90 e da primeira década de 2000, com grande rapidez de penetração de mercado. Assim, as empresas começam a apresentar soluções para alcançar o desenvolvimento sustentável e, ao mesmo tempo, a aumentar a lucratividade de seus negócios. Nesse contexto, gestão ambiental não é apenas uma atividade filantrópica ou tema para ecologistas e ambientalistas, mas também uma atividade que pode propiciar ganhos financeiros para as empresas.[1]

A capacidade de carga do planeta Terra não poderá ser ultrapassada sem que ocorram grandes catástrofes ambientais. Entretanto, como não se conhece qual é essa capacidade de carga, e será muito difícil conhecê-la com precisão, é necessário adotar uma postura proativa que implica agir sem esperar para ter certeza. Nesse sentido, é preciso criar o quanto antes condições socioeconômicas, institucionais e culturais que estimulem não apenas um rápido progresso tecnológico de mecanismos que possibilitem a utilização racional dos recursos naturais, como também uma mudança em direção a padrões de consumo que não impliquem o crescimento contínuo e ilimitado do uso de recursos naturais *per capita*.[2]

A gestão ecológica, base do processo de gestão ambiental, não questiona a ideologia do crescimento econômico, que é a principal força motriz das atuais políticas econômicas e, tragicamente, da destruição do ambiente global. Mas implica rejeitar a busca cega do crescimento econômico irrestrito, entendido em termos puramente quantitativos, como maximização dos lucros ou do Produto Nacional Bruto (PNB). A gestão ecológica implica o reconhecimento de que o crescimento econômico ilimitado em um planeta finito só pode levar a um desastre. Dessa forma, faz-se uma restrição ao conceito de crescimento, introduzindo-se a sustentabilidade ecológica como critério fundamental de todas as atividades de negócios.[3]

Gestão ambiental não é um conceito novo nem uma necessidade nova, mas algo que foi amadurecendo ao longo dos anos, a partir das contribuições de várias áreas de conhecimento, mas particularmente das engenharias, ciências biológicas, administração, geologia e geografia. Evoluiu, historicamente, das demandas associadas aos sistemas de saneamento básico, em virtude do crescimento das metrópoles, para um enfoque propriamente de gestão induzido pelas áreas de conhecimento de engenharia de produção e administração. Isso é um desdobramento de mudanças de paradigma no processo de controle ambiental que evoluiu da abordagem de fim de tubo ou sanitarista típica nos

---

1 Tachizawa (2002).

2 Apud Romeiro (2003).

3 Andrade, Tachizawa e Carvalho (2000).

estudos de engenharia sanitária para a abordagem preventiva de engenharia ambiental, a qual envolve propriamente o processo de gestão ambiental nas esferas privada ou pública.

Esse processo está relacionado a condicionantes históricas na forma com que os ecossistemas antrópicos interagem com os naturais e na forma de incorporação dos recursos naturais nos processos produtivos, a qual envolve a abundância relativa dos recursos naturais e a perda da qualidade ambiental. No início da Revolução Industrial, os recursos naturais eram ainda abundantes e a qualidade ambiental havia sido ainda pouco comprometida. A partir daí, o homem torna-se o algoz e ao mesmo tempo uma vítima de sua própria ignorância, pois na medida em que os recursos naturais vão se tornando paulatinamente mais escassos, em virtude de sua apropriação pelos processos produtivos, em paralelo a qualidade ambiental passa a se deteriorar muito rapidamente. Em virtude disso, ao nos aproximamos do final do século XX, verificou-se uma elevação na compreensão de como as relações entre os seres humanos e o meio ambiente podem ser melhor conduzidas através de um processo de gestão ambiental.

Pesquisa conjunta realizada pela Confederação Nacional das Indústrias (CNI), Sebrae e BNDES revela que metade das empresas pesquisadas realizou investimentos ambientais nos últimos anos, variando cerca de 90% nas grandes a 35% nas microempresas.[4] Ela revelou que as razões para a adoção de práticas de gestão ambiental (quase 85% das empresas pesquisadas adotam algum tipo de procedimento associado à gestão ambiental) não foram apenas em função da legislação, mas, principalmente, por questões que poderíamos associar à gestão ambiental:[5]

- aumentar a qualidade dos produtos;
- aumentar a competitividade das exportações;
- atender ao consumidor com preocupações ambientais;
- atender à reivindicação da comunidade;
- atender à pressão de organização não governamental ambientalista;
- estar em conformidade com a política social da empresa;
- melhorar a imagem perante a sociedade.

[4] Tachizawa (2002).

[5] Tachizawa (2002).

Assim, a gestão ambiental busca a condução harmoniosa dos processos dinâmicos e interativos que ocorrem entre os diversos componentes do ambiente natural e antrópico, determinados pelo padrão de desenvolvimento almejado pela sociedade.[6] Para tanto, deve considerar a complexidade inerente aos ecossistemas antrópicos e suas inter-relações e interdependências dos ecossistemas naturais. Isto implica que, para que ocorra um processo efetivo de gestão ambiental, é necessário grande conhecimento das dinâmicas que envolvem ambos os tipos de ecossistemas, porque processos humanos, que envolvem os aspectos sociais, econômicos e culturais de dada região, estão em constante interação com os processos naturais.

É impulsionada pela percepção dos vários agentes envolvidos no processo (decisores) de uma realidade inadequada e problemática, a qual atua como uma força motora no processo. Por sua vez, isso irá requerer a implantação de uma série de mudanças desafiadoras, para que se possa passar dessa situação problemática para a situação desejada através de um processo de negociação entre os vários agentes ou atores envolvidos no processo, cujos interesses são, em muitos casos, conflitantes.

Essa complexidade significa um grande desafio ao processo de gestão ambiental onde a maioria das limitações está associada aos âmbitos econômico e social. Isso envolve mudanças fundamentais como: uma distribuição de renda mais igualitária, planejamento familiar rígido para limitar o crescimento populacional, uma estrutura fundiária mais descentralizada, sistema educacional de melhor qualidade, estruturado, enfocando a educação, melhorias na fiscalização ambiental, reestruturação da matriz energética, entre outros, conforme explicitado na Figura 2.1.

Nos últimos anos, o conceito de gestão vem sendo utilizado para incluir, além da gestão pública do meio ambiente, os programas de ação desenvolvidos por empresas e instituições privadas não governamentais, de modo a administrar sua atividade dentro dos modernos princípios de proteção do meio ambiente. Dessa forma, o conceito de gestão ambiental tem evoluído na direção de uma perspectiva de gestão compartilhada entre os diferentes agentes envolvidos e articulados em seus diferentes papéis.

---

[6] Agra Filho e Viegas apud Phillip Jr. e Maglio, 2005.

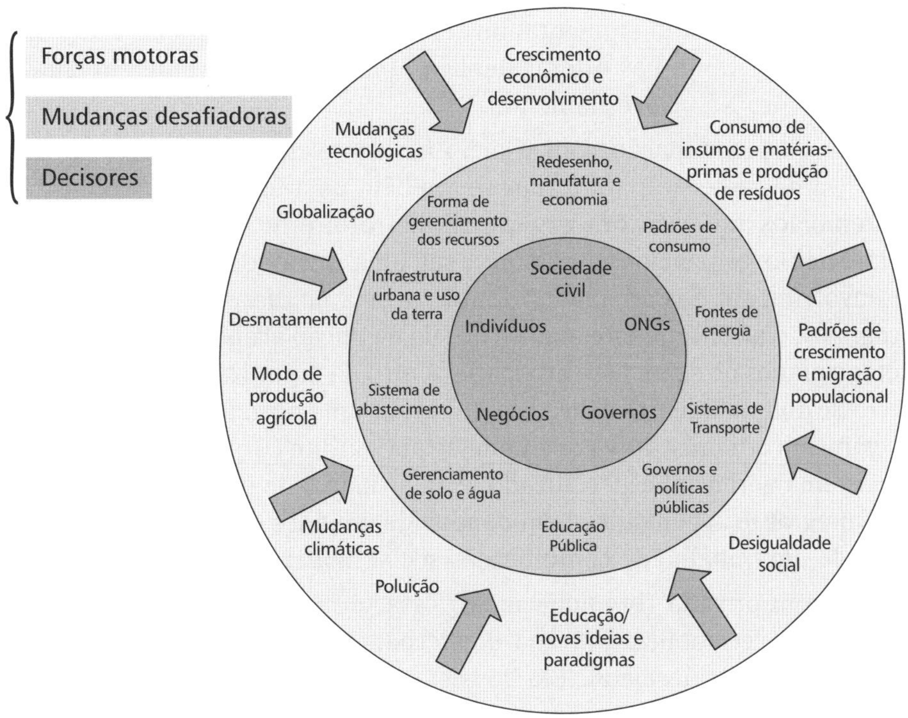

Figura 2.1 *Desafios para a busca da sustentabilidade socioambiental.*

Considerando-se a esfera pública, é um processo político administrativo de responsabilidade dos Municípios, Estados e União legalmente constituídos, buscando a participação social de modo abrangente, formular, implementar e avaliar políticas ambientais a partir da cultura, realidade e potencialidades de cada região, em conformidade com os princípios de desenvolvimento sustentável.[7] Enquanto na esfera pública surgem instrumentos que representam mecanismos de imposição (comando e controle) com a criação de requisitos legais cada vez mais restritivos, a esfera privada envolve mecanismos voluntários (autocontrole ou autorregulação). Existe uma complementaridade muito grande e determinante entre os instrumentos que envolvem a atuação da esfera pública e da privada.

O processo de elevação da escala de produção e consequentemente da importância da atividade industrial acentuou ainda mais os problemas ambientais

---

7 Phillip Jr. e Maglio (2005).

e a complexidade inerente ao contexto. Isso levou a mudanças de paradigmas no processo de gestão ambiental que afetaram a forma de encarar os impactos ambientais tanto nas esferas públicas, privadas, como também em ONGs (Organizações Não Governamentais).

Assim, a preocupação com o meio ambiente deixou de ser uma função exclusiva de proteção para tornar-se também uma função da administração. Contemplada na estrutura organizacional e interferindo no planejamento estratégico organizacional, passou a ser uma atividade importante, seja no desenvolvimento das atividades de rotina, seja na discussão dos cenários alternativos, e a consequente análise de sua evolução acabou gerando políticas, metas e planos de ação. Essa atividade dentro da organização passou a ocupar interesse dos presidentes e diretores e a exigir uma nova função administrativa na estrutura administrativa que pudesse abrigar um corpo técnico específico e um sistema gerencial especializado, com a finalidade de propiciar à empresa uma integração articulada e bem-conduzida de todos os seus setores e a realização de um trabalho de comunicação social moderno e consciente.[8]

Na esfera privada (organizacional) caracteriza-se pela forma pela qual a organização se mobiliza, interna e externamente, para a conquista da qualidade ambiental desejada. Ela consiste em um conjunto de medidas que visam ter controle sobre o impacto ambiental de uma atividade. Dessa forma, para que a empresa passe a realmente trabalhar com gestão ambiental, deve, inevitavelmente, passar por uma mudança em sua cultura organizacional e empresarial; por uma revisão de seus paradigmas. A gestão ambiental tem-se configurado como uma das mais importantes atividades relacionadas com qualquer empreendimento.[9]

As mudanças de paradigmas para a questão ambiental exigem transformações de velhos hábitos e formas de estruturas burocráticas por organizações mais flexíveis e adaptáveis ao momento real. Neste sentido, três fatores precisam ser considerados: criatividade, fortalecimento institucional, motivação e formação de pessoal para a gestão ambiental. Porque é fundamental, cada vez mais, que o gestor do meio ambiente se relacione bem com as técnicas de administração: planejamento, organização, coordenação e direção. Estes fatores continuam sendo os pilares da democratização de fato, necessários para unir capital e trabalho no objetivo comum da instituição.[10]

---

[8] Andrade, Tachizawa e Carvalho (2000).

[9] Tinoco e Kraemer (2004).

[10] Brito e Câmara (1998).

2.2 Histórico e paradigmas do processo de gestão ambiental

O processo de controle ambiental em organizações passou por uma evolução histórica bastante característica e foi reflexo do decréscimo progressivo da qualidade ambiental, chamando a atenção de vários atores interessados na melhoria do desempenho ambiental das organizações. Além disso, a regulamentação ambiental vem se tornando cada vez mais restritiva ao longo dos últimos anos. Isso torna evidente uma intensificação da pressão sobre as organizações que não podem mais relegar os investimentos na área ambiental para um segundo plano, sob pena de perder espaço em um mercado competitivo e cada vez mais exigente.

Ao longo das últimas décadas, essa intensificação vem levando as organizações a um amadurecimento de sua postura caracterizada por três estágios, os quais são muito distintos e podem ser caracterizados conforme segue:

- *até a década de 70 (Dispersar os poluentes):* em virtude do menor avanço tecnológico, do menor contingente populacional e um padrão de consumo menos sofisticado. O paradigma imperante era dispersar os poluentes produzidos, e isso residia simplesmente em buscar lançar os poluentes o mais longe possível da fonte geradora, evitando assim problemas com partes interessadas;[11]
- *décadas de 70 e 80 (Sistemas de tratamento):* controle ambiental de fim de linha (fim de tubo). O maior avanço tecnológico gerou indivíduos com um padrão de consumo mais exigente e perdulário. Esse fator aliado à elevação do contingente populacional do planeta fez com que o nível de degradação ambiental se agravasse, ocasionando um grande decréscimo na qualidade de vida das populações. Na década de 80, a situação da poluição na cidade de Cubatão era alarmante, o que lhe rendeu o *status* de "cidade mais poluída do mundo". Em virtude disso, o nível de controle ambiental passou a ser mais restritivo, levando as organizações a investirem em processos de tratamento/disposição de seus resíduos sólidos, efluentes líquidos e emissões atmosféricas;
- *década de 90 em diante (Proativo):* ganhou naturalmente uma maior ênfase no processo de prevenção da poluição, levando ao investimento em produção mais limpa, visando maximizar o uso de ma-

---

[11] Qualquer indivíduo direta ou indiretamente afetado pelo desempenho ambiental de uma organização.

térias-primas nos processos. Poluição passa a ser sinônimo de um desperdício que a organização não pode se dar o luxo de manter.

Cabe salientar a geração de poluentes no processo, o que significa um duplo desperdício para a organização, conforme ilustra a Figura 2.2. Em um primeiro momento, a produção de poluentes significa matérias-primas e insumos não completamente utilizados no processo de produção e liberados no ambiente; em um segundo momento, estes poluentes necessitam ser tratados ou dispostos. Em ambas as condições incorre-se em custos adicionais ao processo. Como consequência disso, passa a ser necessária a utilização de uma maior quantidade de matérias-primas e insumos de processo para a produção de menor quantidade de produto, contribuindo-se assim para a aceleração do ritmo de exaustão das reservas naturais.

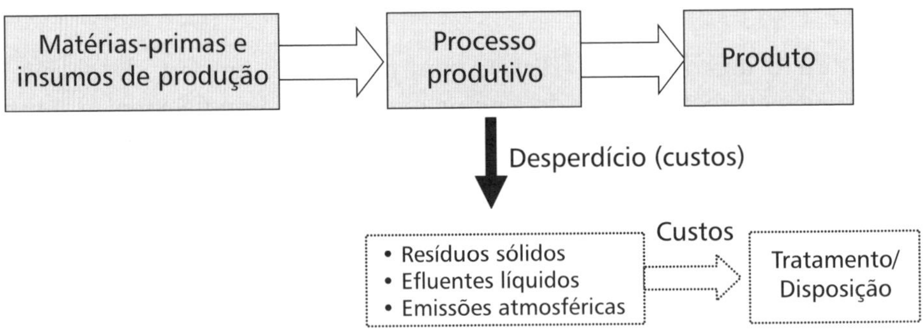

Figura 2.2 *Duplo desperdício associado ao processo de produção de poluentes.*

Assim, quanto maior a geração de poluentes, maior o desperdício associado ao processo de produção, o que poderia ser facilmente reduzido com medidas muitas vezes simples, como um maior controle sobre o processo produtivo através de controles operacionais, ajuste de equipamentos, substituição de matérias-primas e insumos etc. ou mesmo através da substituição de equipamentos e máquinas obsoletos por similares mais eficientes.

Evidentemente, esta é uma tendência, não significando que as organizações encontram-se em sua maioria no último estágio evolutivo. Infelizmente, a grande maioria encontra-se ainda no segundo estágio evolutivo. Por um processo ainda natural determinado pelo paradigma de crescimento econômico, as organizações tendem a melhorar seu desempenho ambiental em virtude da cobrança realizada por determinados agentes sociais, notadamente o órgão de controle ambiental estadual.

Como uma consequência dessa evolução histórica, as organizações tendem a assumir determinadas posturas que refletem também uma parcela da cultura organizacional. Estas posturas tendem a se estruturar em três padrões de comportamento bastante diferenciados (Quadro 2.1), os quais refletem o nível de sensibilização ambiental da organização como um todo.

Quadro 2.1 *Empresas em relação a paradigmas e posturas quanto à questão ambiental.*

Estágios	Paradigmas	Consequências
Passivo	• Não cumpre a regulamentação ambiental aplicável. • Considera que questões ambientais reduzem o lucro do empreendimento. • Não realiza investimentos para controlar seus aspectos ambientais.	• Torna-se alvo permanente da fiscalização. • Está sujeita a multas e penalidades legais. • Apresenta conflitos com as partes interessadas. • Grande potencial de perda de mercado. • Seu "mau comportamento" pode ser explorado pelos concorrentes. • Baixa atratividade a investidores e financiadores. • Elevado potencial de aquisição de passivos legais (civil, trabalhista). • Elevado potencial de aquisição de passivos ambientais. • Risco de acidentes com graves consequências econômicas e financeiras.
Reativo	• Busca cumprir a lei quando exigido pela fiscalização ambiental. • Tenta postergar ao máximo os investimentos em controle ambiental.	• Está sujeita a multas e penalidades legais. • Baixo potencial de exposição legal. • Maior exposição aos concorrentes. • Potencial de perda de mercado. • Menor potencial de aquisição de passivos legais (civil, trabalhista). • Menor potencial de aquisição de passivos ambientais. • Menor risco de acidentes com graves consequências econômicas e financeiras.
Proativo	• Sabe que é melhor e mais barato "fazer direito desde o início para não ter que consertar depois". • Gerencia riscos, identifica inadimplências legais e as corrige. • Possui um Sistema de Gestão Ambiental integrado às funções corporativas.	• Relacionamento de parceria com o órgão ambiental. • Gerenciamento dos riscos ambientais. • Poucas chances para multas e penalidades. • Racionalização dos investimentos, resultando em maior lucratividade. • Melhores resultados operacionais (conservação de matéria e energia). • Maior aceitação de seus produtos pelo mercado (credibilidade). • Ampliação de sua participação no mercado. • Maior satisfação dos empregados. • Atrai investidores e acionistas. • Acesso a financiamentos favorecidos. • Seguros patrimoniais a preços reduzidos.

No Quadro 2.1, é explicitado de maneira muito clara para as organizações que investir em um processo de gestão ambiental sistemático gera inúmeros benefícios, inclusive melhorando sua lucratividade em médio e longo prazo. Observa-se que, infelizmente, apesar das preleções enfáticas em prol do meio ambiente de muitos integrantes da alta administração de algumas organizações, as práticas de gestão não são coerentes com o discurso. Além disso, em virtude da complexidade inerente aos termos, existe ainda uma confusão conceitual entre o significado de gerenciamento e gestão ambiental, o que será discutido mais detalhadamente a seguir.

2.3 Gestão ou gerenciamento ambiental

A amplitude do conceito de gestão ambiental envolve diretamente questões estratégicas das organizações, abrangendo itens que, apesar de demandarem uma carga conceitual significativa, são efetivamente materializados através de posturas e ações altamente objetivas. Neste contexto, a abordagem conceitual, para gestão ambiental,[12] envolve, por sua vez, uma visão holística deste processo.

A gestão ambiental integra em seu significado:

1. a *política ambiental*, que é o conjunto consistente de princípios doutrinários que conformam as aspirações sociais e/ou governamentais no que concerne à regulamentação ou modificação no uso, controle, proteção e conservação do ambiente;
2. o *planejamento ambiental*, que é o estudo prospectivo que visa à adequação do uso, controle e proteção do ambiente às aspirações sociais e/ou governamentais expressas formal ou informalmente em uma política ambiental, através da coordenação, compatibilização, articulação e implantação de projetos de intervenções estruturais e não estruturais;
3. o *gerenciamento ambiental*, que é o conjunto de ações destinado a regular o uso, controle, proteção e conservação do meio ambiente, e a avaliar a conformidade da situação corrente com os princípios doutrinários estabelecidos pela política ambiental.

[12] Proposta por Lanna (1994).

Pelo exposto, pode-se perceber que o gerenciamento ambiental na verdade é parte integrante da gestão ambiental, ou seja, gestão ambiental pressupõe uma política ambiental, o planejamento ambiental e o próprio gerenciamento ambiental. Este conceito é aplicável tanto ao processo de gestão ambiental em vários níveis de abrangência: municipal, estadual, regional e nacional (em contexto macro) quanto ao ambiente organizacional (em um contexto micro).

Cabe inserir ao conceito, como um quarto integrante, o monitoramento ambiental, uma vez que todo processo de gestão, independentemente de seu nível de abrangência, deve ser controlado através de um processo de monitoramento sistemático das características atuais da situação problema (diagnóstico), tendo sempre em mente os cenários alternativos mais próximos da situação desejada possível (prognósticos) em função dos instrumentos de gestão ambiental utilizados em uma dada realidade.

Gestão e gerenciamento ambiental têm, portanto, um caráter bem diferenciado à medida que o processo de gerenciamento está associado a medidas de caráter mais tático na organização, enquanto a gestão implica em processo de ordem mais estratégica. O processo de gestão sempre implicará na implantação de políticas ambientais, enquanto o gerenciamento não necessariamente.

Entre os quatro elementos propostos para o conceito de gestão ambiental, a política ambiental é extremante importante. Na esfera pública, ao instituir uma política ambiental, é necessário que o governo estabeleça os objetivos, defina as estratégias de ação, crie as instituições e estruture a legislação que a contém e que orienta sua aplicabilidade. Esse universo de implementação da política constitui o sentido da gestão ambiental. Ela deve incidir sobre todos os aspectos do problema (econômicos, sociais e ambientais).[13]

A gestão ambiental na esfera pública é, portanto, dependente da implementação pelo governo de sua política ambiental, mediante a definição de estratégias, ações, investimentos e providências institucionais e jurídicas, com a finalidade de garantir a qualidade do meio ambiente, a conservação da biodiversidade e o desenvolvimento sustentável. Pelos princípios e objetivos expostos, pode-se verificar que a formulação da política ambiental definiu como meta harmonizar a proteção do meio ambiente com o desenvolvimento econômico, resultando em orientações para a gestão ambiental no sentido de garantir a qualidade ambiental. Assim, o meio ambiente passa a ser reconhecido como patrimônio público e a ser protegido pelo uso racional dos recursos naturais. Assim, na esfera pública, a gestão ambiental é materializada por um

13 Phillip Jr. e Maglio (2005).

conjunto de políticas, que mesmo tendo seus próprios objetivos, depende da orientação política geral do governo e é influenciada pelos efeitos das demais políticas públicas.[14] São fundamentais, uma vez que estabelecem um arcabouço geral para o processo de gestão ambiental, sendo materializadas através de uma série de leis, decretos, portarias, medidas provisórias etc. que fornecem a estrutura legal para o controle ambiental.

A base para a elaboração de políticas ambientais surge justamente da necessidade de mediar através de legislação os conflitos existentes entre os vários agentes envolvidos no processo de gestão ambiental. Normalmente, essas necessidades ocorreram historicamente a partir da identificação de focos para estes conflitos, os quais estão associados a categorias de impactos ambientais, como: exaustão de reservas naturais, comprometimento da paisagem, contaminação do solo, contaminação da água e contaminação do ar. A partir desses impactos diretos, percebeu-se que a qualidade de vida do homem através de sua saúde passou a tornar-se evidentemente comprometida, como um impacto indireto do processo de poluição.

A importância do processo de gestão ambiental na esfera privada reside no fato de que as organizações vêm se adaptando a condições cada vez mais exigentes quanto ao seu desempenho ambiental em virtude de pressões exercidas por vários agentes envolvidos no processo de gestão ambiental, entre eles: órgãos de controle ambiental (municipal, estadual e federal), comunidade circundante, ONGs, ambientalistas, clientes, acionistas etc. Esses agentes, por sua vez, apresentam muitas vezes interesses conflitantes, o que deixa o gestor ambiental em situações bastante complicadas, conforme pode ser percebido pela análise da Figura 2.3.

Por exemplo, enquanto a organização é pressionada por uma determinada comunidade para melhorar seu desempenho ambiental em relação a suas emissões atmosféricas pelo órgão de controle ambiental e comunidade, o que com certeza incorrerá em custos de curto prazo no processo, os acionistas querem maximizar seus lucros. O cliente, por sua vez, exige da organização um produto com determinado padrão de desempenho ambiental, sem, no entanto, aceitar que o valor do produto se eleve, principalmente, em mercados dos países em desenvolvimento.

---

14 Phillip Jr. e Maglio (2005).

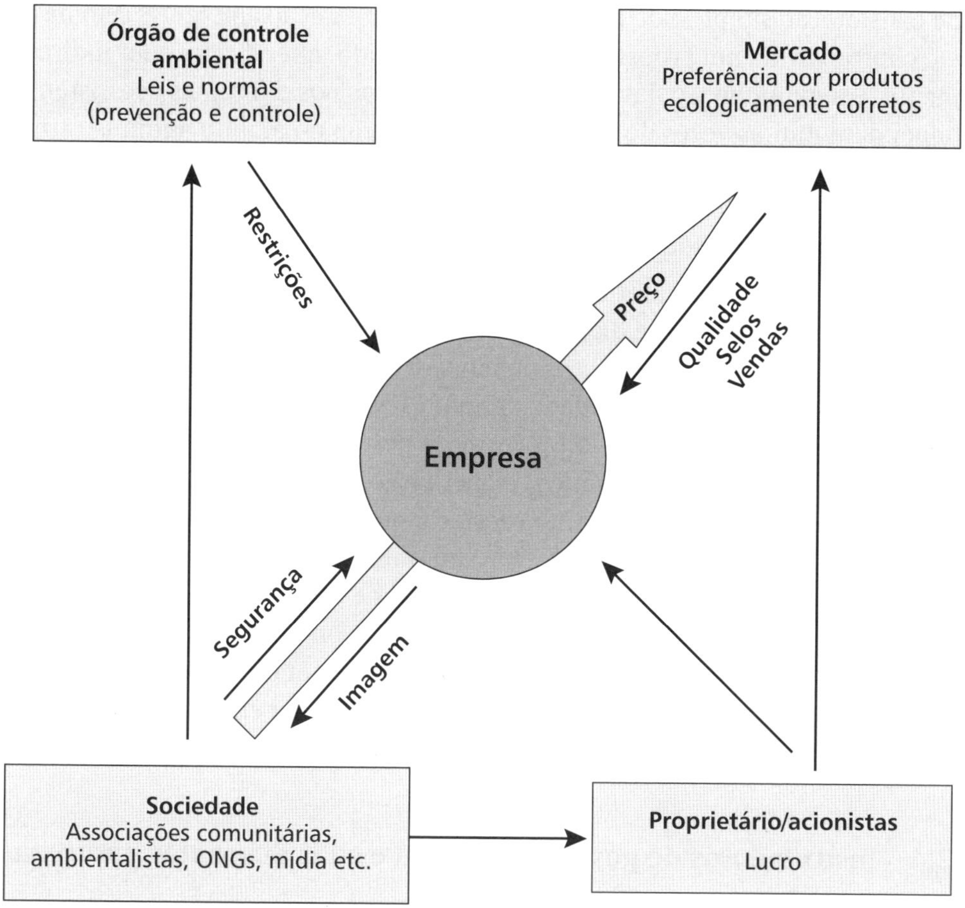

Figura 2.3 *Pressões existentes sobre a organização por um desempenho ambiental mais aprimorado.*

Tanto os processos de gestão ambiental de nível público como privado constituem-se em sistemas que incluem a estrutura organizacional, atividades de planejamento, responsabilidades, práticas, procedimentos, processos e recursos para desenvolver, implementar, atingir, analisar criticamente e manter a política ambiental. É o que a empresa faz para minimizar ou eliminar os efeitos negativos provocados no ambiente por suas atividades.[15]

Há uma necessidade cada vez maior de capacitação técnica do profissional que atue na área de gestão ambiental que decorre desse fato aparentemente

[15] Tinoco e Kraemer (2004).

de constatação simples: de que não existe administração ambiental sem haver em contrapartida um processo ecológico envolvido, quer direta, quer indiretamente. E a manutenção das interações envolvidas nos diferentes ecossistemas dependerá muitas vezes de decisões que ocorrerão no âmbito administrativo, e que, se não forem tomadas levando-se em consideração a necessidade de certo saber científico, poderão tornar irreversível a destruição de processos existentes há muito tempo.[16]

Para que possa ser materializável o processo de gestão ambiental, é fundamental a realização de um diagnóstico (características atuais da situação problema), definindo claramente seus objetivos e tendo-se em vista os prognósticos (cenários alternativos da realidade desejada) em virtude dos instrumentos de gestão adotados. O objetivo do processo de gestão é o *gap* ou diferença entre a situação desejada (problemática) e a situação atual (situação mais próxima possível da situação desejada). Cabe destacar que não existe um caminho ótimo no processo de gestão ambiental, mas sim o mais adequado para a realidade local; isso parte do princípio da equifinalidade sistêmica.[17] Para o alcance desse objetivo, deve-se então lançar mão de um conjunto de instrumentos de gestão ambiental, uma vez que somente a regulamentação ambiental não é mais considerada suficiente para atender às demandas geradas pelos conflitos entre os diversos agentes do processo de gestão ambiental.

2.4 Instrumentos de gestão ambiental e suas diferentes naturezas

A partir da percepção de que o processo de gestão ambiental materializado somente através de políticas ambientais, típicas da esfera pública (comando e controle), apresentava algumas limitações, isso estimulou o surgimento de novos tipos de instrumentos de gestão ambiental, buscando outras abordagens, em um primeiro momento os de comando e controle e posteriormente os de mercado. Constitui-se a base do processo de gestão ambiental de qualquer nação e deve ser complementado por outros instrumentos de autocontrole e econômicos.

Cada um desses instrumentos representa uma alternativa para internalizar as externalidades através da implantação do princípio poluidor pagador, o que será discutido de modo mais aprofundado na seção 3.1.2.

---

[16] Dias (2006).

[17] Princípio que estabelece que não existe uma solução ótima, mas um conjunto de alternativas mais adequadas ao contexto.

2.4.1 *Comando e controle*

Baseiam-se na criação e implantação de políticas públicas, as quais, para serem operacionalizadas, devem ser desdobradas em itens legais nos mais diversos níveis (municipal, estadual e federal). São mecanismos de imposição que se constituem na primeira geração de instrumentos de gestão ambiental.

Em nível de Brasil, sua implantação ocorre da Política Nacional do Meio Ambiente (PNMA),[18] a qual tem por objetivo a preservação, melhoria e recuperação da qualidade ambiental propícia à vida, visando assegurar, no país, condições ao desenvolvimento socioeconômico, aos interesses da segurança nacional e à proteção da dignidade da vida humana. O artigo 9º dessa lei estabelece os Instrumentos da Política Nacional do Meio Ambiente:

1. zoneamento ambiental;
2. criação de áreas de proteção ambiental (preservação e conservação), para espaços de relevante interesse ecológico e reservas extrativistas pelo Poder Público municipal, estadual e federal;
3. licenciamento e revisão de atividades efetiva ou potencialmente poluidoras;
4. avaliação de impactos ambientais;
5. estabelecimento de padrões de qualidade ambiental;
6. Cadastro Técnico Federal de atividades potencialmente poluidoras e/ou utilizadoras dos recursos ambientais (IBAMA);[19]
7. Cadastro Técnico Federal de Atividades e Instrumento de Defesa Ambiental;
8. penalidades disciplinares ou compensatórias em caso de não cumprimento das medidas necessárias à preservação ou correção da degradação ambiental;
9. instituição do Relatório de Qualidade do Meio Ambiente, a ser divulgado anualmente pelo IBAMA;
10. Sistema Nacional de Informações Sobre o Meio Ambiente;
11. garantia da prestação de informações relativas ao meio ambiente, obrigando-se o Poder Público a produzi-las, quando inexistentes;

---

[18] Lei nº 6.938 (31/8/1981).

[19] Instituto Brasileiro do Meio Ambiente e dos Recursos Naturais Renováveis.

12. instrumentos econômicos, como concessão florestal, servidão ambiental, seguro ambiental e outros.

Existem uma interdependência e uma complementaridade muito grandes entre os seis primeiros instrumentos propostos pela PNMA. Através do *zoneamento ambiental*, define-se a aptidão de ocupação de uma determinada área: zona industrial, expansão urbana, áreas agrícolas, áreas de preservação ou conservação ambiental. Por sua vez, o processo de licenciamento *ambiental estabelece* quais são as condições mínimas de controle ambiental que um determinado empreendimento necessita cumprir para operar em função da sua área de instalação.

Evidentemente, as condições tornam-se mais restritivas, tanto para sua instalação quanto para sua operação, à medida que o empreendimento opta por se instalar em áreas de maior fragilidade ambiental (Figura 2.4), como áreas de conservação ou preservação ambiental. Nesse caso, está sujeita a um processo de fiscalização ambiental mais intensivo (auditorias ambientais) pelos órgãos de controle ambiental. Os requisitos mínimos que o empreendimento precisa atingir para se instalar e operar são definidos através do processo de análise ambiental, que pode ser simplificado ou condicionado a um *Estudo de Impacto Ambiental (EIA)/Relatório de Impacto Ambiental (RIMA)*.

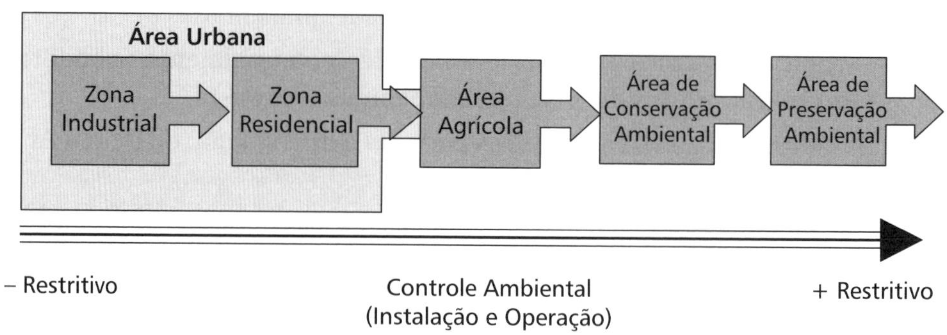

Figura 2.4 *Nível de controle ambiental sob o qual uma organização está submetida em função do zoneamento ambiental da região.*

Após a instalação do empreendimento e já devidamente *cadastrado junto ao IBAMA*, sua operação passa a ser constantemente monitorada pelo órgão de controle ambiental (estadual ou federal), com base nos *padrões de qualidade ambiental* definidos pelo *zoneamento ambiental*, particularmente para emissões atmosféricas, efluentes hídricos e resíduos sólidos. Esses seis primeiros itens encontram-se, do ponto de vista prático, relativamente bem implantados em alguns Estados. Observe que essa lei já prevê a criação de instrumentos de gestão ambiental do tipo econômico (item 12).

Os instrumentos de gestão ambiental de comando e controle atuam como articuladores dos interesses dos vários atores sociais do processo de gestão ambiental. São mecanismos do tipo repressivo (leis, decretos, portarias, resoluções e normas técnicas ABNT), onde a organização, em caso de descumprimento, sofre penalizações (multa, paralisação e/ou interdição) ou negociação de um Termo de Ajustamento de Conduta (TAC) junto ao Ministério Público, em casos mais específicos. Apresentam dois princípios básicos:

a) *preventivo*: estabelece padrões mínimos de desempenho ambiental previamente à instalação do empreendimento, considerando-se os critérios de acordo com o Zoneamento Ambiental. Contribui efetivamente para reduzir o nível de degradação ambiental (ex.: zoneamento ambiental, licenciamento ambiental, avaliação de impactos ambientais etc.). O licenciamento ambiental, embora seja um instrumento eminentemente preventivo, pode atuar como corretivo no caso de organizações instaladas sem o devido processo de licenciamento. Nesse caso é realizado um licenciamento corretivo;
b) *corretivo ou reativo (resolução de conflitos)*: estabelece padrões de desempenho ambiental das atividades poluidoras, visando manter o *status quo* do nível de degradação ambiental, de acordo com o zoneamento ambiental. Estes padrões serão finalizados pelo órgão de controle ambiental (ex.: padrões de lançamento de efluente, padrões de lançamento de emissões atmosféricas, níveis de ruído etc.).

O estabelecimento de padrões, entretanto, não vem considerando a complexidade associada e a necessidade de na sua definição contemplar tanto a capacidade de suporte dos ecossistemas como os investimentos necessários para que a organização possa atingir os níveis de desempenho por eles estabelecidos. Na definição dos padrões, os especialistas vêm geralmente pecando mais pela falta de restrição do que o contrário. Um exemplo muito claro disso foi a recente substituição da resolução do CONAMA 20/1986 pela CONAMA 357/2005, a qual define padrões para lançamento de efluentes em virtude da classe do corpo d'água receptor. Para que os níveis de desempenho ambiental fossem realmente eficazes, teriam que considerar além do número máximo de organizações lançando determinado tipo de poluente no corpo hídrico, de acordo com o zoneamento ambiental, como também em função de suas características químicas, uma vez que esses poluentes podem reagir no meio através de acumulação e sinergia.

Embora as normas técnicas (NBRs) não possam ser consideradas como mecanismos de comando e controle, passam a sê-lo no momento em que um item legal a elas se reporta como um regulamento (ex.: NBR 10004, 10005 – resíduos sólidos, NBR 5842/78, NBR 11787/90 – determinação do ponto de fulgor etc.).

A eficiência dos instrumentos de comando e controle está associada a uma série de variáveis:[20]

a) *uniformidade*: os mesmos padrões primários e secundários são aplicáveis a todas as partes do país, não levando em conta o número de pessoas expostas, a sensibilidade do ecossistema local ou as diferenças nos custos de adequação nessas áreas. O que afetaria a eficiência dos padrões, nesse caso sua eficiência, poderia ser então determinado pelo estabelecimento de diferentes padrões para diferentes regiões;
b) timing *dos fluxos de emissões*: como as concentrações são importantes para critérios de avaliação de poluentes, o momento de ocorrência das emissões é uma importante preocupação na definição de políticas. Emissões concentradas em um determinado período de tempo são tão complicadas quanto concentradas no espaço. Como lidar com aquelas relativamente raras mas devastadoras ocasiões em que inversões térmicas impedem a dispersão e a diluição normal dos poluentes? De um economicamente eficiente ponto de vista, a abordagem mais óbvia é definir o grau de controle necessário específico para tais circunstâncias. Um controle mais severo poderia ser então realizado, nessa condição meteorológica desfavorável e menos severo sob circunstâncias normais;
c) *concentração* versus *tempo de exposição*: os padrões ambientais são definidos considerando-se a exposição dos indivíduos aos poluentes nos ambientes externos e como isso pode afetar sua saúde. Isso é determinado considerando-se dois fatores preponderantes: as concentrações dos poluentes do ar e o tempo de exposição durante o qual essas pessoas são submetidas à ação desses poluentes. Além disso, como as pessoas passam em geral somente 10% de seu tempo em am-

[20] Tietenberg (2004).

bientes externos, isso evidencia a importância da utilização de estratégias buscando também reduzir o risco de exposição aos poluentes nos ambientes internos (estimativa para os Estados Unidos).

Contudo, os instrumentos de comando e controle apresentam a desvantagem de que os órgãos reguladores têm um alto dispêndio não somente no desenvolvimento de tecnologia relativa aos instrumentos de mensuração, da poluição e nos modelos de coleta de amostras, como também na administração e fiscalização periódica. Muitas vezes, em virtude do alto custo de fiscalização, esta acaba por ser realizada de forma descontinuada, reduzindo desta forma a eficácia da regulamentação existente. Assim, a partir do cumprimento dos padrões definidos para a sua atividade, o empreendimento não tem nenhum estímulo em reduzir a emissão de poluentes. Adicionalmente, esses instrumentos implicam muitas vezes a limitação a um equipamento específico, restringindo a criatividade para gerar outras melhorias que possam resultar em inovações de processo.[21]

As empresas atuam no mundo real da competição dinâmica, não no mundo estático da teoria econômica. Nesse contexto, tendem a descobrir soluções inovadoras para as pressões exercidas pela concorrência, clientes e pela legislação. Desta forma, leis ambientais elaboradas de forma adequada desencadeiam inovações, as quais reduzem os custos totais de produtos, aumentando seu valor. Pode-se considerar que, quando adequadamente, a legislação ambiental exerce, além de um papel normatizador, uma função de agente de mudanças no panorama organizacional. A mudança não só promove a redução dos níveis de poluição, como também possibilita o aumento de eficiência do processo produtivo.[22]

A percepção de que os instrumentos de comando e controle vinculados a políticas públicas apresentavam ainda uma efetividade limitada para o processo de gestão deu ensejo ao surgimento dos mecanismos voluntários ou de autocontrole. Pois, para cada foco de conflito identificado, é necessário avaliar que tipo de instrumento de gestão ambiental pode ser utilizado com maior eficiência como alternativa para atenuar o problema. Enquanto os instrumentos de comando e controle são típicos da esfera pública, os mecanismos de autocontrole estão associados exclusivamente com a esfera privada.

---

21 Maimon (1996).

22 Porter e Van der Linde (1999).

2.4.2 Autocontrole ou autorregulação

Os instrumentos de autocontrole ou autorregulação são instrumentos de gestão focados por excelência na esfera privada e de natureza voluntária. O primeiro instrumento criado data do início da década de 1992, com a criação da norma British Standard – BS 7750, desenvolvida no Reino Unido e que gradativamente está sendo substituída pela norma ISO 14001. Sua criação parte do princípio de deixar para o mercado a responsabilidade de mediar as relações entre os atores envolvidos no processo de gestão ambiental. Baseiam-se no princípio neoliberal (*laissez-faire*), de que haverá uma regulação natural dos conflitos ambientais.

Embora essas normas não apresentem o mesmo nível de pressão que os mecanismos do tipo "comando e controle" (leis e normas ambientais), elas passam a funcionar como um mecanismo de "comando e controle" indiretamente. Assim, ao implantar e certificar um SGA seguindo as diretrizes da BS 7750 ou ISO 14001, a organização é compelida a cumprir a legislação ambiental pertinente a sua atividade, em virtude de ser esse um de seus requisitos mandatários[23] e a base de todo o sistema. As normas deste grupo serão mais detalhadamente discutidas no Capítulo 6.

Como uma terceira geração de instrumentos de gestão ambiental, surgiram então os econômicos, que buscam obter, através do aumento do controle ambiental, benefícios econômicos imediatos para a organização, tornando os investimentos em meio ambiente muito mais atrativos mesmo para aquelas organizações com perfil passivo.

2.4.3 Econômicos

São mecanismos que atuam como mediadores na relação custo e benefício ambiental de modo a enfatizar a importância nos investimentos em controle ambiental como uma forma de obter ganhos econômicos efetivos, mesmo em curto prazo. Nesse contexto, foram sendo implantados em vários países do globo, a partir da década de 80, impostos, taxas, subsídios econômicos etc., os quais serão discutidos mais detalhadamente no Capítulo 7.

Tanto os mecanismos de autorregulação como os de mercado devem ser sempre considerados complementares ao comando e controle, o qual fornece a estrutura básica para o processo de gestão ambiental. A implantação de um

---

[23] Seiffert (2006).

SGA ISO 14001, por exemplo, torna-se completamente ineficaz, quando a regulamentação ambiental da região onde a organização opera é incipiente. Em virtude desse fato, muitas organizações que apresentavam processos produtivos impactantes se deslocaram para o Brasil na década de 80, uma grande oportunidade para que as organizações maximizassem seus lucros, às expensas da degradação ambiental.

Segundo Hollidat et al. (2002), o maior interesse na aplicação de instrumentos econômicos resulta de quatro necessidades: recompensar e incentivar continuamente as melhorias no campo ambiental, usar os mercados de forma mais efetiva para atingir os objetivos ambientais, buscar os menores custos efetivos tanto para os governos como para as empresas e, por fim, mudar a ênfase na política e na prática ambiental, recorrendo à prevenção ao invés da correção.[24]

Para a criação de instrumentos de gestão ambiental, tanto os econômicos e de autocontrole, como principalmente os de comando e controle, partiu-se de pressupostos que serviram de base fundamental para a sua estruturação. O principal deles é o princípio poluidor pagador, o qual, entre outros, será amplamente discutido no Capítulo 3.

---

[24] Maimon (1996).

3 Instrumentos de Gestão Ambiental

A Revolução Industrial baseou-se no uso intensivo de grandes reservas de recursos naturais, mas particularmente de combustíveis fósseis, abrindo caminho para uma expansão inédita da escala das atividades humanas, que pressiona fortemente a base de recursos naturais do planeta. Ou seja, mesmo que todas as atividades produtivas humanas respeitassem princípios ecológicos básicos, sua expansão não poderia ultrapassar os limites ambientais que definem a "capacidade de carga" do planeta.[1]

O nível de degradação ambiental a partir dessa época passou então a assumir proporções sem precedentes, o que gerou um estado de alerta para que fossem criados mecanismos que mediassem os conflitos de interesse entre os vários agentes sociais na tentativa de reduzir os conflitos existentes e reduzir a degradação ambiental. Surgiu, assim, a primeira geração de instrumentos de gestão ambiental, os do tipo de comando e controle, que são a estrutura básica de todas as políticas ambientais.

Os princípios norteadores dos instrumentos de gestão ambiental são também baseados nos princípios que regem o direito ambiental, que são: princípio do direito humano; princípio do desenvolvimento sustentável; princípio democrático; princípio da prevenção (precaução e cautela); princípio do equilíbrio; e o próprio princípio poluidor pagador.[2]

---

1 Romeiro (2003).

2 Sirvinskas (2003).

Os princípios aqui discutidos constituem-se no embasamento teórico para a idealização dos diversos instrumentos de gestão ambiental e buscam fazer com que o responsável pela degradação ambiental realmente arque com os custos de duas implicações socioambientais.

3.1 Princípios norteadores dos instrumentos de gestão ambiental

Sendo a aceleração do tempo inerente ao capitalismo, devemos ainda observar que esta aceleração se opera continuamente, aumentando os descompassos temporais. A aceleração do tempo é decorrente das revoluções na informática e nas comunicações, a qual está levando os mercados financeiros a trabalharem em um imediatismo que ultrapassa a própria capacidade de reação dos operadores, isto é, o tempo dos operadores. A aceleração do tempo está também continuamente erodindo a memória histórica, a capacidade de posicionamento por parte dos agentes sociais, aumentando a alienação política, precipitando a própria política em um imediatismo crescente e a transformando em uma atividade de mercado, de marketing político. Uma importante questão permanece no ar: como conciliar estes tempos com as necessidades de sustentabilidade, cujo horizonte temporal é necessariamente outro?[3]

A consideração da dimensão econômica, associada às questões ambientais, representa um imperativo. Ela é essencial para a formulação de diretrizes de atuação de governo, das empresas e dos cidadãos para a própria compreensão dos fatos e das relações sociais, culturais e políticas. A economia ambiental focaliza a questão da *escassez* (ou da *riqueza*) *de recursos ambientais.*[4] A visão crítica da importância desse princípio data de 26 de maio de 1972: durante uma reunião dos países-membros do Conselho da Organização de Cooperação e Desenvolvimento Econômico (OCDE),[5] aprovou-se a "Recomendação sobre os princípios diretores relativos aos aspectos das políticas ambientais, sobre o plano internacional", recomendação que deu origem ao princípio do poluidor-pagador. Com a aprovação da referida recomendação, pretendia-se, desse modo, obter um uso mais racional dos recursos naturais, principalmente

[3] Stahel (1998).

[4] Calderoni (2004).

[5] Cujos membros são 30 países: Austrália, Áustria, Bélgica, Canadá, República Tcheca, Dinamarca, Finlândia, França, Alemanha, Grécia, Hungria, Groenlândia, Irlanda, Itália, Japão, Coreia, Luxemburgo, México, Holanda, Nova Zelândia, Noruega, Polônia, Portugal, Eslováquia, Espanha, Suécia, Suíça, Turquia, Reino Unido e Estados Unidos.

os hídricos, a fim de evitar sua degradação. Nesse contexto, ao poder público coube a responsabilidade de fiscalizar as indústrias e implantar medidas com o intuito de reduzir a poluição.

Isso deve ser feito de tal modo que o valor dos recursos naturais, ainda que não de uma maneira plena, mas pelo menos a ponto de mitigar parcialmente os impactos ambientais do crescimento econômico, deve ser incorporado às dinâmicas de mercado. Esse processo envolve alguns pressupostos básicos, os quais serão discutidos a seguir.

3.1.1 Internalizando as externalidades

Os processos produtivos apresentam em geral como desdobramentos: um produto manufaturado, o qual efetivamente apresenta uma demanda e um valor de mercado, e os rejeitos do processo (emissões atmosféricas, efluentes hídricos, resíduos sólidos etc.), resultantes para as quais, na abordagem econômica tradicional, não existe nenhuma demanda ou interesse de mercado. Isso porque cada um desses aspectos ambientais irá gerar no meio ambiente impactos socioambientais, pois a degradação da qualidade ambiental irá afetar diretamente a qualidade de vida e a saúde das populações. Mas quando se fala em "custo social", está-se tratando na verdade de um "custo" fictício, no sentido econômico, e para o qual não existe expressão monetária mediante transações voluntárias estabelecidas entre agentes que atuam no espaço dos direitos de propriedade. O problema, nesse caso, é o de estabelecer uma regulação da intensidade e extensão da exploração dos recursos naturais de modo a preservar o equilíbrio geral dos ecossistemas.[6]

Trata-se aqui, efetivamente, do que a teoria econômica chamou de "externalidade", ou seja, danos causados por alguma atividade a terceiros, sem que esses sejam incorporados no sistema de preços. Ao dizer que os preços não computam o dano causado por empreendimentos privados sobre bens coletivos, certos autores utilizam a imagem de que tais atividades apresentam "custos sociais" superiores aos seus "custos privados". Nesse caso, os custos privados são custos efetivos, expressos em transações mercantis entre agentes econômicos individualizáveis que atuam no espaço dos direitos jurídicos de propriedade.[7]

Uma externalidade "é vista como fato inquestionável de que qualquer atividade que afete, de modo favorável ou desfavorável, outras atividades ao

---

[6] Acselrad (1998).

[7] Acselrad (1998).

longo do processo produtivo" é um processo em cadeia, que pode ser analisado sob aspecto tecnológico ou monetário.[8] Constitui-se em um custo ou benefício imprevisto de produção consumo que afete outros que não o produtor ou consumidor. Pode ser de natureza positiva ou negativa (em geral negativa) quando no preço do bem colocado no mercado não inclui os ganhos e as perdas sociais resultantes de sua produção ou consumo.

Essa concepção parece remontar ao estudo pioneiro de Arthur Cecil Pigou, em 1920, lidando com a correção de externalidades negativas mediante a cobrança, pelo Estado, da diferença entre o custo marginal privado e o custo marginal social. A imposição ao poluidor desse ônus tem sido encarada de modo geral como um tributo corretivo.[9] A fim de remediar estas "deficiências do mercado", já preconizava a intervenção do Estado sob a forma de taxação das externalidades negativas. No ponto correspondente ao ótimo de Pareto, a taxa deve ser de um valor igual ao valor monetário do custo externo, isto é, a diferença entre o custo privado e o custo social. Graças a esse procedimento, a externalidade monetarizada e contabilizada é parte integrante do cálculo econômico. Esta integração na esfera econômica de fenômenos externos na origem, porque não monetários, é correntemente designada pelo termo *internalização* das externalidades. Esse procedimento (chamado de taxa pigouvina), longe de colocar fundamentalmente em causa o papel regulador do mercado, consiste, ao contrário, em utilizá-lo plenamente com, todavia, e está lá o ponto crucial, uma correção das "falhas" iniciais, através de uma intervenção do Estado: o mercado deve presidir a alocação dos custos, com a condição de ser corretamente "informado".[10]

O processo de internalização das externalidades deve ser a base de toda política ambiental. Na medida em que existem mecanismos em que o empreendedor é obrigado a investir em controles ambientais a fim de mitigar os impactos ambientais de seu processo, ou quando é obrigado a pagar uma multa ambiental, ocorre a internalização das externalidades. É uma forma de fazer com que os custos socioambientais da poluição sejam de alguma maneira integrados ao processo produtivo. Isso acontece porque o empreendedor transfere, ao deixar de investir em controles ambientais em seu processo, um ônus para a sociedade.

A degradação da qualidade ambiental implica dois custos básicos: o custo do próprio bem ambiental que foi consumido ou cuja qualidade foi comprometida

[8] Ferreira (2003).

[9] Cánepa (2003).

[10] Tolmasquim, 1998.

e o custo associado à perda de saúde da população afetada, uma consequência da poluição cujo ônus do tratamento será transferido ao indivíduo afetado ou ao sistema de saúde pública.

Os estudos até aqui desenvolvidos sobre a "internalização de custos ambientais" desembocam em dois tipos de dificuldades:[11]

a) dificuldades aparentemente "técnicas" de valorar processos ecológicos incertos e heterogêneos;
b) dificuldades de identificar as fontes de legitimidade para fundamentar valores econômicos de tais processos e fazê-los valer nos mecanismos decisórios ou no mercado.

Brasil finaliza proposta para elaboração de lista de bens ambientais na OMC

O Brasil deverá apresentar uma proposta de critérios para definir conceitualmente o que são bens ambientais no âmbito do Comitê de Comércio e Meio Ambiente da Organização Mundial do Comércio (OMC). Esses critérios serão fundamentais, na avaliação do governo brasileiro, para a elaboração da Lista Qualificada de Bens Ambientais. A proposta ainda está sendo finalizada internamente pelo governo e já foi amplamente discutida com entidades empresariais e de trabalhadores. O Ministério do Meio Ambiente está participando de todo o processo.

A discussão sobre a forma como a lista deve ser feita está na pauta do comitê. Os países desenvolvidos querem apenas listar os bens. Hoje, eles são responsáveis por 90% do mercado de bens ambientais. A iniciativa brasileira, que vai ao encontro da manifestação de outros países em desenvolvimento que defendem a simetria comercial, pretende conciliar as questões comerciais, de meio ambiente e de direito ao desenvolvimento dos países mais pobres na elaboração da lista. A definição de critérios para qualificar os tipos de bens de acordo com atributos ambientais foi a saída escolhida para o impasse. A discussão sobre prazos e condições de abertura para o comércio desses bens deverá se dar depois dessa definição.

Em junho de 2005, o governo brasileiro já marcou posição na OMC, ao defender a retomada das ações do comitê. Num documento enviado pelo Brasil à sede da organização, em Genebra, na Suíça, o país propôs que as negociações do comitê fossem inspiradas no caráter desenvolvimentista que orienta o mandato da Rodada de Doha da OMC, onde países em desenvolvimento e países menos desenvolvidos recebem tratamento especial e diferenciado nas negociações. A proposta que o Brasil deverá apresentar ao comitê sobre os conceitos de bens ambientais é coerente com essa posição.

Fonte: Mattos (2006).

[11] Acselrad (1998).

Mesmo externalidades de definição e avaliação aparentemente mais fácil, como o são a perda em estoque na exploração de recursos naturais, ou a emissão de gases de efeito estufa, apresentam dificuldades intransponíveis quando se busca uma forma de internalizá-las visando ao fomento do seu uso sustentável. Como avaliar os usos potenciais de um determinado recurso, como valorar as necessidades das gerações futuras? Como avaliar os desequilíbrios ambientais (enchentes, secas, catástrofes naturais), sociais (migrações, tensões, lutas por terras agricultáveis, recrudescimento político, xenofobia etc.) e culturais em consequência das alterações climáticas devido à queima de combustíveis fósseis? Como avaliar os custos, em termos de saúde e de vidas, da alteração de hábitos culturais e sociais decorrente da destruição da camada de ozônio?[12]

Algumas fontes da falha do mercado podem ser identificadas imediatamente. Adicionar mais pessoas a um espaço limitado causa aumento de externalidades, aumentando os custos resultantes na tentativa de usar recursos acima da capacidade ótima. Os exemplos incluem muitas pessoas que tentam cultivar pouquíssima terra e muitos viajantes usando ao mesmo tempo uma estrada específica. Estes custos são intensificados quando a base do recurso é tratada como uma propriedade comum de livre-acesso. O crescimento elevado da população pode exacerbar a desigualdade da renda. A igualdade da renda é um bem público. A população como um todo não pode ser excluída do grau de igualdade da renda que existe. Além disso, isso é indivisível, porque, em uma dada sociedade, a distribuição de renda que prevalece é a mesma para todos os cidadãos desse país.[13]

Isto não implica, contudo, que a internalização esteja em condição de abraçar a realidade ecológica em sua totalidade. Não existe nenhuma razão para que a procura do ótimo de Pareto seja suficiente para a ocorrência de um desenvolvimento sustentável. A decisão não deve ser unidimensional e a economicidade não deve ser o único critério decisório. Apesar de o econômico, o ético e o político se entrelaçarem frequentemente, a escolha pode repousar mais fortemente, seja mesmo exclusivamente, sobre uma ou outra dessas dimensões. A análise custo-benefício repousa sobre uma lógica interna que tem suas virtudes próprias, mas também seus limites. Disciplina necessária, ela não tem resposta a tudo e o analista deve ter consciência disto. Aliás, outras técni-

[12] Stahel (1998).

[13] Tietemberg (2004).

cas podem utilmente esclarecer o tomador de decisão: análise custo-eficiência, análise multicritério, análise decisória, estudos de impactos ambientais.[14]

A percepção da necessidade da internalização das externalidades foi o grande fator indutor da agregação do princípio poluidor pagador como base para elaboração dos instrumentos de gestão ambiental.

3.1.2 Princípio Poluidor Pagador (PPP)

O princípio poluidor pagador (PPP) também pode ser entendido como princípio da responsabilidade ou responsabilização. A característica sancionatória deste princípio tem como explicação o fato de fazer com que o responsável pelo dano ambiental passe a ter responsabilidade objetiva e financeira pela proteção do meio ambiente. Parte do pressuposto de que é necessário igualar os custos privados e os custos sociais que qualquer processo de produção que produz alguma quantidade de poluição (externalidade), estabelecendo que o poluidor deverá arcar com os custos das medidas de redução da poluição determinadas pelas autoridades públicas.

Apresenta como intuito evitar ou em último caso corrigir o dano ambiental causado por qualquer agente social mediante o pagamento de certa quantia em espécie, como uma forma de compensar os prejuízos socioambientais gerados. Apresenta essencialmente um caráter preventivo, mas também reparatório e indenizatório. Buscando induzir a utilização dos recursos naturais de modo mais racional, gerando consequentemente menor degradação ambiental.

Contudo, o PPP apresenta algumas limitações quanto à sua aplicabilidade, bem como necessidade de identificação, monitoramento e penalização dos poluidores:

Será que o poluidor realmente paga?

a) o PPP é realmente efetivo no sentido de fazer com que o poluidor pague pelos danos gerados? O que na verdade acontece é que o agente poluidor, ao receber uma demanda de indenização ambiental, tende a repassar esses custos para o consumidor através de uma elevação nos preços dos produtos. Isso é considerado uma falha de mercado, uma vez que esse mecanismo não consegue fazer com que efetiva-

[14] Tolmasquim (1998).

mente o poluidor pague pelo dano ambiental gerado, ou seja, não funciona efetivamente como um mecanismo que induz à internalização das externalidades no processo produtivo;

b) como restaurar ou recuperar a degradação gerada no passado? Um exemplo muito claro disso é a perda de biodiversidade, como cobrar pela perda de um bem ambiental que não havia sido muitas vezes identificado. Um caso clássico é o da floresta Amazônica para as espécies já extintas e que nem mesmo foram catalogadas. Se o dano ambiental não pode ser rastreado, o mesmo na verdade não existiu;

c) como reparar casos em que a poluição gerada apresenta um impacto de abrangência internacional? As emissões de SO_2 liberadas pelas indústrias na Inglaterra e na região do Ártico produzem chuva ácida que está causando desmatamento e destruição de rios e lagos na Dinamarca. Nesse caso, como fazer que os países poluidores paguem pela degradação ambiental gerada? Um exemplo bem mais sério e que também se reporta ao primeiro item são os lançamentos em toneladas de carbono pelos EUA, Rússia, Alemanha e outros países que mais contribuem para o aquecimento global, impactos ocorridos no passado e que ainda acontecem e que podem comprometer a vida do homem na Terra.

O PPP está por trás da maioria dos instrumentos de gestão ambiental, os quais buscam fazer com que o poluidor pague por sua poluição:

- padrões ambientais inseridos em regulamentações de cunho corretivo e cujo custo de realização deve ser pago pelo produtor;
- envolve o pagamento de taxas ou encargos sobre o produto poluente ou uso do recurso;
- emissão de certificados de poluição (licenças-autorizações): negociadas como ações em bolsa de valores.

No entanto, o PPP passa a ser mais efetivo na medida em que ocorre uma regulação natural no nível de preços dos produtos pelo mercado. Ou seja, ao tentar repassar todo o custo dos controles ambientais para o preço produto, o mesmo perde competitividade no mercado. Ou seja, a organização pode estar sujeita ao "*dumping* ambiental", que pode acontecer tanto entre empresas situadas no mesmo país/região como em países/regiões diferentes. Tal fato pode sem dúvida induzir à transferência de uma empresa para um outro estado ou país, em busca de condições mais "favoráveis" de produção.

Nos países desenvolvidos, décadas de 70 e 80, a pressão da opinião pública e das agências ambientais fez com que determinadas indústrias transferissem suas plantas industriais, seus processos produtivos e, muitas vezes, a comercialização de produtos que não satisfaziam às novas exigências para os países em desenvolvimento. Para a população, de modo geral, o automóvel é o produto mais visível dessa transferência para os países em desenvolvimento. Aqueles que não atendiam às especificações ambientais de emissão de gases continuaram a ser produzidos, mas nos países do Sul. Devemos considerar, ainda, como transferências significativas as indústrias químicas e de papel e celulose.[15]

Contudo, tal situação pode ser amenizada pelas características do consumidor ou pelo tipo de mercado em que a organização comercializa seus produtos. Determinados consumidores, notadamente em países europeus, não se importam em pagar mais por produtos que sejam ambientalmente mais adequados. O perfil de consumidores em países desenvolvidos e subdesenvolvidos é bastante distinto, o que sem dúvida irá afetar o patamar de preço dos produtos e influenciar a efetividade do PPP:

- os consumidores de melhor renda preferem pagar mais produtos ambientalmente mais amigáveis (típico e predominante em países desenvolvidos);
- consumidores marginalizados no sistema econômico quanto ao padrão de consumo e que nem mesmo têm condições de optar por um produto ambientalmente mais adequado, sendo, em virtude de sua baixa remuneração, obrigados a consumir sempre o mais barato (predominam em países subdesenvolvidos). Esses normalmente sofrem os efeitos diretos da poluição com relação ao perfil anterior.

A criação do PPP representou uma alternativa para mediar as negociações existentes entre os vários agentes envolvidos no processo de gestão ambiental, o qual envolve a harmonização na utilização de bens ambientais que são propriedades de uma coletividade e não de um único indivíduo.

3.1.3 Barganhas de Coase (negociação entre agentes)

Princípio originário do Teorema de Coase, que prestigia a negociação dos problemas relacionados ao meio ambiente. Envolve um processo de negociação entre agentes envolvidos no processo de gestão ambiental. É importante

[15] Dias (2006).

ressaltar que o objeto de tais negociações é um objeto de usufruto comum social, esfera do direito difuso,[16] situação de todos os bens ambientais exceto o direito à propriedade da terra. O poder público atua aqui como um importante mediador desses conflitos através da elaboração, implantação e fiscalização da legislação ambiental pertinente.

Dentre outros méritos, tentou encontrar os custos sociais das externalidades, buscando seu valor na dinâmica de otimização do mercado, ou seja, o custo social estaria entre os valores de transação máximo e mínimo possíveis para que a produção ou atividade não se inviabilize.[17] É necessário que os diversos agentes sociais possam negociar as ações de política ambiental, reduzindo, por assim dizer, os custos de transação social a níveis minimamente razoáveis e buscando um equilíbrio no atendimento dos interesses de cada agente envolvido no processo de gestão ambiental. Normalmente, seus princípios são mais aplicáveis a situações em que há um número limitado de envolvidos.

Assim, para a obtenção de um resultado eficiente através da mera negociação entre agentes, quando os custos da transação são diferentes de zero, é relevante saber quem é o proprietário do recurso comprometido, bem como a regra aplicável para uma avaliação adequada dos custos. Nesses casos, a alternativa legal escolhida deve ser a que minimiza os efeitos dos custos de transação, ou seja, que contribui para que seja encontrada uma solução eficiente. Isso implica que a regulamentação deve definir regimes de propriedade que incentivem a realização do mesmo nível de uso dos recursos, o mesmo que seria atingido na ausência de custos de transação.

As soluções ideais para o problema seriam aquelas que de algum modo criassem as condições para o livre funcionamento dos mecanismos de mercado: seja diretamente, eliminando o caráter público desses bens e serviços pela definição de direitos de propriedade sobre eles (negociação coaseana), seja indiretamente, pela valoração econômica da degradação desses bens e da imposição desses valores pelo Estado através de taxas (taxação pigouviana). A primeira implicaria a privatização de recursos como a água, o ar etc., o que, entre outros obstáculos, esbarraria no elevado custo de transição decorrente de processos de barganha que envolveriam centenas ou mesmo milhares de agentes.[18]

---

16 O bem não apresenta um detentor do direito sobre o seu usufruto, mas sim uma coletividade. Assim, todos podem utilizá-lo, mas ninguém pode dispor dele ou negociá-lo. Cabe salientar que a existência de um "bem difuso" não o isenta da condição de bem público.

17 Fernandes (2005).

18 Romeiro (2003).

Sua essência reside na análise de que o causador do dano ambiental somente investirá em controles ambientais a partir do ponto em que não lhe é economicamente interessante pagar os custos da inadimplência legal. Por exemplo, considerando-se o valor de multas ambientais, a Lei nº 9.605, de 12/2/1998 (Lei de Crimes Ambientais), estabelece um valor de multa que oscila entre R$ 50,00 (cinquenta reais) e R$ 50.000.000 (cinquenta milhões de reais). Embora o valor máximo pareça uma cifra inimaginável, é muito pertinente considerar que para algumas empresas ele represente menos que o faturamento líquido de um dia. Desse modo, para fazer com que o valor da multa fosse realmente algo significativo para o empreendimento, o mesmo poderia, por exemplo, ser calculado em percentagem com base no faturamento anual líquido da organização; assim, quanto maior o dano ambiental, maior o valor da percentagem. Isso com certeza faria a organização preocupar-se mais em cumprir a regulamentação ambiental.

Diário Oficial publica regras para compensação ambiental

O *Diário Oficial da União* publica a resolução 371, do Conselho Nacional de Meio Ambiente (CONAMA). O texto estabelece diretrizes gerais para orientar o IBAMA, órgãos ambientais estaduais e municipais sobre os procedimentos necessários na cobrança e aplicação dos recursos pagos por empresas cujas atividades gerem impacto ambiental significativo.

A medida foi aprovada na 47ª reunião extraordinária do Conselho, em Curitiba. O objetivo é garantir clareza e objetividade para a gestão desses recursos, assim como definir formas de controle de gastos. Com a resolução, será possível estabelecer como o órgão ambiental poderá avaliar o grau do dano causado ao meio ambiente.

A compensação ambiental foi instituída pela Lei nº 9.985, de 2000, que cria o Sistema Nacional de Unidades de Conservação (SNUC). Ela determina que, nos casos de licenciamento ambiental de empreendimentos de significativo impacto para o meio ambiente, o empreendedor é obrigado a investir em Unidades de Conservação (UCs) para compensar os danos causados. A lei vale tanto para empreendedores privados, quanto para públicos.

A resolução aprovada pelo CONAMA define regras para o recolhimento e a repartição dos recursos da compensação ambiental. A medida estabelece que o dinheiro recolhido da compensação ambiental seja aplicado em diferentes unidades de conservação, sejam elas federal, estaduais ou municipais. A escolha das unidades que serão beneficiadas pela compensação deverá obedecer a critérios específicos. Todas as áreas afetadas pela obra receberao recursos de forma proporcional. Não havendo UC afetada, os recursos gerados serão aplicados na criação ou manutenção de unidades de proteção integral no mesmo bioma da região onde a obra será construída.

Até que o IBAMA ou órgãos ambientais estaduais ou municipais estabeleçam e publiquem uma metodologia para definição do grau de impacto ambiental, o percentual será fixado em 0,5% dos custos previstos para a implantação do empreendimento.

Dependendo da organização, pode ser mais interessante pagar uma multa diária de R$ 50,00 que investir, por exemplo, em um lavador de gases, que oscila na faixa de R$ 4.000.000,00. Mesmo considerando-se o teto máximo do valor da multa, isso poderia significar somente um dia de faturamento para uma determinada organização. O peso do recebimento de uma multa teria um outro significado para a organização se a multa fosse estipulada com base em uma percentagem sobre o faturamento mensal da mesma e realmente poderia induzi-la a investir em controles ambientais mais aprimorados.

O princípio estabelecido por Coase estabeleceu a base para as políticas ambientais nos vários países do globo, a qual se constitui de um conjunto de mecanismos de imposição cujo propósito é obrigar o poluidor a pagar pelo dano ambiental gerado.

3.1.4 Imposições e bases para a definição de políticas ambientais

Imposições é qualquer instrumento de natureza legal e, portanto, compulsório que atue como um mediador nos conflitos existentes entre os agentes envolvidos. É uma alternativa por excelência de gestão ambiental e a base para a implantação de todos os demais instrumentos e sua importância já foi discutida na seção 2.4.1.

Contudo, algumas considerações devem ainda ser realizadas com relação à forma de estruturação desse instrumento:

a) na maioria dos casos priorizam negociações/critérios econômicos;
b) os legisladores e regulamentadores pautam-se em geral pelo nível de poluição aceitável, segundo critérios médicos e/ou sanitários;
c) a fixação de padrões rígidos a serem obedecidos deve buscar uma solução ótima, considerando-se:
    - relação de acumulatividade entre poluentes; deve-se, portanto, considerar um número máximo de organizações (definido pelo Zoneamento Ambiental), lançando um mesmo tipo de poluente no meio;
    - a existência de sinergias e possibilidade de formação de substâncias secundárias no meio, muitas vezes com características mais

tóxicas do que aquelas originalmente lançadas no meio. Ex.: formação do ozônio no *smog* fotoquímico;[19]

- deveriam variar em função de condições específicas da região, considerando dinâmicas de rios, condições de circulação atmosférica etc.

Através da criação de legislação e da regulamentação ambiental, que devem procurar o nível ótimo de poluição a fim de maximizar o bem-estar da população direta ou indiretamente envolvida.

3.1.5 Nível ótimo de poluição

O nível ótimo de poluição reside no fato de que um instrumento de gestão ambiental deve ser estruturado de modo a considerar um equilíbrio entre os prejuízos e os benefícios tanto na ótica privada como na ótica social, de modo a evitar que a ótica social seja desfavorecida em relação à privada e vice-versa.

Alguns impasses com relação à determinação do nível ótimo de poluição estão associados:

a) dificuldades associadas com a cobrança pelo uso e abuso dos bens ambientais (internalizando as externalidades) de modo a equiparar os custos privados com os custos sociais. A valoração dos bens ambientais é algo ainda muito subjetivo, pois está condicionado à predisposição a pagar do usuário pelo bem em questão, o que será discutido em detalhes no próximo item;
b) qual o nível de poluição adequado para que as atividades produtivas não venham a ser comprometidas em sua viabilidade, gerando um viés social? Seria interessante, sem dúvida, ter em uma determinada região nível de poluição zero, mas isso significa um nível de desemprego elevadíssimo e um baixo nível de renda de sua população;
c) o reconhecimento da existência de falha de mercado, em virtude do fato de que os mercados muitas vezes são ausentes ou altamente imperfeitos e por isso os preços não são considerados bons indicadores da escassez de recursos e do bem-estar do consumidor. Um detalhe

19 Contração das palavras **Smo**ke (fumaça) e **Fog** (neblina). Gerado pela concentração de poluentes lançados, principalmente pelo escapamento de veículos automotores em metrópoles de clima quente e ensolarado, que se concentram em baixa atmosfera em virtude da ocorrência de uma inversão térmica.

importante aqui é também a inexistência de direitos de propriedade dos bens ambientais (ar, água, paisagem).

Partindo-se do pressuposto de ser possível calcular esses valores a partir de uma curva marginal de degradação ambiental, desse modo, seria criado para o agente econômico um *trade off* entre seus custos (marginais) de controle da poluição e os custos (marginais) dos impactos ambientais (externalidades) provocados por suas atividades produtivas, que ele seria forçado a "internalizar" através do pagamento das taxas correspondentes: o agente econômico vai procurar minimizar seu custo total, que resulta da soma do quanto vai gastar para controlar a poluição (custo de controle) com a quantia a ser gasta com o pagamento de taxas por poluir (custo da degradação). O ponto de equilíbrio é chamado de "nível ótimo de poluição", e a lógica de sua determinação é ilustrada na Figura 3.1.[20]

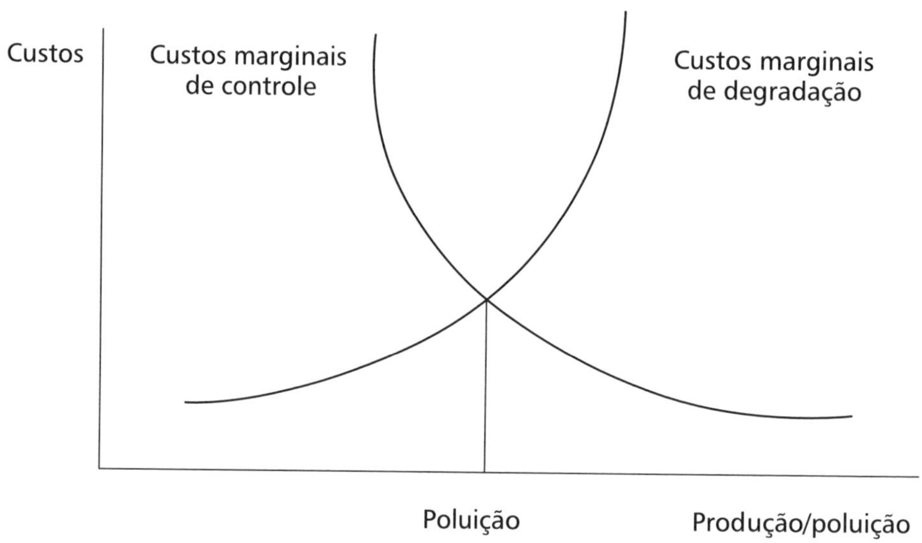

Figura 3.1 *Nível ótimo de poluição.*

No processo de análise ambiental no escopo de um EIA/RIMA, é mister buscar encontrar este equilíbrio em função dos benefícios socioeconômicos e das perdas da qualidade ambiental da área e população afetada. Evidentemente, o nível ótimo de poluição será sempre obrigatoriamente diferente de

[20] Romeiro (2003).

zero, passando pela determinação do nível de poluição tolerável em função dos benefícios ambientais advindos da instalação do empreendimento; por sua vez, o estabelecimento de níveis de poluição toleráveis ou desejáveis só pode ser realizado mediante o estabelecimento de prioridades de intervenção.

3.1.6 Prioridade de intervenção

Na estruturação de instrumentos de gestão ambiental devem-se definir prioridades de intervenção, de modo a atingir um ótimo social e ambiental, e isso deve basear-se em uma análise criteriosa da relação dos prejuízos ambientais e sociais, bem como dos benefícios socioeconômicos. Isso requer uma definição muito clara do objetivo do instrumento de gestão ambiental a ser elaborado.

Contudo, muitas vezes, essa não se constitui uma tarefa fácil. É necessário ponderar que características de um determinado ecossistema serão afetadas e avaliar os potenciais impactos indiretos disso. Em um mecanismo de comando e controle do tipo reativo, o qual envolve o estabelecimento de padrões ambientais, selecionar que parâmetros regular e quais seriam mais restritivos ou não deve passar por uma análise criteriosa. Principalmente considerando-se o que pode ser tecnologicamente e economicamente atingido e a irreversibilidade do dano ambiental gerado, em virtude da estabilidade de resistência,[21] mas principalmente de elasticidade[22] do ecossistema ao poluente em questão. Uma análise isenta e criteriosa deverá buscar um ponto de equilíbrio onde a poluição é diferente de zero, mas deve ser ecologicamente e socialmente tolerável, como também economicamente exequível.

Tarnobrzeg (Polônia): considerando-se as possibilidades de redução nos níveis de poluição ambiental de CO_2, SO_2 ou MP a partir de uma análise contextual mais abrangente, julgou-se interessante estabelecer medidas somente para a redução de material particulado, considerada, portanto, como localmente mais importante.

[21] Capacidade que apresenta um ecossistema de resistir a alterações em suas propriedades e funções em relação a determinado fator de estresse (poluente).

[22] Capacidade que apresenta um ecossistema em recuperar suas condições anteriores (propriedades e funções) após um período de estresse (tempo de ocorrência do impacto ambiental pelo poluente). Quanto menor o tempo de recuperação maior a estabilidade de elasticidade.

A lógica do estabelecimento de prioridades de intervenção é importante para a maioria dos instrumentos de gestão ambiental, estabelecendo prioridades nos processos de decisão.

No entanto, um grande problema na definição e aplicabilidade dos instrumentos de gestão ambiental reside na "falha de mercado" associada às dificuldades para se avaliar monetariamente o que significa a ausência ou degradação de um determinado bem ambiental. Para seu efetivo funcionamento e incorporação do real valor do bem ambiental nas dinâmicas econômicas é necessário um processo efetivo de valoração de um bem ambiental.

3.2 Valoração ambiental

Para os sistemas antrópicos, a natureza desempenha a dupla função de ofertar recursos e receber rejeitos. Também proporciona outros benefícios, que vão desde as belas paisagens até a proteção de vida pela camada de ozônio, responsável pela absorção dos raios solares mais nocivos. O fato é que todos os serviços que a natureza presta à sociedade humana não estão sendo *valorados* adequadamente pelo sistema de contabilidade da economia neoclássica.[23]

A valoração econômica do meio ambiente surge, segundo Finco, devido à crescente preocupação mundial com a preservação/conservação dos recursos naturais. Essa preocupação deriva, sobretudo, do aumento da demanda pela qualidade dos bens e serviços gerados por esses recursos, ao mesmo tempo em que há uma enorme perda de bem-estar com a variação na quantidade e na qualidade desses serviços, por parte da geração presente, e pela presente preocupação com a geração futura. A valoração econômica aparece como uma ferramenta utilizada para atribuir valores aos bens e serviços providos pelo meio ambiente, como forma de captar os custos e benefícios oriundos das variações na quantidade e na qualidade desses bem e serviços.[24]

O processo de dar valor monetário a bens e serviços que não o possuem, ou cujos preços de mercado estão distorcidos, é chamado de valoração. Quantifica e avalia os recursos, serviços e atributos de um ecossistema. A valoração do meio ambiente é um dos aspectos mais críticos de todo o processo de contabilização. Em alguns casos é preciso dar valor monetário a bens ou serviços que não têm preço estabelecido ou valor contratado, e isso traz incertezas, com

23 Calderoni (2004).

24 Braga, Oliveira e Abdallah (2003).

as quais os contadores não estão acostumados. Entretanto, essas incertezas, muitas vezes, são reflexos do desconhecimento dos métodos que podem ser utilizados, e não uma restrição aos métodos em si.[25]

Um bem ou serviço ambiental de qualquer natureza tem grande importância para o suporte às funções que garantem a sobrevivência das espécies. De uma forma geral, todas as espécies de animais e vegetais dependem dos serviços ecossistêmicos dos recursos naturais para a sua existência. Essa importância traduz-se em valores associados aos bens ou recursos ambientais, que podem ser valores morais, éticos ou econômicos.[26]

O ato de consumir o meio ambiente pode soar repugnante a certos ambientalistas. Todavia, para os economistas esse ato é a essência da análise econômica, posto que toda e qualquer atividade de produção e de consumo encerra um uso do meio. Devido às suas características de bens e serviços de propriedade comum, que não oferecem, portanto, exclusividade de propriedade e de consumo, o uso do meio é geralmente livre e sem nenhum pagamento. Ou seja, seu consumo não se realiza no mercado e gera efeitos externos que não são internalizados nos preços de outros bens. Logo, em termos individuais (seja o consumidor ou produtor), não há nenhuma limitação que restrinja o uso irracional dos bens e serviços ambientais. Se, por outro lado, os impactos ambientais são economicamente valorados, é possível então obter uma medida melhor dos ganhos e perdas de bem-estar resultantes das atividades econômicas, quando comparadas com as receitas e os custos envolvidos.[27]

Sob o ponto de vista das empresas, esse processo torna-se um componente cada vez mais importante, podendo, inclusive, influenciar significativamente o valor das ações de empresas nas bolsas de valores. Para os investidores, a mensuração dos impactos ambientais causados será um diferencial no processo de tomada de decisão. Atualmente, isso é feito através dos Relatórios de Impacto Ambiental e de avaliações de auditorias ambientais. Esses relatórios procuram expressar os impactos potenciais de um novo projeto ou impactos que vêm ocorrendo nos empreendimentos em operação.[28]

Uma vez que todo recurso ambiental tem um valor intrínseco que, por definição, é o valor que lhe é próprio, interior, inerente ou peculiar, há na

---

25 Ferreira (2003).

26 Ortiz (2003).

27 Motta (1995).

28 Ferreira (2003).

literatura alguns métodos que procuram identificar os valores intrínsecos de recursos ambientais de maneira não relacionada com a análise econômica. Entretanto, do ponto de vista econômico, o valor relevante de um recurso ambiental é aquele valor importante para a tomada de decisão, ou seja, para um economista o valor econômico de um recurso ambiental é a contribuição do recurso para o bem-estar social.[29]

3.3 Métodos de valoração

As técnicas de valoração econômica ambiental buscam medir a preferência das pessoas por um recurso ou serviço ambiental e, portanto, o que está recebendo "valor" não é o meio ambiente ou o recurso ambiental, mas as preferências das pessoas em relação às mudanças de qualidade ou quantidade do recurso ambiental. Essas preferências individuais em relação a mudanças na qualidade ou quantidade do recurso ambiental são traduzidas em medidas de bem-estar (variação compensatória, excedente do consumidor e variação equivalente) que podem ser interpretadas como a disposição a pagar (DAP) de um indivíduo por uma melhoria ou incremento no recurso ambiental ou como a disposição a aceitar (DAA) uma piora ou decréscimo na oferta do recurso.[30]

Segundo Foladori, a partir do conhecimento de externalidades, os economistas avançaram na implementação de políticas que visassem à diminuição dos problemas ambientais. Partiu-se do pressuposto de que, na medida em que houvesse a valoração do meio ambiente e a inclusão deste preço na análise econômica, as tendências negativas inerentes ao livre mercado poderiam ser corrigidas. Por sua vez, Schweitzer considera que a valoração ambiental é essencial, se em geral se pretende que a degradação da grande maioria dos recursos naturais seja interrompida antes que ultrapasse o limite da irreversibilidade. O valor econômico do ambiente passa pela revelação de preços não pagos do ambiente. Para Pillet, revelar preços não pagos significa que eles poderiam ou, até mesmo, deveriam ser pagos.[31]

Os principais métodos de valoração econômica ambiental são classificados de várias maneiras por diferentes autores. Estes geralmente são diretos ou indiretos, observados ou hipotéticos ou, ainda, baseados em funções de produção

---

[29] Ortiz (2003).

[30] Ortiz (2003).

[31] Braga, Oliveira e Abdallah (2003).

ou função de demanda.[32] No Quadro 3.1, apresenta-se cada um dos métodos de valoração ambiental.[33]

Quadro 3.1 *Métodos de valoração monetária do bem ambiental.*

<table>
<tr><th colspan="7">Métodos de Valoração Monetária</th></tr>
<tr><th colspan="4">Função Demanda</th><th colspan="3">Função de Produção</th></tr>
<tr><td colspan="2">Métodos de Preferência Relatada</td><td colspan="2">Métodos de Preferência Revelada</td><td>Avaliação Dose-Resposta</td><td>Custo de Recuperação</td><td>Custo de Mitigação</td></tr>
<tr><td colspan="2">Avaliação Contingencial</td><td>Preços Hedônicos</td><td>Custo de Viagem</td><td></td><td></td><td></td></tr>
<tr><td>Disposição a Aceitar (DAA)</td><td>Disposição A Pagar (DAP)</td><td></td><td></td><td></td><td></td><td></td></tr>
</table>

A origem da existência dos vários métodos está associada às várias situações específicas e aos tipos de recursos associados. Por exemplo, o processo de exploração do minério de ferro poderia ser avaliado sob duas perspectivas diferentes; a primeira delas está associada com a imediata desvalorização da área pela remoção da floresta e os impactos ambientais dela decorrentes (remoção de biodiversidade, alteração do regime de chuvas, elevação da temperatura local etc.) e a perda de beleza cênica da área. Em seguida, associado com o processo de exploração da lavra ter-se-iam preocupações associadas com a velocidade de esgotamento do minério extraído e com os incômodos gerados pela exploração de lavra à comunidade circundante etc.

Como se pode perceber são necessários critérios diferentes de avaliação que variam principalmente em virtude do grau de subjetividade envolvido no processo de valoração do bem ambiental, das diferentes percepções dos agentes envolvidos e do envolvimento de uma série de variáveis que poderão ser dificilmente previstas ou controladas.

---

32 Ortiz (2003).

33 Cabral (2005).

3.3.1 Métodos de função de demanda (métodos indiretos)

A valoração do bem ambiental é focada nos diferentes indivíduos da sociedade que não estejam envolvidos na produção, mas que também usufruam de alguma maneira dos benefícios providos pelo recurso ambiental. Como variações no nível do recurso afetam o bem-estar destas pessoas, elas estariam dispostas a pagar determinados valores monetários para preservar o recurso. Esses métodos podem ser subdivididos em duas diferentes categorias: métodos de preferência relatada e métodos de preferência revelada.

3.3.1.1 Métodos de preferência relatada

A avaliação é realizada através da aplicação de questionários junto à sociedade para provocar diretamente uma resposta sobre os valores econômicos requeridos.

a) Avaliação contingencial

Quando o preço de mercado não pode ser obtido existe a possibilidade de realizar uma pesquisa para estimar quanto determinada área pode valer. Usa-se o conceito de disposição a pagar (*willingness to pay*), ou seja, identificar o quanto a população estaria disposta a pagar por uma específica área. Exemplo: perguntou-se à população australiana quanto ela estaria disposta a pagar para manter o Parque Kakadu intocado. Resultado: +/– US$ 860.000.000 (dólares australianos). O Banco Mundial, para financiar a despoluição da represa de Guarapiranga, usou esse conceito.[34]

É executado basicamente através da aplicação de questionários, a fim de avaliar cada entrevistado em relação a um recurso ambiental, sua Disposição a Aceitar (DAA) a perda do bem ambiental objeto do questionário e Disposição a Pagar (DAP) pela sua preservação.

[34] Ferreira (2003).

<table>
<tr><td rowspan="8">Valor econômico total dos recursos[35]</td><td rowspan="2">Valor de uso</td><td>Direto</td><td>Recursos diretamente consumíveis</td></tr>
<tr><td>Indireto</td><td>Benefícios das funções ecossistêmicas</td></tr>
<tr><td rowspan="4">Valor de não uso</td><td>Valor de Opção</td><td>Valores diretos e indiretos futuros</td></tr>
<tr><td>Valor de Existência</td><td>Valor de existência per si</td></tr>
<tr><td>Valor de Herança</td><td>Legado para as futuras gerações de um ambiente natural</td></tr>
<tr><td>Valor de Quase-Opção</td><td>Parcela possível de ser utilizada do recurso com o aumento do conhecimento</td></tr>
</table>

O conceito de Valor Econômico Total (VET), desenvolvido pela Economia Ambiental, é uma estrutura útil para identificar, em qualquer escala, os diversos valores associados aos recursos ambientais. De acordo com esse conceito, o valor econômico da biodiversidade consiste nos seus valores de uso e de não uso. O valor do meio ambiente é representável, economicamente, pela seguinte expressão:[36]

> **Valor Econômico Total** = **Valor de Uso** (uso direto + uso indireto) + **Valor de Não Uso** (valor de opção, valor de existência, valor de herança e valor de quase-opção).

O Valor de Uso é aquele atribuído pelas pessoas que realmente usam ou usufruem o recurso ambiental em risco.

a) os valores de uso direto dos recursos ambientais são derivados do uso direto da biodiversidade, como atividades de recreação, lazer, colheita de recursos naturais, caça, pesca e a educação;

b) os valores de uso indireto são oriundos dos usos indiretos, abrangendo, de forma ampla, as funções ecológicas da biodiversidade, como proteção de bacias hidrográficas, preservação de *habitat* para espécies migratórias, estabilização climática, sequestro de carbono.

---

[35] Cabral (2005).

[36] Cabral (2005).

Os valores de não uso são aqueles que as pessoas atribuem ao recurso ambiental, sem que este esteja ligado a algum de seus usos. Os valores de não uso são:

a) o valor de herança relativo ao beneficio econômico de saber que outros se beneficiarão, no futuro, do recurso ambiental;
b) o valor de existência, que reflete o benefício econômico da existência de um recurso ambiental, embora ele não seja conhecido e, provavelmente, nunca será conhecido nem usado. Representa um valor atribuído à existência do recurso independentemente do seu uso atual ou futuro. O valor de quase-opção representa o valor de reter as opções de uso futuro do recurso, dada uma hipótese de crescente conhecimento científico, técnico, econômico ou social sobre as possibilidades futuras do recurso natural sob investigação;[37]
c) o valor de opção corresponde ao dado pelas pessoas que não o usufruem no presente, mas tendem a lhe atribuir um valor para uso futuro, ou seja, a opção para uso futuro ao invés de uso presente.

Dessa forma, o conceito de Valor Econômico Total (VET) mostra que a preservação, a conservação e o uso sustentável da biodiversidade abrangem uma ampla variedade de bens e serviços, começando pela proteção de bens tangíveis básicos para a subsistência do homem, como alimentos e plantas medicinais, passando pelos serviços ecossistêmicos que apoiam todas as atividades humanas e terminando com valores de utilidade simbólica.[38]

Apesar de existirem diversas classificações diferentes desta, os seguintes componentes do Valor Econômico Total de um bem ou serviço ambiental podem ser especificados: VET = valor de uso + valor de não uso. Desta maneira, fica evidente que a valoração econômica do meio ambiente passa pelo cálculo do VET para o bem ou serviço avaliado. Contudo, o VET do meio ambiente não pode ser totalmente revelado através de relações de mercado, devido a vários de seus componentes não serem comercializados e aos preços dos bens econômicos não refletirem o valor real da totalidade dos recursos utilizados na sua.[39]

---

[37] Segundo Nogueira apud Boas (2006).

[38] Boas (2006).

[39] Nogueira, Medeiros e Arruda (apud BOAS, 2006).

O grande viés em relação a esses métodos é a subjetividade inerente, uma vez que cada usuário, em virtude do seu usufruto do recurso em questão, lhe atribuiria um valor diferenciado. Por exemplo, para uma área de mangue aquele usuário que captura caranguejos na área e os vende para sua sobrevivência (sua única fonte de remuneração) consideraria essa área muito mais valiosa do que um pescador que apenas passa pela área para ir ao mar ou um empreendedor interessado em construir um condomínio nessa área.

3.3.1.2 Métodos de preferência revelada

Métodos que tentam estimar a disposição a pagar pelo recurso ambiental e os benefícios que estejam necessariamente vinculados a esse recurso. Como normalmente não existe um mercado direto para o recurso, os economistas tentam encontrar bens para os quais existam mercados e que estejam vinculados ao recurso ambiental para tentar identificar que parcela da disposição a pagar dos indivíduos por esses bens corresponderia na verdade a uma disposição a pagar pelo recurso que inferem valores referentes aos atributos de recursos naturais pela observação destes em mercados relacionados: [40]

a) *preços hedônicos*:[41] é aquele influenciado pelos atributos do entorno de determinada propriedade, adicionados ao preço dos atributos físicos da propriedade em si. Vale citar o exemplo da compra de uma casa, cujo preço varia não só em função de seu tamanho e qualidade do material, como também quanto a fatores ambientais próximos, como facilidade de acesso, silêncio, área verde etc. Podemos imaginar como seria a avaliação de um condomínio onde todas as casas sejam iguais; no entanto, uma está situada ao lado de um lago e outra ao lado de um aterro sanitário; isso pode explicar o conceito de preço hedônico;
b) *custo de viagem*: conhecendo o uso de determinada área para fins recreativos, estima-se quanto as pessoas gastariam para visitá-la, em termos de transporte, alimentação e/ou hospedagem, e qual o número de pessoas e quantas vezes elas iriam; o resultado desse cálculo

[40] Ferreira (2003).

[41] De acordo com Ortiz (2003), esse nome é uma referência ao hedonismo, corrente filosófica ou doutrina que considera que o prazer individual e imediato é o único bem possível, princípio e fim da vida moral.

poderia ser comparado com o resultado a ser obtido se a área tivesse outra finalidade.

3.3.2 *Métodos de função de produção*

Busca estimar o impacto que a carência de um determinado recurso ambiental teria sobre as funções de produção da economia. Assim, se a presença daquele recurso ambiental faz com que a produção de algum bem ou serviço que esteja inserido no mercado se torne mais eficiente ou menos custosa, então esse impacto positivo seria parte do valor do recurso.

Os problemas dessa metodologia estão na determinação da forma pela qual o recurso ambiental é inserido na função de produção (relação linear ou não linear) e na consideração de fatores não ambientais que também interferem na função de produção. Por exemplo, um vazamento de óleo no mar afeta as atividades de turismo e lazer, estabelecendo uma relação de função de produção. Porém estas mesmas atividades são afetadas por circunstâncias meteorológicas e culturais que devem ser também consideradas. Essas considerações ficam mais complicadas na medida em que aumenta a complexidade da interação entre o impacto ambiental e a atividade econômica, necessitando grande conhecimento sobre a ecologia dos sistemas afetados e seus possíveis impactos econômicos. Além disso, deve-se ressaltar que esse método somente captura valores de uso diretos e indiretos, gerando um valor econômico total subestimado.[42]

O valor do recurso natural para a produção pode ser medido, assim, pela sua contribuição à produtividade do bem ou serviço analisado, medindo-se como variações na oferta do atributo natural resulta em variações na produção.

A. Custo de recuperação[43]

A racionalidade do método está na determinação de que o atributo ambiental vale ao menos o custo necessário para sua recuperação ou restauração. A diferença é que nesse caso os gastos não foram efetuados, tratando-se, portanto, de valores potenciais (enquanto que os gastos de mitigação são despesas efetivas).

---

[42] Cabral (2005).

[43] Cabral (2005).

A estimativa dos custos de recuperação ou restauração se dá a partir da identificação dos possíveis danos causados à sociedade pelo impacto ambiental, estimando os gastos necessários para a recomposição do ambiente ao estado mais próximo possível do original.

A aplicação do custo de reposição está na estimativa de gastos com recuperação de áreas degradadas após a intervenção antrópica que degradará o ambiente (por exemplo, replantio de espécies vegetais e recolocação de espécies animais cujas populações serão afetadas por uma mineradora).

B. Custo de mitigação

Avalia o dano causado pela degradação ambiental de acordo com os gastos necessários para evitar um dano ambiental ou outras atividades ofensivas ao bem-estar humano ou ao meio ambiente. O estudo das técnicas alternativas de gerenciamento do solo para aumentar a produtividade agrícola demonstra o uso deste método, cujo valor gasto pelo fazendeiro para se prevenir contra a erosão do solo e as perdas com a agricultura deve ser no mínimo maior que os custos incorridos para a construção de diques.[44]

Esse método estima o valor dos recursos ambientais através dos gastos efetivamente incorridos para mitigar os danos causados pela degradação ambiental, ou seja, considera-se que a perda do atributo ambiental vale, pelo menos, os gastos incorridos na sua recuperação.

O problema mais importante dos gastos de mitigação como método de valoração é não se tratar de uma estimativa da importância do recurso natural *per se*, mas apenas dos gastos efetuados na sua recuperação. Além de ignorar valores de opção e existência, caso os danos causados ao ambiente sejam irrecuperáveis, ao menos no curto prazo, pode haver grande subestimação do valor total do recurso natural atingido.[45]

C. Avaliação dose-resposta[46]

As funções dose-resposta são então empregadas para estabelecer a relação entre a ação causadora, o atributo ambiental e os efeitos finais sobre o ho-

---

44 Monteiro (2003).

45 Cabral (2005)

46 Cabral (2005).

mem, avaliando a perda social por um dano *marginal* associado a mudanças na qualidade de um recurso natural.

Em outras palavras, a função dose-resposta tenta estabelecer uma relação entre a dose (fonte causadora) e a resposta (efeito ou mudança), para em seguida atribuir um valor a essa resposta ou efeito observado.

As funções dose-resposta são bastante empregadas em estudos sobre efeitos da poluição na saúde humana ou animal. Trata-se de um método válido para estimar apenas valores de uso. Por exemplo, doenças respiratórias são afetadas por um grande número de variáveis além da qualidade do ar (temperatura, umidade, tabagismo, idade, hábitos alimentícios etc.) e as funções dose-resposta devem eliminar os efeitos dessas outras variáveis.

Cada um desses métodos apresenta suas limitações e especificidades a determinados contextos. Inserir o valor do bem ambiental continua ainda sendo um grande desafio ao processo de gestão ambiental, o qual deve abrir mão dos mais diversos instrumentos, de modo a realmente incorporar o valor do bem ambiental nas dinâmicas socioeconômicas para garantir a sustentabilidade dos processos produtivos e o futuro das próximas gerações.

A reprodução dos recursos não renováveis não está assegurada e localmente ele se esgota, daí a necessidade de se introduzir uma dimensão temporal na análise, uma vez que aquilo que é extraído hoje não estará mais disponível amanhã. Nesse sentido, a grande questão colocada pela teoria econômica é conhecer qual a lógica que o ritmo dos preços de um recurso exaurível deve seguir para que possa ser assegurada sua utilização "ótima", do ponto de vista econômico. Devido ao esgotamento de um recurso finito, a dimensão intertemporal também implica um "custo de uso", que representa um valor que as gerações presentes devem pagar, ou reduzir de sua renda, de forma a compensar as gerações futuras pelo esgotamento desses recursos.[47]

O desafio da economia é alocar recursos escassos de maneira a obter o maior benefício social a partir desses recursos. Em relação aos recursos ambientais, um problema econômico existe na medida em que esses recursos estão disponíveis em quantidades finitas.[48] Isso implica no fato de que os métodos de valoração dos recursos naturais devem também contemplar a maximização de sua opção de uso ao longo dos anos. Caso se estabeleça, em uma determinada geração, que certos recursos naturais não sejam utilizados, como uma poupança para

---

[47] Silva (2003).

[48] Ortiz (2003).

as gerações seguintes, poder-se-ia deixar de utilizá-los em uma época em que eles ainda apresentem um elevado valor de mercado, deixando para utilizá-los quando tenham perdido o valor. Um exemplo é que, com a criação da liga de aço, o ferro perdeu muito de seu valor de mercado. Caso todas as reservas de ferro tivessem sido deixadas disponíveis, pelas gerações passadas, para o uso da geração atual, a mesma não teria sido tão beneficiada assim pelo usufruto do bem do que a geração que o preservou. Isso ocorreu em virtude da redução do valor de mercado desse bem ambiental, em substituição a um outro por uma inovação tecnológica.

Busca-se, assim, obter uma estrutura comum flexível o suficiente para manter a coerência interna das contas nacionais e introduzir adequadamente o problema dos recursos naturais.[49]

Para que um instrumento de gestão ambiental seja considerado efetivo no processo de gestão ambiental ele deve buscar incorporar aos seus princípios o real valor do bem ambiental, de modo que os direitos de uso ou não uso dos mesmos não se realizem em detrimento das gerações seguintes ou vice e versa.

3.4 Abrangências e esferas dos instrumentos de gestão ambiental

Os instrumentos de gestão ambiental, além de sua abrangência (macro e micro), ou do objetivo do controle, podem também ser considerados quanto às esferas de atuação envolvidas (pública e privada), diretamente relacionadas ao seu foco de atuação. Instrumentos da esfera pública materializam-se em alternativas de comando e controle, relacionados à implantação da gestão ambiental em níveis municipal, regional, estatal ou união nacional. Nesse caso o poder público surge como um mediador de conflitos, criando legislação ambiental aplicável, implantando-a e monitorando-a (fiscalizando seu cumprimento). Esse processo pode focar duas diferentes abrangências, a abrangência macro, mais relacionada ao uso do espaço físico de modo geral, ou a abrangência micro, focada especificamente em organizações, processo esse que é realizado na maioria dos Estados pelo órgão de controle ambiental estadual.

Os instrumentos de abrangência microorientados para a esfera privada são instrumentos também conhecidos como de autocontrole, em que o papel do poder público como principal regulador de conflitos desaparece, isso porque

[49] Young (2003).

a organização passa a atuar como seu próprio fiscal ambiental, no sentido de obter melhorias em seu desempenho ambiental.

Por sua vez, os instrumentos econômicos de gestão ambiental são também instrumentos de abrangência micro e que, contudo, para sua efetiva implantação, devem estar associados a alguma forma de mediação exercida pelo poder público, ainda que não apresentem, na maioria dos casos, uma obrigatoriedade legal, mas sim estímulos de ordem financeira. Para a adesão a este tipo de instrumento, o empreendedor está constantemente fazendo uma análise benefício/custo dos investimentos realizados em melhoria de seu desempenho ambiental.

Em virtude de sua importância para o processo de gestão ambiental, no Capítulo 4 serão discutidos instrumentos de abrangência macro e a atuação da esfera pública.

4 Instrumentos de Abrangência Macro e Esfera Pública

Instrumentos de gestão ambiental, como os de abrangência macro e aplicáveis à esfera pública, são fundamentais no processo de gestão ambiental, dando o contexto geral para o processo de gestão ambiental. São constituídos por instrumentos que apresentam um caráter essencialmente focado em comando e controle e todos, sem exceção, estão associados a um processo de gestão ambiental de maior abrangência (níveis municipal, estadual, regional, federal ou internacional). Além disso, todos estão inter-relacionados e condicionados à implantação de legislação ambiental, que fornece a base estrutural para o processo de gestão ambiental mediado pelo poder público.

Alguns instrumentos, como os pactos internacionais, são muito importantes e, como a Agenda 21, constituem-se em respostas de abrangência internacional aos conflitos existentes mundialmente quanto ao uso dos recursos naturais. Buscam obter a equalização dos conflitos gerados pela poluição, cujo impacto não se restringe às fronteiras de um país. Em determinados casos, como o Pacto de Montreal e o Protocolo de Kyoto, podem significar a sobrevivência do homem no planeta.

4.1 Pactos internacionais

Nos últimos 20 anos, tem-se desenhado um quadro em que se configura a constituição de uma nova ordem ambiental mundial. São inúmeros tratados e acordos multilaterais internacionais, além de outras medidas normatizadoras tomadas pelos organismos financeiros mundiais, que constituem o arcabouço institucional ambiental que regulamenta as relações entre os Estados-nações e tornam-se indutores de modificações na legislação de diversos países.[1]

Particularmente, ao longo dos últimos anos vem ocorrendo uma busca frenética por alternativas de soluções em que os governos locais são pressionados pela comunidade internacional, por meio de conferências e tratados, a adotarem e estimularem a adoção de medidas concretas na defesa do meio ambiente. Além disto, atuam também pressões por parte de outros interessados, como Organizações Não Governamentais (ONGs), ambientalistas e a própria comunidade local no sentido de penalizar o poluidor.[2]

Os tratados internacionais, também conhecidos como pactos ou protocolos, devem ser considerados importantes instrumentos de gestão ambiental, os quais apresentam efetivamente abrangência internacional, em virtude da percepção do surgimento de impactos ambientais que extrapolam os limites das noções e que necessitam ser regulamentados de alguma maneira. Os protocolos considerados mais importantes no contexto ambiental são:

- *Protocolo de Montreal* (derivados de CFC), assinado em 1987.
- *Convenção da Basileia para o Controle dos Movimentos Transfronteiriços de Resíduos Perigosos e sua disposição*, assinado em 1988.
- *Protocolo de Kyoto* (emissões de gases estufa), assinado em 1997, mas implantado somente em 2004, após ratificação da Rússia.

O Protocolo de Montreal foi o primeiro documento que assumiu o formato de um acordo internacional, no qual metas são estabelecidas para um prazo definido para os países signatários. A assinatura de pactos internacionais, evento geralmente mediado pela Organização das Nações Unidas (ONU), embora não implique uma responsabilidade legal para a nação em questão, seu não-cumprimento pode redundar em retaliações por outros países do globo, como forma de forçar o alcance das metas estabelecidas. Isso permite também que as nações pobres ou as comunidades entrem em litígio contra um país industrializado por sua responsabilidade na alteração do clima.

---

[1] Dias (2006).

[2] Seiffert (2006).

Em relação a esses tratados, na esfera interna dos países signatários de acordos internacionais, como daqueles que subscreveram a Agenda 21, se uma legislação adequada não der suporte à implantação desses acordos, ou se não houver respaldo legal para políticas nacionais (políticas públicas e políticas governamentais) que visem ao desenvolvimento sustentável, todas as boas intenções serão inúteis. Nenhuma política ambiental poderá subsistir sem o suporte de uma legislação atual e eficaz. Na esfera internacional, há necessidade de instrumentação legal suficiente, ao menos para implementação das medidas necessárias a uma gestão ambiental em escala planetária, de caráter supranacional, mas com raízes no âmago das sociedades comprometidas ou interessadas. As estâncias supranacionais, ainda mais que as internacionais, carecem de definição e de bases sólidas, inclusive da vontade política dos países-membros da ONU ou de blocos regionais.[3]

Neste aspecto, pode-se perceber o papel dos EUA e dos demais países industrializados ou desenvolvidos a determinarem o direcionamento e a construção do direito internacional ambiental, pois, na agenda mundial, o tratamento dos problemas e as soluções, de um modo geral, são muito influenciados e direcionados pelos países desenvolvidos. Em virtude disso, cabe ressaltar que para que esse tipo de instrumento tenha sua eficácia assegurada é imperativo que o poder dos países desenvolvidos sobre as decisões tomadas não se impunha aos países em desenvolvimento, principalmente considerando-se que os primeiros são sempre os maiores poluidores.

O papel das ONGs, na consolidação desses pactos internacionais, vem sendo muito importante, pois possibilitou a formação de massa crítica e a popularização e disseminação de conhecimento técnico para que o problema fosse enfrentado, antes mesmo que muitos países percebessem a questão ambiental como um problema que os afetasse diretamente. Imagens como a de um ativista do Greenpeace fixando um cartaz "CO_2 *kills*" em uma imensa e fumegante chaminé são inesquecíveis e fazem realmente qualquer indivíduo refletir sobre o problema.

O sinergismo ambiental entre a destruição da camada de ozônio e o efeito estufa é muito grande, o que, com certeza, levará a um agravamento do enfeito estufa, cujas perspectivas são muito negativas para a qualidade de vida e mesmo sobrevivência da humanidade, fato já evidenciado pela divulgação do relatório do Painel Intergovernamental de Mudanças Climáticas (IPCC). Estando os países desenvolvidos entre os maiores produtores de gases

[3] Milaré (2004).

estufa é fácil compreender as implicações de tal afirmativa. No momento, uma grande questão a ser resolvida e que está associada à efetividade do Protocolo de Kyoto é obter a participação dos Estados Unidos, o país que produz diariamente o maior volume de emissões tanto isoladamente como em percentual total.

Esses pactos, principalmente os de Kyoto[4] e Montreal, constituem alternativas para a mitigação de dois fenômenos importantes associados às mudanças climáticas, que são: a consequência da destruição da camada de ozônio e o efeito estufa.

4.1.1 Mudanças climáticas

O primeiro estudo rigoroso sobre o aquecimento global foi realizado por cientistas da Academia Nacional de Ciências dos Estados Unidos em 1979. Desde então, ambientalistas e governos permanecem em constante debate sobre questões fundamentais associadas ao problema. A primeira delas está associada ao grau de responsabilidade da ação humana, a seguinte, se os efeitos das mudanças no clima global são iminentes e irreversíveis. A terceira questão é o que pode ser feito para impedir que o problema se agrave. Sabe-se, contudo, que nenhum fator natural poderia ser responsável pelas mudanças observadas e que as perspectivas futuras de amenização do problema são preocupantes. O problema recentemente se tornou um dos assuntos preferidos da comunidade técnico-científica internacional, principalmente pelos efeitos catastróficos previstos para o planeta, caso não sejam tomadas medidas urgentes para evitar sua intensificação.

De acordo com o IPCC,[5] prevê-se que a temperatura média global aumentará de 1,4° a 5,8° nos próximos 100 anos. Novas evidências científicas do IPCC sugerem que boa parte do aquecimento observado nos últimos 50 anos é atribuível às atividades humanas. A continuidade dessas tendências talvez dobre a concentração de gases do efeito estufa até o fim do século, aumente as temperaturas, eleve os níveis do mar e interfira na circulação atmosférica e dos oceanos.[6] Das 20 maiores temperaturas anuais na superfície da Terra, em mais de um século de registros, 19 ocorreram desde a década de 80. O recorde de 2005 fez soar mais alto o alarme, quanto à tendência há muito

[4] Conforme já discutido na seção 1.1.5.

[5] Intergovernmental Panel on Climate Change.

[6] IPCC apud Holliday, Schmidheiny e Watts (2002).

temida e reiteradamente embasada por evidências científicas: o aquecimento global já mostrou seus sinistros sinais no recuo das geleiras, nos fortes e frequentes furacões ou ainda nos casos de canibalismo entre ursos polares famintos. O cenário adiante não é menos assustador. Caso se mantenha a mudança acelerada do clima, desta vez teremos de deparar com epidemias, incêndios florestais, ameaça aos corais e a outros organismos marinhos, secas e enchentes.[7]

É considerado hoje um dos principais problemas ambientais globais, porque vem afetando todo o planeta e pode vir a comprometer o equilíbrio dos ecossistemas: eliminação de biodiversidade, causando degelo nos polos, inundação de áreas litorâneas, danos aos recifes de coral, savanização de florestas tropicais, como a Amazônica, aumento da desertificação de áreas, ocorrência de secas e enchentes mais frequente, redução no rendimento de safras, aumentando a ocorrência de furações, ciclones, danos à saúde das populações em consequência de ondas de calor e propagação de doenças contagiosas etc., enfim provocando graves prejuízos na maioria dos países do globo.

Para tornar mais realista a tarefa de reduzir as emissões de carbono, foi proposto um "triângulo de estabilização", que representa o total de redução de emissões que novas tecnologias devem proporcionar nos próximos 50 anos. Este triângulo pode ser dividido em "estratos" (Quadro 4.1), em que cada um representa uma redução de 25 bilhões de toneladas de emissão de carbono nos próximos 50 anos, ou 1 bilhão de toneladas anuais a menos em 2056. O estrato provou ser uma unidade útil porque seu tamanho e prazo condizem com o que tecnologias específicas são capazes de obter. Muitas combinações de tecnologias podem preencher os estratos.[8]

---

[7] Ferrari (2006).

[8] Socolow e Pacala (2006).

Quadro 4.1 *Cinco estratos do "triângulo de estabilização" das emissões de carbono.*[9]

Eficiência e Conservação pelo Usuário Final	1	Aumento da economia de combustíveis em 2 bilhões de carros, de 13 para 26km/l.[1]
	2	Redução da quilometragem anual de 16 mil km para 5 mil km (a 13km/l).
	3	Diminuição do consumo de eletricidade em lares, escritórios e no comércio em 25%.
Geração de Energia	4	Aumento da eficiência entre 40% e 60% em 1.600 usinas a carvão de grande porte.[2]
	5	Substituição de 1.400 usinas a carvão de grande porte por usinas a gás.[3]
Captura e Armazenamento de Carbono (CAC)	6	Instalação de CAC em 800 usinas a carvão de grande porte.[4]
	7	Implantação de CAC em usinas a carvão que produzem hidrogênio para 1,5 bilhão de veículos.[5]
	8	Instalação da CAC em usinas de conversão de carvão em *Synfuel*.[6]
Fontes Alternativas de Energia	9	Dobrar a produção atual de energia nuclear para substituir o carvão.
	10	Aumentar em 40 vezes a geração de energia eólica para substituir o carvão.[7]
	11	Aumentar em 700 vezes a geração de energia solar para substituir o carvão.[7]
	12	Aumentar a energia eólica em 80 vezes para a produção de hidrogênio automotivo.
	13	Incremento de dois bilhões de carros a álcool, usando um sexto das terras cultiváveis mundiais.[8]
Agricultura e Florestamento	14	Parar o desflorestamento.[9]
	15	Expandir a preservação com plantio direto para 100% das terras cultiváveis.

9 Socolow e Pacala (2006).

Legenda:
1. A frota mundial em 2056 pode chegar a 2 bilhões de carros. Presumir que rodem em média 16 mil km por ano.
2. "Grande" é uma capacidade de 1 gigawatt (GW). Usinas que operam em 90% do tempo.
3. Aqui e abaixo, presumir usinas a carvão que operem em 90% do tempo com 50% de eficiência.
4. Presumir que 90% do CO_2 seja capturado.
5. Presumir que um carro (16 mil km por ano a 26 km/l) necessita de 170 kg de hidrogênio por ano.
6. Presumir 30 milhões de barris por dia de *Synfuels*, cerca de um terço da produção total atual de petróleo. Presumir metade do carbono originado do carvão capturado.
7. Presumir a produção solar e eólica, em média, a 30% do pico máximo. Assim, substituir 2.100 GW de energia de carvão a 90% do tempo por 2.100 GW (pico) eólico ou solar, mais 1.400 GW de energia a carvão para acompanhamento da carga, para remoção líquida de 700 GW.
8. Presumir carros que rodem 16 mil km por ano, a 26 km/l, produção de 15 toneladas de biomassa por hectare e adição insignificante de combustível fóssil. Há 1,5 milhão de hectares de terras cultiváveis no mundo.
9. As emissões de carbono por desmatamento são atualmente de cerca de 2 bilhões de toneladas por ano. Presumir que até 2056 a taxa cairá pela metade na projeção de atividade inalterada e para zero no caminho da estabilização.

Poder-se-ia dizer que os vértices desse triângulo baseiam-se em três alternativas básicas de intervenção aqui consideradas por ordem de importância:

1. reestruturação da matriz energética com a adoção de alternativas ecologicamente mais adequadas;
2. promoção da assimilação do carbono presente na atmosfera, seja através de processos naturais (evitar o desmatamento e incentivar o reflorestamento) ou artificiais;
3. aumento da eficiência de processos que gerem emissões de carbono para redução do volume produzido.

A mudança climática torna forçosa a reestruturação maciça da matriz energética mundial. A preocupação com a oferta de combustíveis fósseis só alcança proporções críticas quando se leva em conta a proteção do clima. Mesmo se em breve a produção de petróleo começar a declinar (o que é improvável diante das imensas reservas nas areias betuminosas do Canadá e do óleo pesado e outros combustíveis localizados na Venezuela), o carvão poderá suprir o mundo por pelo menos mais um século. Mas estes dois combustíveis, que respondem por 80% do consumo mundial de energia, se tornarão um fardo se houver limitação da emissão de carbono.[10]

O preocupante em relação às mudanças climáticas é que a forma como o ser humano as vem percebendo lembra muito a metáfora do sapo dentro de uma panela com água gradativamente aquecida; embora ele não consiga perceber as mudanças na temperatura de seu ambiente, isso não evitará que acabe sendo cozido.

O efeito estufa apresenta um sinergismo negativo muito grande com a destruição da camada de ozônio. Pois à medida que a luz solar atinge a superfície do planeta em maior intensidade, em virtude da destruição da camada de ozônio, os gases que retêm essa radiação amplificam os impactos ambientais e o processo de mudanças climáticas.

4.1.1.1 Destruição da camada de ozônio

O ozônio é um gás raro em grande parte da atmosfera, exceto em uma estreita camada da estratosfera (90%), entre 15 e 30 km de altitude, que é responsável pela filtração dos raios ultravioletas do sol nocivos aos ecossistemas terrestres. O ozônio é um gás cuja molécula é formada por três moléculas de oxigênio (O_3), que é constantemente fragmentada na estratosfera por sua reação com a radiação solar,[11] ou seja, essa fração da energia solar é sistematicamente utilizada para desagregação da molécula de ozônio. O processo de destruição do ozônio ocorre constantemente na atmosfera.

O problema da destruição da camada de ozônio se verifica quando as atividades antrópicas lançam na atmosfera gases CFCs (hidrocarbonetos de longa cadeia de carbonos ligados a uma molécula de cloro), os quais estão normalmente presentes em gases de sistema de refrigeração e propelentes de aerossóis.[12] Em condições favoráveis da primavera austral na região da Antártida, em que condições propícias de temperatura e luminosidade se verificam, o átomo de cloro do CFC combina-se com a molécula de ozônio, que se torna permanentemente inutilizada, ou seja, passa a ser incapaz de se recombinar formando novamente o

[10] Stix (2006).

[11] Radiações solares com comprimento de onda entre 280 e 320 nm (UVB) e abaixo de 280 nm (UVA), as quais são extremamente prejudiciais aos seres vivos (mutagênicas e carcinogênicas).

[12] Também são produzidos em baixa altitude em reações químicas catalisadas pela luz durante o *smog* fotoquímico em cidades como São Paulo.

ozônio, como acontece normalmente sem a presença do cloro. Ao ser destruído, na Antártida, o gás passa a ser deslocado de outras regiões para lá.

Um detalhe importante é que o período de reatividade de uma molécula de ozônio é superior a 100 anos, sendo que uma molécula de cloro é capaz de inutilizar até 10.000 moléculas de ozônio.

Prazo para recuperação da camada de ozônio aumenta 15 anos

A atmosfera precisará de 15 anos, além do prazo estimado anteriormente, para reparar o buraco na camada de ozônio sobre o Hemisfério Sul, diz a organização meteorológica das Nações Unidas. O enfraquecimento da camada de ozônio, provocado por poluentes que vazam de geladeiras, aparelhos de ar-condicionado e outros dispositivos, expõe a Terra a uma faixa de radiação solar que é danosa para a vida. Excesso de raios ultravioleta pode provocar câncer de pele e destruir os vegetais minúsculos que estão na base da cadeia alimentar planetária.

Cientistas afirmaram que será preciso esperar até 2065, não 2050, como se acreditava, para que o ozônio se recupere e o buraco sobre a Antártida se feche. "O buraco no ozônio da Antártida não piora desde o final dos anos 90, mas grandes aberturas na camada de ozônio são esperadas pelas próximas décadas", diz o especialista Geir Braathen, ao resumir um novo relatório da Organização Meteorológica Mundial (OMM). O relatório completo será publicado em 2007.

O buraco no ozônio, uma área mais fina que o normal da camada de gases que absorvem radiação na alta estratosfera, forma-se todos os anos desde meados da década de 80, sempre no final do inverno do hemisfério Sul, em agosto, e geralmente atinge sua extensão máxima em setembro.

Os especialistas dizem ter prorrogado o prazo projetado para a recuperação porque os clorofluorcarbonos, ou gases CFC, continuarão a vazar para a atmosfera durante os próximos anos. Mas há motivos para comemorar, pois o nível de CFCs na atmosfera diminuiu. De acordo com o secretário-geral da OMM, Michel Jarraud, menos dessas substâncias é usado a cada ano, depois que 180 países assinaram, em 1987, o Protocolo de Montreal, para proteger o ozônio.

Fonte: <http://www.ambientebrasil.com.br/noticias/index.php3?action=ler&id=26328>.

A fim de atender às preocupações mundiais em relação à destruição da camada de ozônio, foi criado no Brasil o Decreto nº 99.280 (6/6/1990), o qual está associado à Promulgação da Convenção de Viena para a Proteção da Camada de Ozônio e do Protocolo de Montreal sobre Substâncias que Destroem a Camada de Ozônio. Além dessa, uma Instrução Normativa do IBAMA nº 37 (29/6/2004) também dispõe sobre produção, comércio e uso de CFCs.

À medida que a camada de ozônio é destruída, a radiação solar passa a atingir a superfície do planeta com maior intensidade, potencializando o efeito estufa.

4.1.1.2 Efeito estufa

Durante a gênese do planeta o efeito estufa foi fundamental para a criação e manutenção da vida no planeta, que formou-se graças aos gases liberados pela atividade vulcânica. O problema relacionado ao efeito estufa está associado, particularmente, ao desequilíbrio do ciclo biogeoquímico do carbono nos ecossistemas, que se agravou a partir da Revolução Industrial com o progressivo aumento das emissões antrópicas pela queima de combustíveis fósseis (carvão, petróleo, GLP, gás natural e gasolina), cujo carbono encontrava-se anteriormente imobilizado nas reservas naturais.

Ocorre em virtude do lançamento de emissões de gases estufa contendo: dióxido de carbono (CO_2), clorofluorcarbonetos (CFC), o metano (CH_4), o ozônio (O_3) e o óxido nitroso (N_2O), respectivamente, em virtude de sua escala de importância para o problema.

Devido a suas características físico-químicas, os gases estufa, ao serem liberados, tendem a se concentrar em baixa altitude (troposfera), formando uma camada que funciona como uma estufa. Embora a radiação solar consiga atravessá-la, como em uma estufa de flores com paredes de vidro, o mesmo não acontece com o calor que se formou a partir do contato da luz com as superfícies. Assim, o calor gerado vai constantemente se acumulando, não sendo dissipado para a atmosfera, pois fica ricocheteando entre as moléculas dos gases estufa.

De acordo com a Convenção das Nações Unidas, os níveis de CO_2 crescem 10% a cada 20 anos e a temperatura média do planeta, que já subiu 6°C no século XX, pode subir mais 5,8°C até 2100.[13] De acordo com a World Meteorological Organization (WMO), temperaturas de inverno, em altas e médias latitudes, poderão crescer mais que duas vezes a média mundial, enquanto as temperaturas de verão não irão se alterar muito. Esse aumento de temperatura pode, segundo alguns especialistas, induzir a uma elevação dos níveis dos mares em uma faixa que varia de 20 cm a 165 cm, trazendo problemas de erosão litorânea, inundação, danificação de portos e estruturas costeiras, enchentes, destruição de charcos, elevação de lençóis de água e intrusão salina em aquíferos de abastecimento.

Locais como as Ilhas Maldivas poderão desaparecer. Além, disso, 70% das costas marítimas do mundo estarão sofrendo processos de erosão. Em contraste com esses desastres, o aumento do teor de CO_2 poderá aumentar o rendimento de

---

[13] Financiadora de Estudos e Projetos (FINEP): <http://www.finep.gov.br//imprensa/noticia.asp?cod_noticia=1070>.

determinadas culturas, como o milho, o sorgo e a cana-de-açúcar (10%), arroz, trigo, soja e batata (da ordem de 50%). Por outro lado, as mudanças climáticas serão intensas, alterando regimes de chuvas e secas; essas mudanças poderão influenciar muitos processos biológicos, como pragas de inseto, multiplicação de organismos patogênicos etc.[14] O Quadro 4.2 mostra a relação entre a concentração de CO_2 e a temperatura da Terra para diferentes modelos matemáticos.

Estimativas de 1991 colocavam o Brasil como o maior emissor de dióxido de carbono para a atmosfera, em consequência de queimadas e desmatamentos, seguido da Indonésia e da Malásia. No entanto, suas emissões provenientes da queima de combustíveis fósseis e da produção de cimento são pequenas, não fazendo parte dos dez maiores emissores, que em 1992 eram, nesta ordem, EUA, China, Rússia, Japão, Alemanha, Índia, Ucrânia, Reino Unido, Itália e Canadá.[15]

Quadro 4.2 *Alteração da temperatura média da Terra supondo concentração de CO_2 igual ao dobro da atual (resultados previstos por diferentes modelos).*[16]

Estudo	Projeção futura para concentração de CO_2 fóssil (10^9 t carbono/ano)	Alteração de consumo de combustível prevista (ppmv)[17]	Alteração de temperatura (°C)
WCP (1981)	13,6 em 2005	450 em 2025	1,5 – 3,50
CDAC (1983)	10,0 em 2025	428 em 2025	1,5 – 4,50
EPA (1983)	10,0 em 2025	440 em 2025	1,5 – 4,50
Clark (1982)	2% até 2030	371- 657 em 2030	2,0 – 3,00
Julich (1983)	1 – 16 em 2030	400 em 2030	1,0 – 3,00
UNEP (1985)	2 – 20 em 2050	380 - 470 em 2025	1,5 – 5,50
WCP – World Climate Programme CDAC – Carbon Dioxide Assessment Committee		EPA – US Environmental Protection Agency UNEP – United Nations Environmental Programme	

[14] Braga et al. (2005).

[15] World Resources Institute (WRI), United Nations Environmental Programme (UNEP), United Nations Development Programme (UNDP), The World Bank apud Assunção (2004).

[16] UNEP apud Braga et al. (2005).

[17] Partes por milhão em volume.

Há que se levar em consideração que a estimativa de emissão por queimadas possui confiabilidade muito menor do que a por combustíveis fósseis. De qualquer forma, as queimadas representam um problema ambiental de graves consequências, não só em relação ao efeito estufa, mas também para a qualidade do ar da região, para a segurança de aeroportos e pela devastação rápida que provocam nas florestas.[18]

4.1.2 Protocolo de Kyoto

O principal objetivo do Protocolo de Kyoto, ratificado por 144 nações, é reduzir a emissão de poluentes em 5,2% nos países listados no Anexo I[19] do acordo, tendo como base os níveis verificados em 1990, ano em que as negociações se iniciaram. Fazem parte do Anexo I os países industrializados participantes da iniciativa. Os Estados Unidos, maiores poluidores do planeta, não assinaram o tratado.[20] Sozinho, o país emite nada menos que 36% dos gases venenosos que criam o efeito estufa. Só nos últimos dez anos, a emissão de gases por parte dos Estados Unidos aumentou 10%. Segundo o Protocolo, a emissão de gás carbônico deve dar um salto de 43% até 2020; assim sendo, o documento estabelece a redução das emissões de dióxido de carbono (CO_2), que responde por 76% do total das emissões relacionadas ao aquecimento global, e de outros gases do efeito estufa, nos países industrializados.[21]

O Protocolo insta pela constituição de três tipos de mecanismos de mercado para ajudar os signatários do documento a atingir suas metas nacionais de emissão ao menor custo possível. O primeiro é o comércio internacional de emissões, possibilitando que os países industrializados (Anexo I) comercializem até 10% de seus níveis de emissão permitidos. O segundo, a implementação conjunta (*joint implementation*), proporciona aos países do Anexo I um meio

---

18 Assunção (2004).

19 Alemanha, Austrália, Áustria, Belarus, Bélgica, Bulgária, Canadá, Comunidade Europeia, Dinamarca, Espanha, Estados Unidos, Estônia, Federação Russa, Finlândia, França, Grécia, Hungria, Irlanda, Islândia, Itália, Japão, Letônia, Lituânia, Luxemburgo, Noruega, Nova Zelândia, Países Baixos, Polônia, Portugal, Reino Unido da Grã-Bretanha e Irlanda do Norte, República Tcheco-Eslovaca, Romênia, Suécia, Suíça, Turquia e Ucrânia. Fonte: Ministério das Relações Exteriores.

20 Financiadora de Estudos e Projetos (FINEP): <http://www.finep.gov.br//imprensa/noticia.asp?cod_noticia=1070>.

21 CARE Brasil: <http://www.care.org.br/Noticia.asp?CodSecao=0&Nivel=0&CodConteudo=288>.

de adquirir créditos de emissão mediante o financiamento de projetos em outros países. O terceiro é o mecanismo de desenvolvimento limpo (*clean development mechanism*, CDM), responsável pela geração de créditos em virtude da implantação de atividades de redução de emissões de uma empresa de um país desenvolvido num país em desenvolvimento.[22]

Para ter direito ao CDM, o projeto deve ser certificado pelo país anfitrião como "contribuição para o desenvolvimento sustentável". O CDM foi concebido como incentivo aos países industrializados para exportar a melhor tecnologia limpa. Espera-se que o CDM estimule as atividades de P&D, crie empregos e promova a transferência de tecnologia, permitindo que os países industrializados ganhem créditos de emissões a menor custo do que se tivessem de investir em equipamentos e instalações mais eficientes nos próprios países.[23]

Um aspecto importante do protocolo é que apenas os países listados no chamado Anexo I são obrigados a reduzir suas emissões. Países em desenvolvimento, como Brasil, China e Índia, podem participar do acordo voluntariamente, mas ainda não são obrigados. O conceito básico acertado para Kyoto é o da "responsabilidade comum, porém diferenciada", o que significa que todos os países têm responsabilidade no combate ao aquecimento global, porém aqueles que mais contribuíram historicamente para o acúmulo de gases na atmosfera têm uma obrigação maior de reduzir suas emissões.

Em nível de Brasil, promulga-se o Decreto nº 2.652 (01/7/1998) sobre a Convenção-Quadro das Nações Unidas sobre Mudança do Clima, assinada em New York, em 9 de maio de 1992 e, posteriormente, o Decreto Legislativo nº 144 (20/06/2002), sobre o texto do Protocolo de Kyoto à Convenção-Quadro das Nações Unidas sobre Mudança do Clima, em 11 de dezembro de 1997, por ocasião da Terceira Conferência das Partes da Convenção-Quadro das Nações Unidas sobre Mudança do Clima.

Kyoto pode ter sido um primeiro passo necessário. Mas a estabilização das emissões de carbono exigirá um projeto mais tangível que não iniba o crescimento econômico enquanto se efetua a transição para uma infraestrutura energética sem carbono. Os *slogans* das empresas petrolíferas anunciando um mundo pós-petróleo não são suficientes.[24]

---

22 Holliday, Schmidheiny e Watts (2002).

23 Holliday, Schmidheiny e Watts (2002).

24 Stix (2006).

Além dos pactos envolvendo o controle ambiental associado a emissões atmosféricas e resíduos sólidos, um outro pacto internacional também foi muito importante para a implantação da gestão ambiental, a Agenda 21.

4.2 Agenda 21

Também se constitui em uma espécie de Pacto Internacional, mas para a sustentabilidade de modo geral, e surgiu como uma proposta na ECO 92 ou Conferência Sobre Meio Ambiente e Desenvolvimento das Nações Unidas (UNCED), que ocorreu em 1992 no Rio de Janeiro, da qual participaram 172 nações. Essa conferência tinha o objetivo de discutir temas ambientais globais e sugerir soluções potenciais, os quais estavam associados principalmente a:

a) discutir a situação dos problemas socioambientais no mundo e avaliar a evolução de sua situação nos últimos 20 anos desde a Conferência de Estocolmo;
b) examinar e propor estratégias para a erradicação da pobreza, principalmente entre os países em desenvolvimento;
c) discutir a forma como os países desenvolvidos poderiam contribuir para a resolução dos problemas socioambientais dos países em desenvolvimento;
d) discutir alternativas para mitigação das mudanças climáticas e os problemas associados à exploração da biodiversidade existente entre os países;
e) identificar estratégias para ações apropriadas associadas aos principais problemas de natureza global;
f) propor medidas a serem tomadas, tanto em níveis nacional como internacional, referentes à proteção ambiental, através de políticas que busquem o desenvolvimento sustentável;
g) promover o aperfeiçoamento da legislação ambiental de abrangência internacional.

Seu documento define diretrizes mais abrangentes para alcançar a sustentabilidade e que podem sem adotadas por cada nação desde o nível municipal até o internacional. Foi elaborado em observância a todos os princípios contidos na Declaração do Rio sobre Meio Ambiente e Desenvolvimento (Carta da Terra). Os focos de ação do documento são apresentados no Quadro 4.3, que se subdivide em quatro sessões, onde se percebe a importância atribuída à equidade socioambiental de natureza intra e intergeracional, bem como a importância na participação dos países desenvolvidos em amenizar as diferenças existentes entre as várias nações.

Quadro 4.3 *Tópicos tratados na Agenda 21.*

Capítulo	Conteúdo
1	Preâmbulo
	Seção I – Dimensões sociais e econômicas
2	Cooperação internacional para acelerar o desenvolvimento sustentável dos países em desenvolvimento e políticas internas correlatadas
3	Combate à pobreza
4	Mudança dos padrões de consumo
5	Dinâmica demográfica e sustentabilidade
6	Proteção e promoção das condições da saúde humana
7	Promoção do desenvolvimento sustentável dos assentamentos humanos
8	Integração entre meio ambiente e desenvolvimento na tomada de decisões
	Seção II – Conservação e gestão dos recursos para o desenvolvimento
9	Proteção da atmosfera
10	Abordagem integrada do planejamento e do gerenciamento dos recursos terrestres
11	Combate ao desflorestamento
12	Manejo de ecossistemas frágeis: a luta contra a desertificação e a seca
13	Gerenciamento de ecossistemas frágeis: desenvolvimento sustentável das montanhas
14	Promoção do desenvolvimento rural e agrícola sustentável
15	Conservação da diversidade biológica
16	Manejo ambientalmente saudável da biotecnologia
17	Proteção de oceanos, de todos os tipos de mares – inclusive mares fechados e semifechados – e das zonas costeiras e proteção. Uso racional e desenvolvimento de seus recursos vivos
18	Proteção da qualidade e do abastecimento dos recursos hídricos: aplicação de critérios integrados no desenvolvimento, manejo e uso dos recursos hídricos

19	Manejo ecologicamente saudável das substâncias químicas tóxicas, incluída a prevenção do tráfico internacional ilegal dos produtos tóxicos e perigosos
20	Manejo ambientalmente saudável dos resíduos perigosos, incluindo a prevenção do tráfico internacional ilícito de resíduos perigosos
21	Manejo ambientalmente saudável dos resíduos sólidos e questões relacionadas com esgotos
22	Manejo seguro e ambientalmente saudável dos resíduos radioativos
	Seção III – Fortalecimento do papel dos grupos principais
23	Preâmbulo
24	Ação mundial pela mulher, com vistas a um desenvolvimento sustentável equitativo
25	A infância e a juventude no desenvolvimento sustentável
26	Reconhecimento e fortalecimento do papel das populações indígenas e suas comunidades
27	Fortalecimento do papel das Organizações Não Governamentais: parceiros para um desenvolvimento sustentável
28	Iniciativas das autoridades locais em apoio à Agenda 21
29	Fortalecimento do papel dos trabalhadores e de seus sindicatos
30	Fortalecimento do papel do comércio e da indústria
31	A comunidade científica e tecnológica
32	Fortalecimento do papel dos agricultores
	Seção IV – Meios de implantação
33	Recursos e mecanismos de financiamento
34	Transferência de tecnologia ambientalmente saudável, cooperação e fortalecimento institucional
35	A ciência para o desenvolvimento sustentável
36	Promoção do ensino, da conscientização e do treinamento
37	Mecanismos nacionais e cooperação internacional para fortalecimento institucional nos países em desenvolvimento
38	Arranjos institucionais internacionais
39	Instrumentos e mecanismos jurídicos internacionais
40	Informação para a tomada de decisões

A agenda 21 caracteriza-se como um plano de ação que busca colocar em prática programas que paralisem o processo de degradação ambiental; estes programas dividem-se nas seguintes áreas de concentração: atmosfera, recursos da terra, agricultura sustentável, desertificação, florestas, biotecnologia, mudanças climáticas, oceanos, meio ambiente marinho, água potável, os resíduos sólidos, os resíduos tóxicos, rejeitos perigosos, entre outros. Por outro lado, deve ser considerada a forma como será alcançado o desenvolvimento sustentável, pelo menos no que diz respeito ao setor industrial, o que ocorrerá através do desenvolvimento de processos e produtos ambientalmente corretos, ou "limpos", por meio de esforços maciços de pesquisa & desenvolvimento (P&D) e da difusão destes esforços.[25]

Para a implantação de suas diretrizes, que almejam o desenvolvimento sustentável em níveis mais abrangentes, os governos devem estabelecer planos de ação para a implantação de políticas ambientais mais adequadas, contando inclusive com parcerias internacionais com recursos destinados dos países desenvolvidos para os em desenvolvimento.

Contudo, cabe salientar que a implantação de suas diretrizes, embora dependentes também em parte dos vários agentes envolvidos no processo de gestão ambiental, tem como seu principal agente o poder público, nos mais vários níveis de abrangência, a fim de implantar políticas compatíveis com o objetivo da sustentabilidade. Isso é fundamental porque a diferença existente entre uma realidade problemática e a situação desejada passará sempre e obrigatoriamente pela implantação de políticas públicas, de modo a permitir o seu alcance, nos mais diversos contextos, mas, principalmente, associadas ao meio ambiente, educação, saúde e economia. Este documento também fornece os referenciais sobre mecanismos de gestão dos recursos naturais, de participação da sociedade civil e de reconhecimento da importância das comunidades locais na tomada de decisões relacionadas ao processo de gestão ambiental.

4.3 Política Nacional do Meio Ambiente e o controle ambiental

A degradação ambiental no Brasil cresceu muito nas últimas duas décadas. Frequentemente como um resultado de modelos desenvolvimentistas, do descaso e insensatez do Poder Público e não conscientização do povo em relação à necessidade de proteção dos recursos naturais. Embora o setor ambiental

[25] Hitchens (1999).

venha sendo estruturado nos planos federal, estadual e municipal para cumprir preceitos constitucionais, ainda carece de medidas para a adoção de estruturas organizativas e de se ter uma previsibilidade do fluxo de recursos e coordenação descentralizada da política ambiental brasileira.[26]

A Lei nº 6.938 foi publicada em 31 de agosto de 1981, dispondo sobre a Política Nacional do Meio Ambiente (PNMA), seus fins e mecanismos de formulação e aplicação. Nesta lei, meio ambiente foi definido como o conjunto de condições, leis, influências e interações de ordem física, química e biológica que permite, abriga e rege a vida em todas as suas formas.[27]

A PNMA *"tem por objetivo a preservação, melhoria e recuperação da qualidade ambiental propícia à vida, visando assegurar, no País, condições ao desenvolvimento socioeconômico, aos interesses da segurança nacional e à proteção da dignidade da vida humana..."* (artigo 2º), atendidos os seguintes princípios:[28]

a) ação governamental na manutenção do equilíbrio ecológico, considerando o meio ambiente como um patrimônio público a ser necessariamente assegurado e protegido, tendo em vista o uso coletivo;
b) racionalização do uso do solo, do subsolo, da água e do ar;
c) planejamento e fiscalização do uso dos recursos ambientais;
d) proteção dos ecossistemas, com a preservação de áreas representativas;
e) controle e zoneamento das atividades potencial ou efetivamente poluidoras;
f) incentivos ao estudo e à pesquisa de tecnologias orientadas para o uso racional e a proteção dos recursos ambientais;
g) acompanhamento do estado da qualidade ambiental;
h) recuperação de áreas degradadas;
i) proteção de áreas ameaçadas de degradação;
j) educação ambiental a todos os níveis do ensino, inclusive a educação da comunidade, objetivando capacitá-la para participação ativa na defesa do meio ambiente.

Os demais objetivos da Política Nacional são (art. 4º):

---

26 Brito e Câmara (1998).

27 Rivelli (2005).

28 IBAMA.

- compatibilizar o desenvolvimento com a preservação da qualidade ambiental e do equilíbrio ecológico;
- definir áreas prioritárias para a ação governamental relativa à qualidade do equilíbrio ecológico;
- estabelecer critérios e padrões de qualidade ambiental e normas relativas ao uso e manejo dos recursos ambientais;
- difundir tecnologias de manejo do meio ambiente e divulgar dados e informações ambientais;
- desenvolver pesquisas e tecnologias nacionais orientadas para o uso racional dos recursos naturais;
- formar uma consciência pública sobre a necessidade de preservar a qualidade ambiental;
- preservar e conservar os recursos ambientais com vistas à sua disponibilidade permanente e à manutenção do equilíbrio ecológico;
- impor ao poluidor e ao predador a obrigação de recuperar os danos causados e de indenizar por eles, e ao usuário a obrigação de contribuir pela utilização de recursos naturais com fins econômicos.

Antes do estabelecimento da Lei nº 6.938/81, a abordagem da política ambiental subordinava a questão da proteção ambiental ao desenvolvimento econômico. Por meio desse instrumento legislativo, essa política evoluiu para uma nova abordagem, em que se busca maior equilíbrio entre o ambiente e o desenvolvimento, fortalecendo a aplicação de medidas de controle e mitigação dos seus efeitos. Trata-se de um novo enfoque em que a qualidade ambiental passa a ser reconhecida como um fator importante para a qualidade de vida do homem. A partir daí, os órgãos ambientais de governo passaram a receber a atribuição de regular os efeitos nocivos do desenvolvimento econômico.[29]

Segundo a PNMA, é considerado poluídor todo indivíduo, pessoa física ou jurídica, de direito público ou privado, responsável, direta ou indiretamente, por atividade causadora de degradação ambiental. Além disso, o poluidor é obrigado, independentemente de culpa, a indenizar ou reparar os danos causados ao meio ambiente (responsabilidade objetiva), conferindo ao Ministério Público da União e dos Estados a legitimidade para propor ação de responsabilidade civil e criminal por danos causados ao meio ambiente.[30]

---

[29] Phillip Jr. e Maglio (2005).

[30] Rivelli (2005).

A PNMA criou o Conselho Nacional do Meio Ambiente (CONAMA), art. 6º, inc. II, e art. 8º, cuja finalidade é assessorar, estudar e propor ao Conselho de Governo diretrizes de políticas governamentais para o meio ambiente e os recursos naturais e deliberar no âmbito de sua competência sobre normas e padrões compatíveis com o meio ambiente ecologicamente equilibrado e essencial à sadia qualidade de vida. Compete ainda ao CONAMA estabelecer normas e padrões gerais que poderão ser suplementados pelos Estados (Constituição Federal – art. 24, §§ 1º e 2º).[31]

Por muito tempo, o papel econômico do Estado foi o de provedor das *condições gerais da produção*, que tomava para si a responsabilidade de produzir serviços essenciais considerados de interesse público e que também garantiria o desenvolvimento econômico nacional, estadual e local. A nova intervenção do Estado nesse processo resultou, entre outras coisas, da luta entre oligarquia em geral de origem internacional, que buscavam apropriar-se dos recursos públicos como condição fundamental do financiamento da acumulação de capital e da reprodução da força de trabalho.[32]

Em função de todos os problemas ambientais decorrentes das práticas econômicas predatórias e que, com certeza, trazem implicações para a sociedade a médio e longo prazo, frente ao desperdício dos recursos naturais e à degradação generalizada com perda da qualidade ambiental e de vida, torna-se urgente o planejamento físico sob as perspectivas econômico-social e ambiental.[33]

Entre os instrumentos definidos pela PNMA, um muito importante é o Zoneamento Ambiental, em virtude de sua abrangência e por ser a base para a implantação de outros instrumentos de gestão ambiental menos abrangentes, como o licenciamento ambiental, análise ambiental, gestão de recursos hídricos etc.

4.4 Zoneamento ambiental

O zoneamento é um instrumento pontual e regional, cuja finalidade é, justamente, dividir a porção territorial em zonas regionais de acordo com os padrões característicos do ambiente e sua aptidão de uso, devendo-se levar em conta os fatores ambientais existentes; e constitui um instrumento indispen-

---

[31] Rivelli (2005).

[32] Neder (2002).

[33] Rampazzo (2001).

sável para se conciliarem os imperativos do desenvolvimento econômico com a necessidade de se proteger e melhorar as condições locais.[34]

Tem por objetivo setorizar o território em áreas ou zonas específicas (paisagens) que apresentam qualidades naturais ou construídas pelo homem, visando à ocupação eficiente do espaço físico e redução dos danos ambientais.

1. reduz o risco de conflitos associados à localização vizinha de atividades incompatíveis (uso de recursos naturais);
2. é preventivo, pois define onde devem ser permitidas ou restringidas atividades incompatíveis com a qualidade de vida e espaço local;
3. é um instrumento de gestão do uso do solo indispensável;
4. instrumento de planejamento do uso e ocupação do solo.

O Decreto nº 4.297 (10/7/2002) regulamenta o art. 9º, inciso II, da Lei nº 6.938, de 31 de agosto de 1981, estabelecendo critérios para o Zoneamento Ecológico-Econômico do Brasil (ZEE), cujas diretrizes gerais e específicas devem conter, no mínimo:

I – atividades adequadas a cada zona, de acordo com sua fragilidade ecológica, capacidade de suporte ambiental e potencialidades;

II – necessidades de proteção ambiental e conservação das águas, do solo, do subsolo, da fauna e flora e demais recursos naturais renováveis e não renováveis;

III – definição de áreas para unidades de conservação, de proteção integral e de uso sustentável;

IV – critérios para orientar as atividades madeireira e não madeireira, agrícola, pecuária, pesqueira e de piscicultura, de urbanização, de industrialização, de mineração e de outras opções de uso dos recursos ambientais;

V – medidas destinadas a promover, de forma ordenada e integrada, o desenvolvimento ecológico e economicamente sustentável do setor rural, com o objetivo de melhorar a convivência entre a população e os recursos ambientais, inclusive com a previsão de diretrizes para implantação de infraestrutura de fomento às atividades econômicas;

---

[34] Brito e Câmara (1998).

VI – medidas de controle e de ajustamento de planos de zoneamento de atividades econômicas e sociais resultantes da iniciativa dos municípios, visando a compatibilizar, no interesse da proteção ambiental, usos conflitantes em espaços municipais contíguos e a integrar iniciativas regionais amplas e não restritas às cidades; e

VII – planos, programas e projetos dos governos federal, estadual e municipal, bem como suas respectivas fontes de recursos com vistas a viabilizar as atividades apontadas como adequadas a cada zona.

A partir de um zoneamento criterioso passa-se, então, a definir zonas passíveis de uso, restringindo-se outras, para assegurar a qualidade ambiental e a qualidade de vida da população. Neste sentido, a Constituição dá ao Poder Público o direito de classificar o bom uso da propriedade e o seu mau uso.[35]

Sua execução deve levar em consideração uma série de aspectos importantes:

1. a legislação ambiental;
2. o caráter dinâmico do zoneamento;
3. o caráter preventivo e prospectivo cria a moldura para o uso do espaço físico;
4. define restrições e condicionantes para localização de atividades;
5. deve ser elaborado ouvindo-se as proposições dos segmentos envolvidos;
6. seu sistema de gestão deve compatibilizar os interesses das empresas privadas e públicas com a sociedade.

Após a avaliação de potencialidade e identificadas as alternativas de aproveitamento da área de interesse, é necessário o desenvolvimento de estudos técnicos mais aprofundados visando à concepção mais adequada do empreendimento. Para tanto, nesta fase, será necessária a participação de especialistas de diferentes áreas do conhecimento que apresentem interfaces com o empreendimento pretendido.[36]

Deve-se procurar estabelecer um equilíbrio nas alternativas de uso do solo e densidades populacionais. Do ponto de vista ambiental, as baixas densidades apresentam algumas vantagens relativas (menor impacto ambiental e maior

[35] Brito e Câmara (1998).

[36] SECOVI-SP (2000).

possibilidade de áreas verdes e de lazer); do ponto de vista socioeconômico, as baixas densidades apresentam, do mesmo modo, algumas vantagens que não podem ser negligenciadas (principalmente a maior eficiência na alocação de infraestrutura urbana). Contudo, deve-se considerar a importância do zoneamento de uso do solo, o qual mais diretamente contrapõe as questões de natureza ambiental, sendo o aspecto de maior visibilidade do zoneamento, como instrumento de gestão ambiental, que se refere a definições associadas a:[37]

- critérios de suporte ambiental para a localização de cada tipo de uso do solo no tecido urbano;
- segregação dos usos ambientalmente incompatíveis; e
- definição de zonas especiais de proteção ambiental.

O processo de zoneamento ambiental é fundamental à medida que visa ao planejamento para utilização do espaço físico e dos recursos naturais nele existentes, segundo critérios ecológicos e econômicos, a fim de assegurar sua utilização da forma menos impactante possível, mas economicamente viável. Nesse contexto, o zoneamento ambiental possibilita:

a) impedir a ocupação anárquica dos espaços territoriais, fazendo com que os mesmos se enquadrem em determinado padrão de racionalidade (socioeconômico-ambiental);
b) delimitar geograficamente áreas territoriais definindo diretrizes para uso da propriedade e dos recursos naturais nela existentes;
c) contribuir para a realização da função social da propriedade através do zoneamento agroecológico;
d) proporcionar o planejamento e gestão de áreas protegidas (preservação/conservação);
e) proporcionar melhor gestão dos recursos ambientais.

A fim de evitar conflitos entre comunidade e a atividade industrial é necessário o estabelecimento de um zoneamento industrial. A tentativa de estabelecer um zoneamento industrial nos anos 70 é tributária da política sobre controle da poluição. Seu ponto de partida é o conceito de áreas críticas de poluição nas zonas metropolitanas. Entretanto, todas as zonas metropolitanas perderam autonomia política nessa fase por serem consideradas áreas de segu-

[37] Braga (2001).

rança nacional nos anos 70. Seus instrumentos (potenciais) são o zoneamento industrial, a proteção a mananciais e a tentativa de disciplinamento do uso do solo urbano e rural.[38]

Conforme definido pela Lei nº 6.803 (2/7/1980), zonas industriais são zonas "que se destinam, preferencialmente, à localização de estabelecimentos industriais cujos resíduos sólidos, líquidos e gasosos, ruídos, vibrações, emanações e radiações possam causar perigo à saúde, ao bem-estar e à segurança das populações, mesmo depois da aplicação de métodos adequados de controle e tratamento de efluentes, nos termos da legislação vigente".

Utilizando lógica semelhante no zoneamento para a expansão da atividade industrial, as atividades agrícolas também deveriam estar submetidas a um processo de zoneamento e monitoramento ambiental. Principalmente porque são atividades muito impactantes quando conduzidas de modo inadequado e vêm ao longo das últimas décadas gerando grandes impactos ambientais relacionados principalmente à degradação do solo e de recursos hídricos (superficiais e subterrâneos). No processo de zoneamento ambiental deveria estar contemplada não só uma definição dos tipos de culturas para uma determinada condição de relevo, solo e clima, como também o manejo cultural a ser adotado. Além disso, sobre esses critérios deveria ser definido um processo de monitoramento ambiental semelhante ao realizado sobre as indústrias, a fim de verificar se as diretrizes estabelecidas pelo zoneamento estão sendo seguidas pelo produtor.

O zoneamento urbano é, certamente, o mais difundido instrumento urbanístico e, também, o mais criticado, tanto por sua eventual ineficácia, quanto por seus efeitos perversos (especulação imobiliária e segregação socioespacial).[39] É implantado através de um processo de planejamento urbano e regional, fundamental para melhor articular os conflitos de interesse associados ao padrão de ocupação do espaço urbano e regional. Na definição de áreas destinadas à expansão urbana é muito importante definir o Plano Diretor que cada Município irá adotar, de modo a articular os interesses de todos os agentes envolvidos no processo.

4.4.1 Plano diretor e política ambiental

O Plano Diretor é o instrumento básico da política municipal de desenvolvimento e expansão urbana que tem como objetivo ordenar o pleno desenvolvi-

---

38 Neder (2002).

39 Braga (2001).

mento das funções sociais da cidade e garantir o bem-estar de seus habitantes. Formalmente, é uma lei municipal obrigatória para as cidades com população superior a 20.000 habitantes, muito embora algumas Constituições Estaduais, como a paulista, tenham estendido tal obrigatoriedade a todos os Municípios. Como instrumento de gestão territorial urbana, o Plano Diretor é também um instrumento de gestão ambiental urbana, talvez o principal deles, sobretudo pelo fato de não haver uma tradição de política ambiental em nível municipal no Brasil.[40]

O documento do Ministério do Meio Ambiente intitulado "Cidades Sustentáveis", para formulação e implementação de políticas públicas compatíveis com os princípios de desenvolvimento sustentável definidos na Agenda 21, estabelece quatro estratégias de sustentabilidade urbana identificadas como prioritárias para o desenvolvimento sustentável das cidades brasileiras, duas das quais remetem diretamente ao Plano Diretor:[41]

1. aperfeiçoar a regulação do uso e da ocupação do solo urbano e promover o ordenamento do território, contribuindo para a melhoria das condições de vida da população, considerando a promoção da equidade, eficiência e qualidade ambiental;
2. promover o desenvolvimento institucional e o fortalecimento da capacidade de planejamento e gestão democrática da cidade, incorporando no processo a dimensão ambiental urbana e assegurando a efetiva participação da sociedade.

Contudo, entre os ideais existentes para a implantação de um Plano Diretor e o observado na prática existe uma diferença muito grande. Na maioria dos casos esses desvios são induzidos pelo processo de especulação imobiliária e pelas mudanças de governo, o que vem induzindo uma série de problemas ambientais de difícil resolução, sem o uso de alternativas mais drásticas de intervenção.

4.4.1.1 Os desequilíbrios do espaço urbano

A *cidade* é um contínuo processo de aglomeração socialmente produzida que se torna força produtiva em relação ao ambiente natural. Esse momento primitivo é o mesmo que o da agricultura: ambas se apropriam da terra como matéria-prima. Porém, ao contrário da agricultura, a aglomeração urbana reduz

---

40 Braga (2001).

41 Braga (2001).

a terra a apoio físico apenas uma vez e definitivamente, não se preocupando em dela explorar suas melhores possibilidades físico-químicas, biológicas, de revitalização por rotação ou fertilidade, ou sua localização privilegiada em relação a mercados consumidores (também chamada de *renda diferencial da terra*).[42]

As cidades tornaram-se espaços de transição e migração dos grupos sociais que não encontram formas de inserção estável na divisão intrarrural e inter-regional do trabalho, que no meio intraurbano são vítimas da segregação social e ambiental. Tal segregação está baseada nas já mencionadas deseconomias externas da crise urbana, medidas, por exemplo, pelas relações cruzadas entre o número de doentes que morrem de moléstias respiratórias associadas à poluição do ar; doenças de veiculação hídrica devido à ausência de saneamento; doenças mentais geradas pelas condições sociotécnicas e psicológicas adversas no ambiente de trabalho e nos trajetos casa-trabalho; crescimento dos indicadores de morte por meios violentos, que aflige sobretudo a população pobre.[43]

Dadas as restrições econômicas nos anos 80, o movimento urbano de crescimento e concentração nas grandes metrópoles foi duplamente perverso, não apenas pelo fato de reforçar o caráter de uma urbanização entre as camadas populares sem qualquer regulação pública governamental, mas, sobretudo pela prática vigente de "gerir as políticas de habitação, saneamento e transportes urbanos como setoriais. Isso é grave porque denota uma incompreensão sobre a importância da gestão do uso e da ocupação do solo [...] da profunda injustiça social, agressão ambiental e deseconomias resultantes de um processo que em grande parte ocorre ilegalmente, sem a presença do chamado controle urbanístico".[44]

Outro aspecto fundamental, ao qual muitas vezes se dá pouca atenção, é o zoneamento de ocupação, o qual determina o grau de adensamento das zonas

---

42 Em linhas gerais, o debate urbanístico nos anos 80 polarizou-se em torno da interpretação de que a segregação é um mecanismo decorrente da formação de preço do solo (defendida por teóricos como Lojkine). No quadro brasileiro, a realidade parece ser outra. Quando um morador urbano desloca-se para 20 quilômetros do centro principal, encontra terra barata o suficiente para formar uma pequena chácara desde o mato cerrado até erguer a fundação, casa, esgotamento sanitário próprio, retificação de topografia etc. Esse trabalho aplicado, tal como milhares de vizinhos que encontram a terra nua, é trabalho coletivo apropriado como renda urbana, quando o bairro estiver inteiramente urbanizado em 20 anos ou menos. Nesse caso, a formação do preço do solo urbano é que decorre da segregação. Villaça apud Neder (2002).

43 Martine; Santos apud Neder (2002).

44 Maricato apud Neder (2002).

urbanas através da fixação de índices urbanísticos. A Figura 4.1 sintetiza os problemas e vantagens dos níveis de adensamento urbano, onde se observa que enquanto, por um lado, o adensamento urbano até um certo nível traz uma séria de benefícios associados com uma melhor infraestrutura básica de serviços, quando excessivo pode, por outro lado, apresentar grandes desvantagens associadas com o elevado nível de poluição, elevação da criminalidade, maior degradação ambiental, congestionamentos etc.

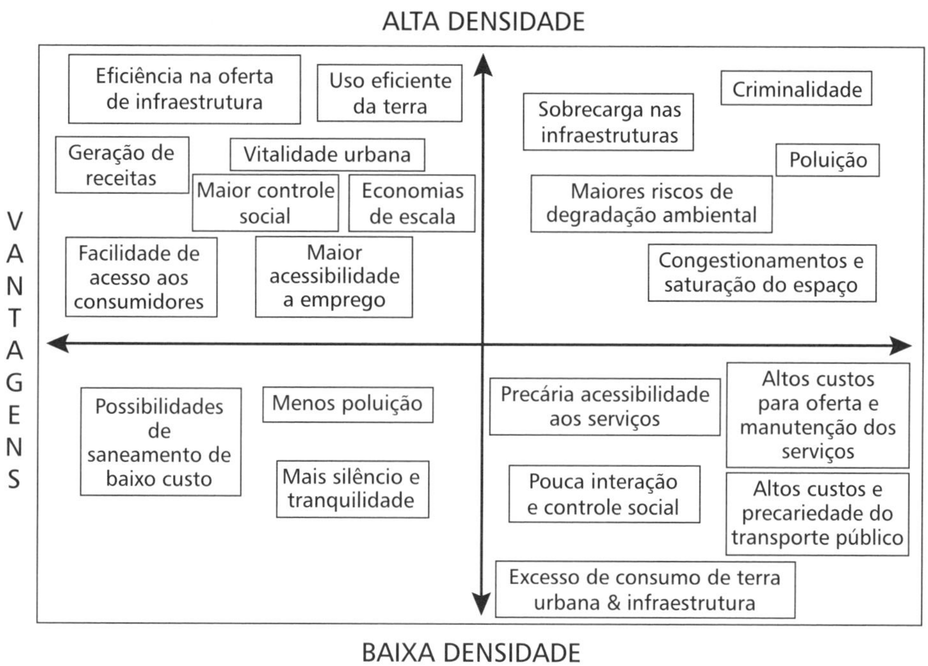

Figura 4.1 *Vantagens e desvantagens da baixa e da alta densidade urbana.*[45]

De modo geral, a ocupação indiscriminada do meio natural e em desacordo com princípios mínimos estabelecidos para o zoneamento ambiental vem gerando impactos preocupantes, como a destruição de áreas de proteção ambiental e a excessiva impermeabilização do solo em áreas urbanas. A interação entre esses dois impactos vem apresentando desdobramentos preocupantes, pois os dois aspectos estão, sem dúvida, associados à ocorrência sistemática de enchentes em áreas urbanas, situação típica da cidade de São Paulo.

[45] Acioly e Davidson apud Braga (2001).

A expansão desmesurada de áreas construídas, sem preocupação com o risco futuro para essas e ou outras zonas, traz também de imediato dois efeitos: de uma parte, sobrevaloriza determinadas áreas da cidade, nas quais se lançam ao mercado todas as terras possíveis, incluindo zonas de risco natural; de outra, ao elevar preços da terra, deixa como única alternativa de localização para a população de renda baixa locais que, ou são também zonas de risco, ou que, para uma ocupação adequada, requereriam um nível de inversão que escapa de suas limitadas possibilidades econômicas.[46]

O caminho real das negociações na sociedade política supera frequentemente a dicotomia Estado *versus* mercado. Sob um enfoque institucionalista, é possível observar que políticas e instrumentos indutores, combinados com legislações e negociações econômicas, associadas com negociações da política direta e ação político-representativa, frequentemente lançam mão de formas de regulação para evitar o aumento da desigualdade de acesso a recursos comunitários e patrimoniais de um grupo em detrimento dos demais, seja sob a forma negativa (transferência de externalidades), seja sob a forma positiva (acumulação de riqueza).[47] Um desafio constante na implantação de um Plano Diretor, entretanto, é a resistência, muitas vezes enfrentada, em virtude da especulação imobiliária, a qual sempre visará aos lucros de acordo com a conveniência de certos agentes socais.

Deve-se pautar e repensar a ocupação do espaço urbano de modo a reduzir os impactos ambientais já existentes, evitando a criação de novos; para isso, é necessária a adoção de novos paradigmas, que na maioria dos casos se contrapõem aos até então imperantes.

4.4.1.2 Estruturação do espaço urbano e os novos paradigmas

Considerando a forma como cada cidade se estrutura, é fundamental levar em conta um contingente populacional compatível com a capacidade de escoamento de suas ruas em suas atividades diárias; tal critério visa evitar os constantes congestionamentos vivenciados em muitas cidades. Mas para que isso seja possível é necessário controlar o processo de imigração de novos indivíduos, uma situação na verdade nada fácil de ser resolvida, no atual contexto. Uma possibilidade viável é o planejamento e criação de distritos satélites, com uma infraestrutura de serviços plenamente autônoma, de modo que os

[46] Taschner (2000).

[47] Neder (2002).

cidadãos produtivos consigam realizar suas atividades diárias com o mínimo de deslocamento possível. Com essa estrutura, a cidade assumirá uma configuração mais sustentável, maximizando o consumo de energia no transporte diário e reduzindo a formação de ilhas de calor, com uma menor contribuição para o aquecimento global.

A malha das cidades deve obrigatoriamente conter um planejamento que envolva a alocação de áreas de ocupação urbana; deve conter zonas prioritariamente destinadas à expansão residencial, expansão comercial e expansão industrial. Nesta última, deve-se concentrar uma preocupação muito grande em separar as áreas industriais das demais áreas para evitar prejuízos à população pela poluição, preferencialmente estando espacialmente separadas das ocupações residenciais e comerciais por áreas verdes preferencialmente formadas por espécies vegetais nativas da região.

Além do fundamental papel ambiental, ao avaliarmos um local para ocupação urbana, na maioria das vezes verificamos que a vegetação é um elemento muito importante na paisagem. Sua presença, especialmente em áreas urbanas ou de expansão urbana, além de promover a estabilização das condições físicas, proporciona um conforto ambiental decorrente de vários fatores, tais como o equilíbrio da umidade e da temperatura, movimentação de ar e radiação solar, controle da erosão, diminuição da poluição da água, do ar e sonora, aumento da permeabilidade do terreno, incluindo, também, ação quebra-ventos, harmonização da paisagem, presença de fauna (especialmente pássaros) e suporte para atividades de recreação e lazer.[48]

Além disso, a cortina de vegetação funciona como uma "bomba de calor", assimilando a energia irradiante solar em seu processo fotossintético e reduzindo, consequentemente, a temperatura ambiente. Um efeito benéfico adicional está associado ao fato de que a vegetação assimilará o carbono gerado nos processos industriais e deslocamento de veículos, amenizando os efeitos negativos das emissões atmosféricas geradas nos parques industriais, tanto em condições normais de operação como no caso de algum acidente ambiental. É fundamental que essas áreas verdes estejam intercaladas às áreas residenciais, de modo a melhorar seu conforto térmico. Evidentemente, essa seria a tendência de uma situação ideal, sendo muito difícil trabalhar como uma estrutura já estabilizada.

Uma solução alternativa para esse problema seria a instalação de telhados ecológicos, os quais apresentam efeitos muito positivos na qualidade ambien-

[48] SECOVI-SP (2000).

tal,[49] principalmente pelo fato da cobertura verde dos telhados assimilar a energia irradiante do sol, convertendo-a em biomassa. Sua estrutura requer alguns investimentos (Figura 4.2), mas sem dúvida a relação benefício-custo é extremamente favorável. Além disso, uma alternativa viável e simples é a instalação de painéis solares, que retiram a energia irradiante do ambiente, convertendo-a em energia para as residências, aumentando assim também sua eficiência no uso de energia.

As questões relativas à gestão democrática no Plano Diretor devem ser estendidas à questão ambiental. Num país em desenvolvimento, a expansão econômica e o crescimento demográfico geram um acúmulo de problemas que exigem soluções racionais e imediatas, a fim de se evitar o caos. A cidade que se moderniza exige planejamento seguro, para que o homem possa se deslocar facilmente dentro da estrutura que criou.[50]

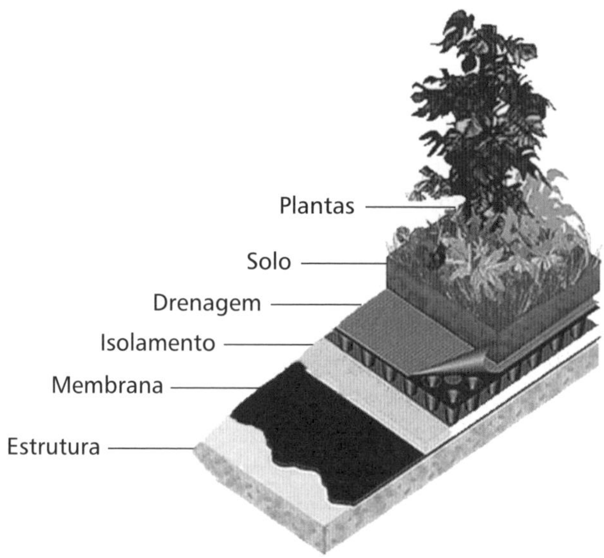

Figura 4.2 *Estrutura de um telhado verde.*[51]

A estruturação das cidades deve buscar novos paradigmas, compatíveis com os pressupostos do desenvolvimento sustentável. Os ecossistemas vêm

---

49 Liu (2003); *USA Today* (2006).

50 Raupp (2001).

51 *USA Today* (2006).

passando por mudanças drásticas nas últimas décadas, que por sua vez exigirão que o homem passe a adequar seus ecossistemas a essa nova realidade, sob pena de ter sua qualidade de vida seriamente comprometida. A manutenção dos mesmos padrões para a ocupação urbana significará, daqui em diante, um crescente aumento do nível de entropia nesses sistemas e, consequentemente, de sua insustentabilidade.

A sustentabilidade dos ecossistemas antrópico depende dos ecossistemas naturais. Esse equilíbrio cada vez mais vem sendo associado à conservação e preservação florestal; em virtude disso, o processo de zoneamento ambiental deve também definir áreas de proteção ambiental tanto dentro como fora de áreas urbanas.

4.4.2 Áreas de proteção ambiental

O desmatamento é um processo que se verifica desde que as populações humanas passaram do modo de vida nômade para uma condição sedentária. Qualquer atividade desenvolvida pelo homem irá induzir certo processo de desmatamento.

Um relatório da agência da Organização das Nações Unidas (ONU) para a Agricultura e a Alimentação (FAO), recentemente publicado, indica que o Brasil mantém o mais levado índice de desmatamento da América do Sul, que corresponde a 73% das perdas florestais na região. O documento diz que o país registrou um aumento na taxa anual entre 2000 e 2005, em comparação ao período anterior (1990 a 2000). As perdas anuais passaram de 0,5% a 0,6% da cobertura florestal brasileira. Em números absolutos, isso significa um desmatamento de mais de 31 mil km^2 por ano no Brasil entre 2000 e 2005. Em toda a América do Sul, o total desflorestado foi de 42 mil km^2 por ano. As florestas estão se expandindo em vários países do mundo, embora 7,3 milhões de hectares, área equivalente a mais de duas vezes a extensão do Rio de Janeiro, ainda seja destruída todos os anos.[52]

O início da fúria da ganância humana, inicialmente direcionada para a Mata Atlântica, nas últimas décadas, voltou-se para a Floresta Amazônica, um grande patrimônio da humanidade, sob todos os aspectos. Esse desmatamento vem sendo induzido por uma série de fatores relacionados aos processos produtivos antrópicos, como: sistema de produção agrícola e sua expansão; criação de gado bovino (pecuária); produção de madeira; produção de carvão vegetal;

---

52 Camara (2007).

atividade de mineração; expansão urbana; construção de estradas, barragens e hidrelétricas.

Embora muitos visionários já chamassem a atenção para o fato dos efeitos ambientais, como Gandhi, que expressou: "a terra é suficiente para todos, mas não para a voracidade dos consumistas", somente a partir da década de 1970 é que a consciência ambiental ganhou maior expressão.[53]

Tal fato vem apresentando sérias consequências ou impactos ambientais, os quais estão associados a:

a) extinção de plantas e animais;
b) mudanças climáticas locais, regionais e globais;
c) deslocamento e extinção de povos indígenas;
d) assoreamento ou extinção de cursos d'água;
e) degradação de solos e desertificação;
f) perda de biodiversidade e produtos valiosos de interesse medicinal, agrícola e industrial;
g) alteração no regime hídrico de regiões, resultando em aumento da frequência e duração das secas e inundações.

O cruel em relação a esses impactos é que, para muitos deles, o homem jamais chegará a compreender a sua abrangência. Um exemplo típico é toda a biodiversidade que já foi perdida em cada hectare de Floresta Amazônica desmatada, grande parte da qual nem mesmo foi catalogada e estudada. Curiosamente, em uma discussão filosófica, aquilo de que não se tem conhecimento jamais existiu. Essa biodiversidade perdida poderia conter, por exemplo, uma grande descoberta para a cura do câncer.

A manutenção das florestas é fundamental para o equilíbrio dos ecossistemas, tanto naturais quanto antrópicos. Contudo, apesar do reconhecimento da importância dessas áreas e do fato de terem sido criadas regulamentações bastante consistentes e que, em nível federal, remontam à década de 60 (Quadro 4.4), a fim de evitar o desmatamento, o mesmo ainda continua acontecendo no Brasil. Essas regulamentações de nível federal são ainda complementadas por outras, tanto em níveis estadual como municipal, formando um arcabouço legal bem estruturado. A despeito disso, o evento se repete diariamente não só no Brasil, como em todo o mundo.

---

53 Brito e Câmara (1998).

Quadro 4.4 *Regulamentação de nível federal associada a áreas de proteção ambiental.*

Legislação	Ementa
Lei nº 4.771 (15/9/1965)	Institui o novo Código Florestal.
Lei nº 7.754 (14/4/1989)	Estabelece medidas para proteção das florestas existentes nas nascentes dos rios, e dá outras providências.
Lei nº 6.902 (27/4/1981)	Dispõe sobre a criação de Estações Ecológicas, Áreas de Proteção Ambiental e dá outras providências.
Lei nº 6.803 (2/7/1980)	Dispõe sobre as diretrizes básicas para o Zoneamento Industrial nas áreas críticas de poluição, e dá outras providências.
Decreto nº 86.176 (6/7/1981)	Regulamenta a Lei nº 6.513, de 20 de dezembro de 1977, que dispõe sobre a criação de áreas especiais e de locais de interesse turístico, e dá outras providências.
Decreto nº 1.709 (20/11/1995)	Declara de preservação permanente as florestas e demais formas de vegetação autóctone situadas no imóvel que menciona.
Resolução CONAMA nº 10 (14/12/1988)	Dispõe sobre o zoneamento ecológico-econômico das Áreas de Proteção Ambiental.
Resolução CONAMA nº 302 (20/3/2002)	Dispõe sobre os parâmetros, definições e limites de Áreas de Preservação Permanente de reservatórios artificiais e o regime de uso do entorno.
Resolução CONAMA nº 303 (20/3/2002)	Dispõe sobre parâmetros, definições e limites de Áreas de Preservação Permanente.

Os critérios para definição de áreas de preservação permanentes, contidos na Resolução do CONAMA nº 302 (20/3/2002),[54] são muito importantes para a definição de áreas de preservação permanente, e incluem:

a) nível mais alto de rios, quando sujeitos a cheias sazonais;
b) nascente ou olho d'água e veredas (espaço brejoso ou encharcado, que contém nascentes ou cabeceiras de cursos d'água);
c) morro (50 a 300 metros) com declividade superior a 30% (17 graus);
d) montanha (acima de 300 metros);

[54] Cujas definições são complementadas pela Resolução do CONAMA nº 303 (20/3/2002) para o caso de represas.

e) base de morro ou montanha;
f) linha de cumeada (divisor de águas);
g) restinga e manguezais;
h) duna móvel ou fixa;
i) tabuleiro ou chapada (grandes superfícies a mais de 600 metros de altitude);
j) escarpa (inclinação igual ou superior a 45 graus);
k) extensão do rio e sua faixa marginal, de acordo com o nível mais alto, em projeção horizontal, que é ilustrado no Quadro 4.5;
l) ao redor de nascente ou olho d'água (raio mínimo de 50 metros);
m) ao redor de lagos/lagoas naturais:
   - 30 metros (situados em áreas urbanas consolidadas);
   - 100 metros (áreas rurais);
   - 50 metros: corpos d'água com até 20 hectares de extensão.

Quadro 4.5 *Definição de área de preservação permanente em virtude da largura do rio.*

Largura do rio (metros)	Extensão da faixa marginal (metros)
Inferior a 10	30
10 a 50	50
50 a 200	100
200 a 600	200
Superior a 600	300

Percebe-se que a causa do problema reside na falta de infraestrutura básica nos órgãos de controle ambiental tanto em nível municipal como estadual, que se refere principalmente à falta de pessoal capacitado, melhores salários e equipamentos adequados.

Assim, é imperativo que seja efetivamente assegurado pelo poder público o alcance dos objetivos nacionais de conservação, os quais norteiam todo o processo de criação e gerenciamento das Unidades de Conservação:[55]

[55] Brito e Câmara (1998).

a) preservar áreas naturais até que estudos indiquem sua adequada destinação;
b) favorecer condições para a educação ambiental e a recreação em contato com a natureza;
c) preservar e restaurar a diversidade de ecossistemas naturais;
d) manter a diversidade biológica no território brasileiro e águas jurisdicionais;
e) proteger as espécies ameaçadas de extinção nos âmbitos regional e nacional;
f) incentivar o uso sustentado dos recursos naturais;
g) estimular o desenvolvimento regional integrado, com base nas práticas de conservação;
h) proteger as paisagens naturais de notável beleza cênica;
i) proteger as características excepcionais de natureza geológica, geomorfológica, arqueológica e cultural;
j) proteger e recuperar recursos hídricos;
k) incentivar atividades de pesquisa científica, estudos e monitoramento de natureza ambiental;
l) manejar os recursos da fauna e da flora.

Como pode ser percebido pelo discutido há pouco, a definição de áreas de preservação ambiental está muito associada à proximidade de recursos hídricos, os quais apresentam sem dúvida uma importância estratégica para qualquer nação. Em virtude disso, devem estar inseridos em um processo de gestão formal para assegurar a manutenção do equilíbrio ecológico dos ecossistemas e a qualidade de vida do homem.

4.5 Gestão de recursos hídricos

A água é um recurso natural essencial, seja como componente de seres vivos, seja como meio de vida de várias espécies vegetais e animais, como elemento representativo de valores socioculturais e como fator de produção de bens de consumo e produtos agrícolas. É o constituinte inorgânico mais abundante na matéria viva. No homem representa 60% do seu peso, nas plantas atinge 90% e em certos animais aquáticos esse percentual atinge 98%. Tem sido muito comentado que a água, ou melhor, a falta de água doce limpa será o grande problema do século 21.[56]

No mundo, ¾ da Terra é ocupado por água, sendo, em virtude disso, chamado de "Planeta Água", a qual será, sem dúvida, o pivô de algumas guerras no futuro. Entretanto, observamos que 97,3% de toda essa água está nos oceanos, sendo, portanto, imprópria para o uso direto. Para ser transformada em água potável, necessita passar por um processo de destilação ou ultrafiltração dependente do gasto de energia. 2,34% do total de águas é considerado como água doce inacessível (água em geleiras ou muito profundas) e apenas 0,36% refere-se à água doce utilizável, existente no subsolo em aquíferos, em rios e lagos. Percebe-se que somente uma parcela muito pequena desse total se encontra disponível para uso imediato.[57]

O crescimento populacional, responsável pela expansão agrícola e pela forte industrialização registrados nos últimos séculos, vem acarretando graves problemas de escassez e degradação dos recursos hídricos em todo o planeta. Diante da possibilidade de uma crise na disponibilidade de água em várias partes do mundo, faz-se necessária uma mudança de comportamento no uso que hoje é feito deste recurso natural. Entre essas mudanças, uma será certamente tratá-la como um bem que possui valor econômico.[58] Na verdade, a água potável, quando comprada engarrafada, já apresenta um valor, que não inclui o valor do bem ambiental, mas sim do trabalho embutido no produto.

Em função de condições de escassez em quantidade e ou qualidade, a água deixou de ser um bem livre e passou a ter valor econômico. Esse fato contribuiu com a adoção de novo paradigma de gestão desse recurso natural, que compreende a utilização de instrumentos regulatórios e econômicos, como a cobrança pelo seu uso. A experiência em outros países mostra que, em bacias que realizam a cobrança, os indivíduos e organizações poluidores reagem internalizando custos associados à poluição ou outro uso da água. A cobrança pelo uso de recursos hídricos, mais do que instrumento para gerar receita para o Estado, é indutora de mudanças comportamentais nos indivíduos, pois quanto maior o gasto, maior a despesa.[59]

---

[56] Moura (2002).

[57] Moura (2002).

[58] Santos (2003).

[59] Agência Nacional das Águas: <http://www.ana.gov.br/GestaoRecHidricos/Outorga/default2.asp>.

Estima-se que o crescimento da população nos próximos 25 anos irá requerer aumento de 17% na disponibilidade de água para irrigação e 70% para abastecimento urbano, o que, associado aos demais usos, deverá representar um acréscimo de 40% na demanda total. Avalia-se também que será necessária a duplicação dos investimentos em saneamento, passando dos cerca de US$ 70-80 bilhões anuais para US$ 180 bilhões, a fim de atender à demanda crescente e reduzir o número de pessoas sem água limpa (um bilhão) e sem saneamento (três bilhões) em todo o mundo para cerca de 330 milhões até 2025.[60]

Considerando-se a necessidade de estabelecer um processo eficaz de gestão de recursos hídricos, conciliando os conflitos de interesse entre os seus vários usuários e em virtude da grande extensão do território nacional, foi necessário definir uma unidade física de gestão: as bacias hidrográficas.

4.5.1 *Bacia hidrográfica: unidade básica de gestão de recursos hídricos e o equilíbrio ecológico*

A unidade básica utilizada como referência para a gestão de recursos hídricos é a bacia hidrográfica, a qual se constitui em uma área drenada, parcial ou totalmente, por um ou vários cursos d'água. Apresenta uma estrutura de espinha de peixe onde vários rios tributários ou afluentes despejam suas águas em um rio principal e a água circula dos pontos mais elevados do terreno para pontos mais baixos (Figura 4.3). Uma bacia hidrográfica é separada da outra pelo divisor de águas, ponto mais elevado das bacias, onde também se encontram as nascentes dos rios.

O ciclo hidrológico é fundamental para a compreensão do funcionamento de uma bacia hidrográfica, que é constantemente alimentada pela água das chuvas: a água que evapora das superfícies de modo geral, do processo de respiração de plantas e animais, bem como pela fotossíntese das plantas (evapotranspiração), que vai sendo paulatinamente transferida, graças à ação dos ventos, para o ar. Quanto maior a temperatura do ar, maior o seu potencial de reter moléculas de água. A chuva acontece quando essa massa de ar quente e carregada de umidade se choca com uma massa de ar frio.[61] Existem dois comportamentos bastante distintos para água em uma bacia hidrográfica: o equilíbrio ecológico e o desequilíbrio ecológico.

---

[60] World Commission on Water apud Santos (2003).

[61] O resfriamento faz com que as moléculas do ar se tornem mais próximas, reduzindo sua capacidade de reter a água.

O comportamento equilibrado ocorre quando o nível de desmatamento é baixo. Com a presença da vegetação nativa, a água da chuva que cai se infiltra no solo, percolando no perfil do solo, alimentando as fontes de água subterrâneas e superficiais (aquíferos). A vegetação também é importante porque aumenta a capacidade do solo de reter um maior volume de água, em virtude da tensão superficial gerada pelo seu sistema radicular no processo de evapotranspiração associado à fotossíntese e respiração da planta.

Quando a vegetação é removida, instala-se o trajeto deletério no ciclo hidrológico. A água passa a escoar superficialmente e subsuperficialmente em grande intensidade, processo que, quando a vegetação está presente, é extremamente reduzido. Quanto mais declivoso for o terreno, mais intenso o escoamento superficial, sendo também extremamente baixa a infiltração de água no solo e sua percolação no perfil. Esse processo faz com que se instale a erosão do solo e o seu transporte para áreas mais baixas, consequentemente para os rios, levando ao seu assoreamento e, posteriormente, à sua extinção. Um bom indicador do nível de desmatamento de uma bacia é a presença na água dos rios de material em suspensão (partículas de solo). Assim, além dos impactos diretos do desmatamento, como a remoção de biodiversidade, alteração do regime de chuvas, redução do conforto térmico etc., ele também contribui para o desequilíbrio ecológico em rios, lagos, aquíferos e mesmo oceanos.

Figura 4.3 *Ilustração da estrutura básica de uma bacia hidrográfica.*[62]

---

[62] Fonte: <http://www.ibama.gov.br/>.

Pode ser considerado rico o país que dispõe de água potável para o consumo humano, de animais e plantas. Mas manter um trabalho de proteção ambiental das bacias hidrográficas exige planejamento ambiental e um trabalho árduo de fiscalização e educação ambiental para conscientização das gerações presente e futuras sobre a importância das águas pluviais e subterrâneas.[63] O processo de desmatamento nessas áreas continua a acontecer na maioria dos Estados brasileiros, por deficiência no monitoramento ambiental, por parte dos órgãos de controle ambiental.

Em virtude do reconhecimento de sua importância ecológica, essas áreas são definidas por lei como áreas de preservação ambiental, conforme anteriormente discutido no item 4.4.2; buscando assegurar seu equilíbrio ecológico através de um processo racional de aproveitamento dos recursos hídricos, foi necessário que o poder público criasse legislações ambientais específicas, as quais serviriam como suporte para o processo de gestão de recursos hídricos.

4.5.2 O arcabouço legal para a gestão de recursos hídricos

O Brasil, por suas dimensões continentais e diversidade geográfica, apresenta situações bastante distintas quanto à disponibilidade hídrica intra e inter-regional. O país é afetado tanto pela escassez hídrica quanto pela degradação dos recursos causada pela poluição de origem doméstica, industrial e agrícola. Assim como os demais países em desenvolvimento, o Brasil apresenta baixa cobertura de serviços de saneamento e sistemas de abastecimento com altas taxas de perdas físicas. Ainda existem nas cidades, vilas e pequenos povoados 40 milhões de pessoas sem abastecimento de água e 80% do esgoto coletado não é tratado. Calcula-se que, para cada metro cúbico de água captado nos rios, apenas metade chega ao consumidor.[64]

A Lei nº 9.433/97, que institui a Política Nacional de Recursos Hídricos, cria o Sistema Nacional de Gerenciamento de Recursos Hídricos (SNGRH). Em seu art. 1º, a lei coloca como seus fundamentos:

I – água é um bem de domínio público;

II – a água é um recurso natural limitado, dotado de valor econômico;

---

63 Brito e Câmara (1998).

64 Baltar apud Santos (2003).

III – em situações de escassez, o uso prioritário dos recursos hídricos é o consumo humano e a dessedentação de animais;

IV – a gestão dos recursos hídricos deve sempre proporcionar o uso múltiplo das águas;

V – a bacia hidrográfica é a unidade territorial para implementação da Política Nacional de Recursos Hídricos e atuação do Sistema Nacional de Gerenciamento de Recursos Hídricos;

VI – a gestão dos recursos hídricos deve ser descentralizada e contar com a participação do Poder Público, dos usuários e das comunidades.

Nesse contexto foram definidas no art. 3º, da mesma lei, as diretrizes gerais para a gestão de recursos hídricos:

I – a maximização dos benefícios econômicos e sociais, resultantes do aproveitamento múltiplo e/ou integrado dos recursos hídricos do seu território;

II – a proteção de suas bacias hidrográficas contra ações que possam comprometer o seu uso atual e futuro;

III – o desenvolvimento de programas permanentes de conservação e proteção das águas subterrâneas, contra a poluição e a exploração excessiva ou não controlada;

IV – a articulação intergovernamental com o Governo Federal, Estados vizinhos e os Municípios, para a compatibilização de planos de uso e preservação dos recursos hídricos.

A Lei nº 9.433/97 também definiu a cobrança do uso da água como um dos instrumentos de gestão dos recursos hídricos, e a Lei 9.984/00, que instituiu a Agência Nacional de Águas (ANA), atribuiu a esta Agência a competência para implementar, em articulação com os Comitês de Bacia Hidrográfica, a cobrança pelo uso dos recursos hídricos de domínio da União. Na esfera estadual, atualmente 24 Estados e o Distrito Federal já aprovaram suas leis sobre a política e o Sistema Nacional de Gestão de Recursos Hídricos (SNGRH). Todas as leis já aprovadas incluíram a cobrança pelo uso dos recursos hídricos como instrumento de gestão. A Lei nº 9.433/97 estabelece que é atribuição da ANA estimular e apoiar as iniciativas voltadas para a criação de órgãos gestores de recursos hídricos, de Comitês de Bacias Hidrográficas e de Agências de Água. Contudo, para a criação de um Comitê de Bacia Hidrográfica em determinado rio de domínio da União é necessária sua aprovação pelo Conselho Nacional de Recursos Hídricos (CNRH).[65]

Os Comitês de Bacia Hidrográfica são a base do SNRH. Neles são debatidas as questões relacionadas à gestão desses recursos. Participam dos Comitês representantes do Poder Público, dos usuários das águas e das organizações da sociedade com ações na área de recursos hídricos. Têm como objetivo a gestão participativa e descentralizada dos recursos hídricos em um território, por meio da implementação dos instrumentos técnicos de gestão, da negociação de conflitos e da promoção dos usos múltiplos da água. Os Comitês devem integrar as ações de todos os governos, seja no âmbito dos Municípios, dos Estados ou da União; propiciar o respeito aos diversos ecossistemas naturais; promover a conservação e recuperação dos corpos d'água e garantir a utilização racional e sustentável dos recursos hídricos. Dentre suas competências, podem-se destacar: [66]

- arbitrar os conflitos relacionados aos recursos hídricos naquela bacia hidrográfica;
- aprovar os Planos de Recursos Hídricos;
- acompanhar a execução do Plano e sugerir as providências necessárias para o cumprimento de suas metas;
- estabelecer os mecanismos de cobrança pelo uso de recursos hídricos e sugerir os valores a serem cobrados;
- definir os investimentos a serem implementados com a aplicação dos recursos da cobrança.

A atuação dos Comitês de Bacias apresenta-se como um dos princípios orientadores à implantação de um processo decisório participativo a fim de assegurar benefícios para toda a coletividade, em que os diferentes usuários em geral apresentam interesses conflitantes quanto ao uso dessa água. Nesse caso, busca-se avaliar a quantidade e qualidade de água disponível e as necessidades características dos diversos usuários, de modo a garantir seu uso racional.

A Lei nº 9.433/97, em seu art. 5º, também define como instrumentos da Política Nacional de Recursos Hídricos:

---

[65] Agência Nacional das Águas: <http://www.ana.gov.br/GestaoRecHidricos/Outorga/default2.asp>.

[66] Agência Nacional das Águas: <http://www.ana.gov.br/GestaoRecHidricos/Outorga/default2.asp>.

a) os Planos de Recursos Hídricos;
b) a outorga dos direitos de uso de recursos hídricos para os seguintes usos;
c) a cobrança pelo uso de recursos hídricos;
d) o enquadramento dos corpos de água em classes, segundo os usos preponderantes da água;
e) a compensação a Municípios;
f) o Sistema de Informações sobre Recursos Hídricos.

Com o objetivo de alcançar o uso racional dos recursos hídricos, é necessário fazer com que o usuário efetivamente pague pela água que consome. Em virtude disso passou-se a utilizar como recursos a outorga do uso de recursos hídricos e a sua cobrança, que são mecanismos extremamente interdependentes e complementares, apresentando uma estreita relação com o enquadramento de corpos de água, também fundamental para qualquer processo de gestão de recursos hídricos.

4.5.3 Outorga de direito de uso de recursos hídricos

É o ato que concede ao empreendedor o direito de utilizar um volume específico de água em seu processo produtivo, considerando-se sua origem, seja ela subterrânea ou fonte superficial. O processo de outorga, que se caracteriza por atos administrativos negociais de cunho legal, concede ao empreendedor autorizações ou permissões para o uso de um determinado volume de água, que podem ser revogáveis a qualquer instante, não se pressupondo, portanto, um direito inerente ao mesmo. Normalmente apresentam um prazo de validade definido.

A outorga de direito de uso de recursos hídricos é um dos seis instrumentos da Política Nacional de Recursos Hídricos, estabelecidos no inciso III do art. 5º da Lei Federal nº 9.433 (8/1/1997). Esse instrumento tem como objetivo assegurar os controles quantitativo e qualitativo dos usos da água e o efetivo exercício dos direitos de acesso à água. Outorga é o ato administrativo mediante o qual o poder público outorgante (União, Estado ou Distrito Federal) faculta ao outorgado (requerente) o direito de uso de recurso hídrico, por prazo determinado, nos termos e nas condições expressas no respectivo ato administrativo. A Resolução é o ato administrativo utilizado pela Agência Nacional das Águas (ANA) para emissão das outorgas, como também para os demais atos normativos, a qual contém a identificação do outorgado, as características técnicas e as condicionantes legais do uso da água autorizado (validade, Município, a finalidade e o manancial de intervenção).[67]

A água tem diversos usos: abastecimento humano, irrigação, dessedentação animal, atividade industrial, geração de energia elétrica, preservação ambiental, paisagismo, navegação, lazer etc. Para que esses usos ocorram de forma organizada é necessário que o Estado, por meio da outorga, realize sua distribuição, observando a quantidade e a qualidade adequadas aos usos atuais e futuros. É, também, um instrumento importante para minimizar os conflitos entre os diversos setores usuários e evitar impactos ambientais negativos aos corpos hídricos.

O art. 12º da Lei Federal nº 9.433 (8/1/1997) estabelece que estão sujeitos à outorga pelo Poder Público os direitos dos seguintes usos de recursos hídricos:

I – derivação ou captação de parcela da água existente em um corpo de água para consumo final, inclusive abastecimento público, ou insumo de processo produtivo;

II – extração de água de aquífero subterrâneo para consumo final ou insumo de processo produtivo;

III – lançamento em corpo de água de esgotos e demais resíduos líquidos ou gasosos, tratados ou não, com o fim de sua diluição, transporte ou disposição final;

IV – aproveitamento dos potenciais hidrelétricos;

V – outros usos que alterem o regime, a quantidade ou a qualidade da água existente em um corpo de água.

O art. 5º da Lei nº 9.984 (17/7/2000), que dispõe sobre a criação da ANA, passa a considerar que o uso de recursos hídricos seja concedido através de autorização, dando outras providências sobre a gestão de recursos hídricos, estabelecendo:

"Nas outorgas de direito de uso de recursos hídricos de domínio da União, serão respeitados os seguintes limites de prazos, contados da data de publicação dos respectivos atos administrativos de autorização:

I – até dois anos, para início da implantação do empreendimento objeto da outorga;

---

67 Agência Nacional das Águas: <http://www.ana.gov.br/GestaoRecHidricos/Outorga/default2.asp>.

II – até seis anos, para conclusão da implantação do empreendimento projetado;

III – até trinta e cinco anos, para vigência da outorga de direito de uso."

Antes da formalização do processo de outorga dos recursos hídricos ter sido criado, os empreendimentos utilizavam água diretamente de fontes naturais em seus processos, às quais tinham livre acesso em sua propriedade e a um custo zero em virtude de não passar pelo sistema de abastecimento municipal. Isso levou a que muitos empreendimentos utilizassem essa água de modo irracional, o que, pela falta de qualquer mecanismo de controle, acabava excedendo a capacidade de suporte da fonte de água superficial ou subterrânea, levando o sistema ao colapso, gerando conflitos muitas vezes com outros usuários que também necessitavam daquela água. Com a criação da outorga dos direitos ao consumo da água originária de fontes naturais esse problema foi em parte resolvido.

Contudo, quando o processo de outorga é realizado de modo desvinculado do licenciamento ambiental, como vem sendo feito até então, pode exacerbar conflitos de uso, devendo, portanto, sempre ser parte integrante do processo de licenciamento ambiental dos empreendimentos. Isso se justifica porque os impactos ambientais da retirada de uma determinada quantidade de água devem ser previamente estimados, visando não somente garantir o suprimento de água a jusante, no ponto de tomada, mas também assegurar a própria viabilidade econômica dos empreendimentos que se localizam ao longo de um curso de água. A outorga integrada ao licenciamento previne os prejuízos associados a uma concessão mal dimensionada, injetando inteligência e conhecimento no processo, aumentando a probabilidade do acerto nas decisões, para que não provoquem danos ambientais cuja correção *a posteriori* é difícil e onerosa.[68]

Além da importância da outorga do uso da água, também é fundamental cobrar do usuário pelo nível de degradação ambiental por ele gerado em um determinado curso de água em virtude do nível de poluição dos efluentes nele lançados.

4.5.4 Cobrança pela água tratada

O fundamento legal para a cobrança pelo uso da água no Brasil remonta ao Código Civil de 1916, quando estabeleceu que a utilização dos bens públicos

[68] Ribeiro (2000).

de uso comum pode ser gratuita ou retribuída, conforme as leis da União, dos Estados e dos Municípios a cuja administração pertencerem. No mesmo sentido, o Código de Águas, Decreto-lei nº 24.642/34, estabeleceu que o uso comum das águas pode ser gratuito ou retribuído, de acordo com as leis e os regulamentos da circunscrição administrativa a que pertencerem. Posteriormente, a Lei nº 6.938/81, que trata da Política Nacional de Meio Ambiente, incluiu a possibilidade de imposição, ao poluidor e ao predador, da obrigação de recuperar e/ou indenizar os danos causados e, ao usuário, da contribuição pela utilização de recursos ambientais com fins econômicos.[69]

A cobrança pelo uso da água é um instrumento de gestão e um instrumento econômico a ser aplicado tanto para os usos quantitativos, quanto para os usos qualitativos dos recursos hídricos.[70] Para conferir valor econômico à água bruta, alguns países do mundo e também o Brasil têm adotado a cobrança pelo uso da água bruta. Este é um dos instrumentos econômicos aplicados à gestão ambiental mais disseminados mundialmente. No Brasil, a cláusula de cobrança pelo uso da água está presente de forma embrionária em disposições das constituições estaduais do Rio Grande do Sul, São Paulo, Mato Grosso, Bahia, Alagoas, Sergipe, com previsão de vincular a aplicação desses recursos em obras de saneamento e meio ambiente (Rio Grande do Sul, São Paulo e Sergipe), além de gestão de recursos hídricos (Alagoas), obras de uso múltiplo (São Paulo e Sergipe) e compensação aos Municípios (São Paulo, Paraná, Minas Gerais).[71]

O uso intensivo dos corpos hídricos, seja para a captação, diluição de efluentes, geração de energia etc., limita o uso da água por outros usuários. No médio e longo prazo pode gerar o comprometimento dos recursos hídricos para gerações futuras e a degradação de ecossistemas dependentes desses recursos. Trata-se de deseconomias ou externalidades geradas por usuários do recurso não internalizadas em seus respectivos custos de produção, que são ou serão arcadas pela sociedade como um todo. A internalização desses custos sociais, externalidades, é o objetivo da cobrança pelo uso da água.[72]

Quando uma indústria lança seus esgotos num rio ou lago sem o devido tratamento, pode ocorrer a poluição em níveis tais que dificultem ou impeçam

---

69 Agência Nacional das Águas: <http://www.ana.gov.br/GestaoRecHidricos/Outorga/default2.asp>.

70 Santos (2003).

71 Neder (2002).

72 Santos (2003).

o uso por outros usuários deste mesmo corpo hídrico. Entre as consequências observadas está, por exemplo, o aumento dos custos de tratamento da água para fins de abastecimento. Esse aumento de custo recai sobre cada "usuário-captador", enquanto o "lucro pelo não tratamento" é apropriado pelo "usuário-poluidor". No exemplo examinado, a cobrança pelo uso do corpo hídrico para diluição de efluentes permite que o "usuário-poluidor" seja onerado pelas deseconomias causadas aos demais "usuários-captadores". Assim, a cobrança deve incidir sobre cada metro cúbico de água reservado no corpo hídrico para atender à demanda de um usuário para captação, consumo, diluição de efluentes e até para outros usos aparentemente "inofensivos", como geração de energia hidroelétrica ou navegação. O sistema de cobrança proposto para o Estado de São Paulo (Projeto de Lei nº 20), por exemplo, baseado na experiência francesa, considera os seguintes fatores de cobrança:

1. cobrança por captação: em R$/m^3 de água captada;
2. cobrança por consumo: em R$/m^3 de água captada e não retornada ao corpo hídrico;
3. cobrança por carga poluente lançada: em R$/kg de poluente lançado no corpo hídrico; os fatores de poluição considerados são:
    - Demanda Bioquímica de Oxigênio (DBO);
    - Demanda Química de Oxigênio (DQO);
    - Resíduo Sedimentável (RS);
    - Carga Inorgânica (CI) – correspondente a metais, cianetos e fluoretos.

Os padrões mínimos de desempenho ambiental, para lançamento de efluentes, são estabelecidos pela Resolução CONAMA nº 357 (17/3/2005), que substitui a Resolução CONAMA nº 20 (18/6/1986), com o mesmo propósito, e que dispõe sobre a classificação dos corpos de água e diretrizes ambientais para o seu enquadramento, bem como estabelecendo as condições e padrões de lançamento de efluentes (Quadro 4.6).

Quadro 4.6 *Enquadramento de classes de água para gestão de recursos hídricos.*

Classes		Uso preponderante
Doce	Especial	a) ao abastecimento doméstico sem prévia ou com simples desinfecção; b) à preservação do equilíbrio natural das comunidades aquáticas.
	1	a) ao abastecimento doméstico após tratamento simplificado; b) à proteção das comunidades aquáticas; c) à recreação de contato primário (natação, esqui aquático e mergulho); d) à irrigação de hortaliças que são consumidas cruas e de frutas que se desenvolvam rentes ao solo e que sejam ingeridas cruas sem remoção de película; e) à criação natural e/ou intensiva (aquicultura) de espécies destinadas à alimentação humana.
	2	a) ao abastecimento doméstico, após tratamento convencional; b) à proteção das comunidades aquáticas; c) à recreação de contato primário (esqui aquático, natação e mergulho); d) à irrigação de hortaliças e plantas frutíferas; e) à criação natural e/ou intensiva (aquicultura) de espécies destinadas à alimentação humana.
	3	a) ao abastecimento doméstico, após tratamento convencional; b) à irrigação de culturas arbóreas, cerealíferas e forrageiras; c) à dessedentação de animais.
	4	a) à navegação; b) à harmonia paisagística; c) aos usos menos exigentes.
Salgada	5	a) à recreação de contato primário; b) à proteção das comunidades aquáticas; c) à criação natural e/ou intensiva (aquicultura) de espécies destinadas à alimentação humana.
	6	a) à navegação comercial; b) à harmonia paisagística; c) à recreação de contato secundário.
Salobra	7	a) à recreação de contato primário; b) à proteção das comunidades aquáticas; c) à criação intensiva (aquicultura) de espécies destinadas à alimentação humana.
	8	a) à navegação comercial; b) à harmonia paisagística; c) à recreação de contato secundário.

O importante dessa resolução é que os parâmetros definidos para lançamento de efluentes, tanto para água doce, salgada como salobra, vão se tornando menos restritivos à medida que se avança das classes de número mais baixo para os mais altos, ao passo que também seu uso vai se tornando mais restritivo. Assim, primeiramente é necessário identificar em que classe de rio se está operando para saber quais os parâmetros de lançamento. Essa resolução, ao substituir a de nº 20, tornou vários parâmetros mais restritivos.

Tanto o sistema de cobrança aplicado na França, como o proposto para o Estado de São Paulo, adotam coeficientes multiplicadores dos fatores de cobrança que tentam refletir a escassez do recurso e o impacto do uso. Assim a água é mais barata para usuários localizados nos trechos de foz, por exemplo. Essa metodologia de valorização tenta refletir o custo marginal de provisão de recurso.[73]

Numa abordagem por custo-benefício, o valor da cobrança deveria ser fixado de forma a compensar a percepção social do dano ambiental causado por aquele uso. O valor desse dano pode ser calculado, por exemplo, pela determinação dos aumentos de custos representados pelos aumentos de gastos públicos e privados com tratamento da água, aumento da incidência de doenças de veiculação hídrica, perdas da flora e da fauna, perda de atividades de lazer, desvalorização de áreas marginais etc. Por outro lado, a cobrança não é um "imposto" e na maior parte dos países onde é aplicada, inclusive no Brasil, os valores arrecadados são reinvestidos na própria bacia hidrográfica onde foram gerados. Os objetivos de qualidade ambiental são atingidos não só pela racionalização do uso por parte do usuário, como resposta à sinalização dada pelo instrumento econômico, mas também pelas intervenções estruturais, construção de estações de tratamento de efluentes, introdução de técnicas de irrigação, estratégicas de reúso mais econômicas etc., assim como as não estruturais, como melhoria do monitoramento, fiscalização etc., financiadas com os recursos gerados pela cobrança. Ou seja, estabelece-se uma dinâmica que beneficia a todos, na qual o impacto da cobrança pode ser muito maior do que os mensurados pelas tradicionais abordagens de valoração ambiental.[74]

Outro tipo de cobrança são as tarifas de água e esgoto relativas à provisão dos serviços de abastecimento e coleta e tratamento de efluentes, também denominadas "cobrança pela água tratada". Esta é a cobrança que afeta dire-

---

[73] Proágua (2001).

[74] Santos (2003).

tamente o comportamento do usuário doméstico, podendo induzir a redução do uso. Essa cobrança, sem dúvida, pode efetivamente dar sustentabilidade ao setor de saneamento, não só no sentido de prover recursos para operação e manutenção dos serviços nos níveis atuais, mas também para expansão e melhoria da eficiência dos sistemas de coleta e tratamento dos efluentes e de abastecimento.[75]

No Brasil, a tarifa média de água e esgoto praticada é, em média, de US$ 1,00/ m^3. Aqui, da mesma forma que na "cobrança pela água bruta", os baixos níveis de renda da população brasileira tendem também a limitar as possibilidades de repasse integral dos custos de coleta e tratamento dos efluentes para as tarifas de saneamento. O comprometimento de renda com a conta de água e esgoto, no Brasil, já representa cerca de 1% da renda, considerando-se as tarifas e os níveis de atendimento atuais. Supondo-se a extensão a toda a população do serviço de coleta de esgotos, e mantendo-se as tarifas atuais, a conta de água e esgoto chegaria a 2% da renda *per capita*.[76]

Contudo, para que um processo de gestão de recursos hídricos possa ser implantado é necessário um processo sistemático de monitoramento ambiental, tanto em nível organizacional pelo órgão de controle ambiental, quanto em relação às características dos efluentes produzidos em cada organização, como do próprio monitoramento espacial, principalmente quanto ao nível de degradação das bacias hidrográficas.

4.6 Monitoramento ambiental espacial

O monitoramento ambiental espacial é um pressuposto básico do processo de gestão ambiental, uma vez que ele se constitui em uma alternativa de controle sobre a evolução das características da área problema. Entretanto, para que se acompanhe a evolução das características de uma dada área é necessária a realização de um diagnóstico da situação atual, que nada mais seria do que uma imagem atual da área problema.

Existem vários tipos de alternativas para a obtenção da visualização espacial, desde a obtenção de fotos aéreas em várias escalas (1:1000 ou 1:25000) até imagens de satélites com sensores das mais diversas características, como: Landsat, NOAA, SPOT, Ikonos, Quickbird. Os três últimos sensores apresentam

[75] Santos (2003).

[76] Santos (2003).

melhores características para visualização de objetos, com maior nível de detalhamento e, portanto, maior resolução. O satélite Landsat, apesar de sua menor resolução, constitui-se em uma excelente ferramenta para monitorar vegetação e suas características.

Definindo-se o objetivo do monitoramento o gestor necessita definir a escala de trabalho e qual das ferramentas de imageamento utilizar em virtude de sua relação custo-benefício. Características importantes da ferramenta são: periodicidade de imageamento ao longo dos anos e frequência de obtenção das imagens pelo sensor. Sensores como o Ikonos e Quickbird são muito recentes e não permitem a obtenção, por exemplo, de uma série histórica de fotos do desmatamento de uma região da Amazônia. Para tal fim seria melhor a utilização do Landsat, por se tratar de um sensor muito mais antigo.

No contexto da gestão ambiental de abrangência macro, no entanto, o monitoramento espacial de uma determinada área somente é importante a partir do momento em que o órgão de controle ambiental estadual ou federal, ao identificar novos pontos de desmatamento, tenha efetivamente condições de intervir efetivamente, paralisando o processo tão logo detectado e penalizando os infratores; contudo, para tanto, é necessária uma estrutura mínima de operação.

As fotos aéreas e imagens de satélite deveriam ser ferramentas de fácil disponibilização e uso pelos analistas dos órgãos de controle ambiental, principalmente em virtude de sua capacidade de localização com o auxílio de um GPS,[77] o que facilita sobremaneira a detecção e o acesso às áreas que estão sendo desmatadas. Contudo, infelizmente, no momento o monitoramento ambiental com o apoio de imagens de satélites e fotos aéreas é ainda de uso muito restrito e assistemático.

Embora essas imagens sejam alternativas muito importantes para o processo de gestão ambiental, principalmente em níveis municipais, estaduais e regionais, passa a apresentar uma utilidade muito marginal quando o órgão de controle ambiental não apresenta a infraestrutura básica de trabalho, uma vez que o monitoramento somente é valido quando se busca uma imediata intervenção na realidade a fim de paralisar o processo de degradação ambiental.

O monitoramento ambiental também será discutido nos itens 5.3 e 6.6 em dois diferentes contextos: o monitoramento realizado pelo órgão de controle ambiental sobre as organizações e o automonitoramento realizado pelas or-

---

[77] *Global Positioning System*: equipamento que permite a localização geográfica de pontos específicos indicados nas fotos aéreas ou imagens de satélite.

ganizações com o objetivo de assegurar um determinado padrão de desempenho ambiental. Em nível organizacional o monitoramento ambiental espacial também pode surgir principalmente em organizações de produção de celulose e papel, onde é importante monitorar a evolução dos reflorestamentos, disseminação de doenças, surgimento de deficiências nutricionais, secas etc.

5 Instrumentos de Abrangência Micro e Esfera Pública

A crescente importância da atividade industrial verificada a partir da Revolução Industrial à qual associou-se o aumento do contingente populacional gerou uma demanda crescente sobre a produção de bens e serviços e uma acentuação dos impactos ambientais decorrentes.

A partir da década de 70, foram feitos inúmeros esforços no sentido de coibir a deterioração ambiental, principalmente à contaminação provocada pelos resíduos gerados pelas atividades industriais. A maioria dos esforços ocorreu no sentido de se estabelecer maior controle por parte das autoridades governamentais dos processos que ocorriam nas instalações empresariais através da adoção de normas reguladoras, para que os impactos que provocassem fossem cada vez menores, e, em caso de descumprimento, se aplicavam sanções e medidas administrativas.[1]

Neste capítulo serão discutidos os instrumentos de gestão ambiental focados em mecanismos de comando e controle aplicados pelo poder público sobre a atividade privada, a fim de conciliar os conflitos de interesse existentes entre os imperativos da esfera privada e o bem comum social.

1 Dias (2006).

5.1 Licenciamento ambiental

Para determinados empreendimentos, não é suficiente sua regularização somente junto à Prefeitura, mas é necessário que o mesmo esteja seja também licenciado junto ao órgão de controle ambiental. Um detalhe importante é que no procedimento de licenciamento ambiental deverá constar, obrigatoriamente, a certidão da Prefeitura Municipal, declarando que o local e o tipo de empreendimento ou atividade estão em conformidade com a legislação aplicável ao uso e ocupação do solo e, quando for o caso, a autorização para supressão de vegetação e a outorga para o uso da água emitida pelos órgãos competentes.

A Política Nacional de Meio Ambiente, que foi instituída por meio da Lei Federal nº 6.938/81, estabeleceu mecanismos de proteção, melhoria e recuperação da qualidade ambiental visando assegurar o desenvolvimento socioeconômico e o respeito à dignidade humana. O licenciamento é um desses mecanismos que atuam como interface entre o empreendedor, cuja atividade pode vir a comprometer a qualidade ambiental, e o Poder Público, a fim de assegurar a conformidade do empreendimento com os objetivos dispostos na política ambiental brasileira.

Neste início de século, são cada vez mais importantes os debates e a busca por um padrão de desenvolvimento que coexista harmoniosamente com o meio ambiente. Como uma decorrência do paradigma do desenvolvimento sustentável e uma alternativa prática para o seu alcance surgiu o licenciamento ambiental, o qual se baseia em três princípios básicos, os quais formam um tripé que visa possibilitar sua materialização: equidade social, eficiência econômica e prudência ecológica.

O licenciamento decorre de uma preocupação crescente nas últimas décadas por parte do Poder Público em conciliar um desenvolvimento das atividades produtivas com a conservação e melhoria da qualidade ambiental da qual depende a qualidade de vida e saúde das populações. Além disso, visa também gerar uma relação positiva entre os benefícios econômicos e sociais resultantes da instalação do empreendimento e os impactos ambientais associados, que venham afetar a saúde das comunidades vizinhas. Os empreendedores, cada vez mais, são obrigados por esse instrumento a ser mais conscientes das necessidades locais, respondendo às suas prioridades e preocupações.

Antes de discutir o processo de licenciamento ambiental é importante elucidar o significado legal/administrativo da palavra *licença*, bem como a diferença entre licença e autorização/permissão. As autorizações ou permissões são atos administrativos negociais que podem ser revogáveis a qualquer instante, enquanto as licenças apresentam um caráter definitivo, uma vez que pressupõem um direito subjetivo do requerente desde que sejam cumpridas certas condições preestabelecidas pelo órgão de controle ambiental.

Em 1997, o CONAMA revisou os procedimentos e critérios utilizados no licenciamento ambiental, de forma a efetivar sua utilização como instrumento de gestão ambiental, através da publicação da *Resolução 237*. Essa legislação brasileira prevê que "a localização, construção, instalação, ampliação, modificação e operação de empreendimento e atividades utilizadoras de recursos ambientais consideradas efetivas ou potencialmente poluidoras, bem como os empreendimentos capazes, sob qualquer forma, de causar degradação ambiental dependerão de prévio licenciamento do órgão ambiental competente, sem prejuízo de outras licenças legalmente exigíveis". Com este instrumento busca-se garantir que sejam adotadas medidas preventivas de controle ambiental nos empreendimentos de modo a compatibilizar suas atividades com a visão do desenvolvimento sustentável.

Como um instrumento de caráter eminentemente preventivo, o licenciamento ambiental é essencial no sentido de buscar garantir não só a conservação da qualidade ambiental, mas também envolvendo uma abordagem mais ampla que vai desde aspectos relacionados a questões associadas à qualidade de vida do homem, à saúde pública, preservação da biodiversidade, até questões relacionadas ao equilíbrio socioeconômico em uma dada região e à preservação da beleza cênica local.

Dada a importância do processo de participação pública e considerando-se o conteúdo da Lei nº 6.938, inciso I do art. 8º, foi publicada a Resolução CONAMA nº 6 (24/1/1986), a qual aprova os modelos de publicação de pedidos de licenciamento em quaisquer de suas modalidades, bem como sua renovação e a respectiva concessão, também aprovando os novos modelos para publicação.

Além dessas legislações de nível federal, consideradas como a base do processo de licenciamento ambiental, várias outras foram sendo criadas ao longo dos anos, para demandas de licenciamento ambiental mais específicas; entre elas cabe destacar:

1. Decreto-lei nº 227 (28/2/1967): Código de Mineração;
2. Resolução CNEN nº 11 (4/12/1984): aprova a Norma Experimental Licenciamento de Instalações Nucleares;

3. Resolução CONAMA nº 06 (16/9/1987): dispõe sobre o licenciamento ambiental das concessionárias de exploração, geração e distribuição de energia elétrica;
4. Resolução CONAMA nº 05 (15/6/1988): dispõe sobre o licenciamento das obras de saneamento para as quais seja possível identificar modificações ambientais significativas;
5. Decreto nº 97.507 (13/2/1989): dispõe sobre licenciamento de atividade mineral, o uso do mercúrio metálico e do cianeto em áreas de extração de ouro, e dá outras providências;
6. Resolução CONAMA nº 264 (26/8/1999): Licenciamento de Fornos Rotativos de Produção de Clínquer para Atividades de Coprocessamento de Resíduos;
7. Resolução CONAMA nº 308 (21/3/2002): Licenciamento Ambiental de sistemas de disposição final dos resíduos sólidos urbanos gerados em municípios de pequeno porte;
8. Resolução CONAMA nº 305 (12/6/2002): dispõe sobre Licenciamento Ambiental, Estudo de Impacto Ambiental e Relatório de Impacto no Meio Ambiente de atividades e empreendimentos com Organismos Geneticamente Modificados (OGM) e seus derivados.

É uma ferramenta de fundamental importância para o processo de gestão ambiental, principalmente quando se considera seu caráter eminentemente preventivo e pelo fato de ser um instrumento de comando e controle. Apresenta como grande mérito gerar um processo burocrático para instalação de empreendimentos que está condicionado a um processo de análise ambiental, em virtude das características do zoneamento ambiental definido para a região em que o empreendimento irá se instalar. É um instrumento que obriga o empreendedor a identificar previamente à instalação do empreendimento seus potenciais impactos ambientais e propor uma série de medidas visando gerenciar os aspectos a eles associados.

5.1.1 O processo de licenciamento ambiental

O processo de licenciamento ambiental é composto por um grupo de três licenças, as quais são complementares e interdependentes: a Licença Prévia (LP), a Licença de Instalação (LI) e a Licença de Operação (LO), que são definidas em Resolução do CONAMA nº 237 (19/12/1997). A obtenção de cada uma dessas licenças deve ser realizada em uma sequência lógica, cada qual apresentando funções específicas e objetivos muito bem definidos.

5.1.1.1 Licença Prévia (LP)

Pode ser considerada como a primeira e a mais importante das licenças, pois é aqui que se definirá a abrangência e a complexidade (estadual ou federal) do processo de licenciamento ambiental. O fluxo apresentado na Figura 5.1 ilustra as etapas necessárias para a obtenção dessa licença, que apresenta como principais características:

- aprova a localização e concepção do empreendimento;
- atestado da viabilidade ambiental da instalação do empreendimento segundo os critérios estabelecidos pelo zoneamento ambiental;
- concessão na fase preliminar de planejamento do empreendimento;
- condicionamento à elaboração e aprovação dos resultados da análise ambiental do empreendimento (simplificada ou EIA/RIMA);[2]
- estabelecimentos dos requisitos básicos e condicionantes a serem atendidos nas próximas fases de implementação do empreendimento (instalação e operação), observando-se os planos municipais, estaduais e federais de uso do solo e desenvolvimento;
- prazo de validade é no mínimo o estabelecido pelo cronograma de elaboração dos planos, programas e projetos relativos ao empreendimento ou atividade. Não pode ser superior a cinco anos.

O licenciamento está previsto nos vários níveis de competência pública (municipal, estadual e federal) em função do âmbito de abrangência do impacto ambiental. Entretanto, em virtude da estrutura definida na maioria dos Estados do Brasil, o licenciamento vem normalmente ocorrendo somente nos níveis estadual e federal. Contudo, na maioria dos casos, o processo de licenciamento ambiental não requer a apresentação de um EIA/RIMA devido ao fato de o empreendimento apresentar um impacto ambiental de abrangência limitada, sendo então realizado através do órgão de controle ambiental estadual. Conforme observado na Figura 5.1, dependendo das características do empreendimento, para que sua LP prévia seja obtida é necessária a elaboração de um Estudo de Impacto Ambiental (EIA) e respectivo Relatório de Impacto Ambiental (RIMA).

---

[2] Estudo de Impacto Ambiental/Relatório de Impacto Ambiental. São documentos com características muito semelhantes, embora o segundo apresente menor nível de detalhamento e uma linguagem mais apropriada para compreensão de leigos no assunto de que trata o EIA, de modo a viabilizar a participação efetiva da comunidade nas audiências públicas.

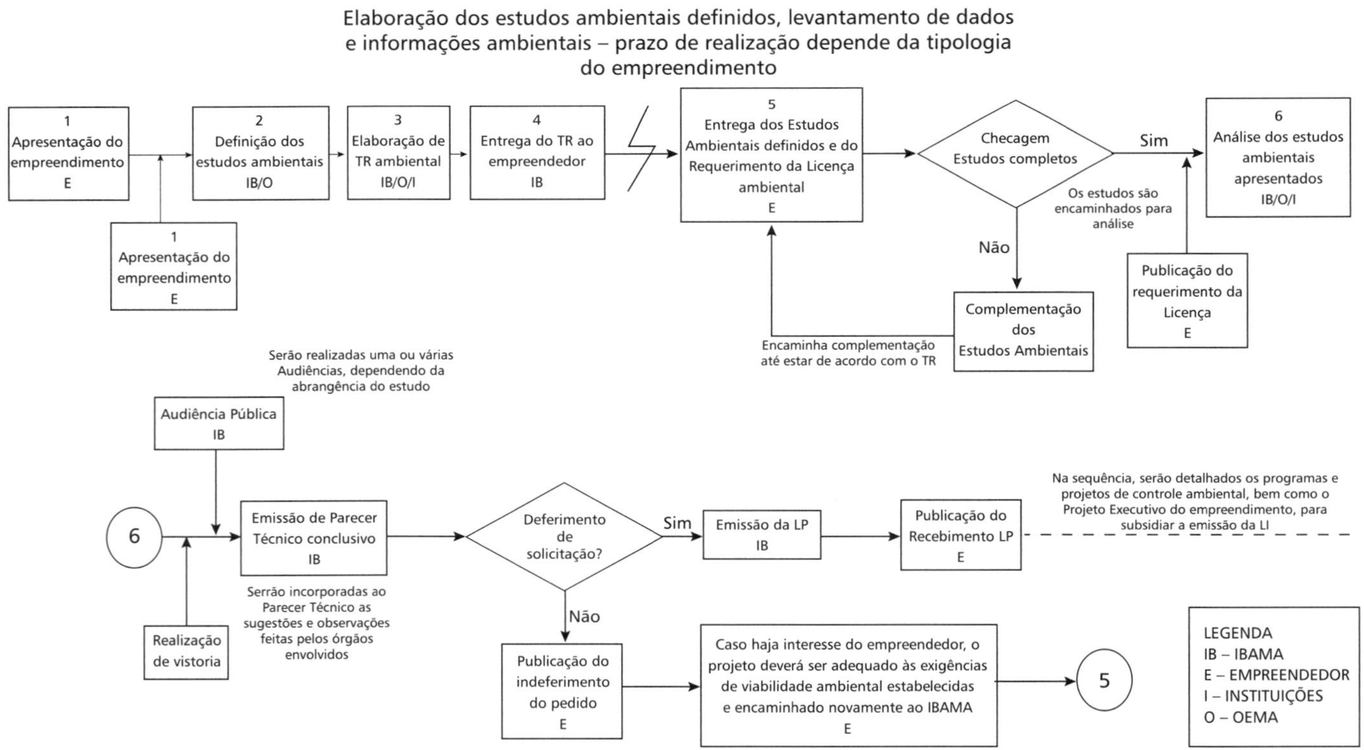

Figura 5.1 *Fluxo burocrático do processo de obtenção da Licença Prévia (LP) de empreendimentos condicionados a EIA/ RIMA.*[3]

---

[3] IBAMA (2004).

Cabe ressaltar que na Figura 5.1 são apresentados dois pontos de *looping* (retorno), no processo de obtenção da LP, os quais estão associados à apresentação do EIA/RIMA ao órgão de controle ambiental federal (IBAMA), que após uma análise pode julgá-los inadequados, bem como à discussão do RIMA em audiência pública com a comunidade, que pode discordar daquilo estabelecido para o empreendimento. Em ambos os casos o processo pode ser retomado do ponto de partida ou apresentação do EIA ao IBAMA e outros órgãos de controle ambiental em caráter complementar, como Departamento Nacional de Produção Mineral (DNPM), Comissão Nacional de Energia Nuclear (CNEN), Agência Nacional do Petróleo (ANP) etc.

A partir da análise do EIA/RIMA poderá ser exigida do empreendedor a adoção de medidas mitigadoras e compensatórias visando reduzir ou de alguma forma criar uma contrapartida aos impactos ambientais que decorrerão do empreendimento. Enquanto as medidas mitigadoras estão voltadas a atenuar os impactos do próprio empreendimento (como sistemas de controle de poluentes), as medidas compensatórias nem sempre se vinculam aos impactos do empreendimento em si, não raro tomando a forma de benefícios e facilidades conferidas às comunidades envolvidas (construção de escolas e casas de saúde, instituição de programas de educação ambiental e de áreas de conservação). Isto é um resultado da ideia de fazer com que o empreendimento resulte em uma relação positiva de custos e benefícios.[4]

Normalmente a obtenção dessa licença apresenta uma grande distinção para os processos de licenciamento simplificado e condicionado a um EIA/RIMA, reside na elaboração, apresentação e discussão com a comunidade do EIA/RIMA, bem como Projeto Ambiental Básico, na licença de instalação.

5.1.1.2 Licença de Instalação (LI)

A solicitação dessa licença está condicionada à outorga da LO. O fluxo apresentado na Figura 5.2 ilustra as etapas necessárias para a obtenção dessa licença, que apresenta como as principais características:

- autoriza o início da instalação do empreendimento ou atividade, ou seja, a implantação da infraestrutura física de suporte do empreendimento;
- inclui as medidas de controle ambiental e demais condicionantes;

[4] FIESP/CIESP (2001).

- a instalação do empreendimento deve ocorrer de acordo com as especificações constantes dos planos e projetos previamente aprovados (Projeto Ambiental Básico – PAB);
- prazo de validade de, no mínimo, o cronograma de instalação do empreendimento ou atividade, não podendo ser superior a 6 (seis) anos.

Nesta etapa é fundamental a apresentação e aprovação do Projeto Ambiental Básico (PAB),[5] que nada mais é do que um projeto contendo toda a infraestrutura básica necessária ao empreendimento (instalações, equipamentos e equipamentos), a qual visa gerenciar seus aspectos ambientais de modo a mitigar os impactos associados. Normalmente esta infraestrutura aparecerá como condicionante nas licenças do empreendimento. Alguns exemplos são:

a) instalação de sistemas de tratamento de emissões atmosféricas (lavador de gases, precipitador eletrostático, filtro de mangas, separador ciclônico etc.);
b) estação de tratamento de esgotos (ETE);
c) estação de tratamento de efluentes industriais (ETEI);
d) instalação de criadouros conservacionistas;
e) realização de trabalhos arqueológicos para a transferência de sítios arqueológicos;
f) instalação de estações de piscicultura e viveiros de produção de mudas;
g) instalação de canais de transposição em taludes de represas;
h) criação de parques ecológicos etc.

As quatro últimas alternativas são típicas de empreendimentos envolvendo EIA/RIMA.

[5] As denominações mudam em função de preferências do órgão de controle ambiental e abrangência do licenciamento.

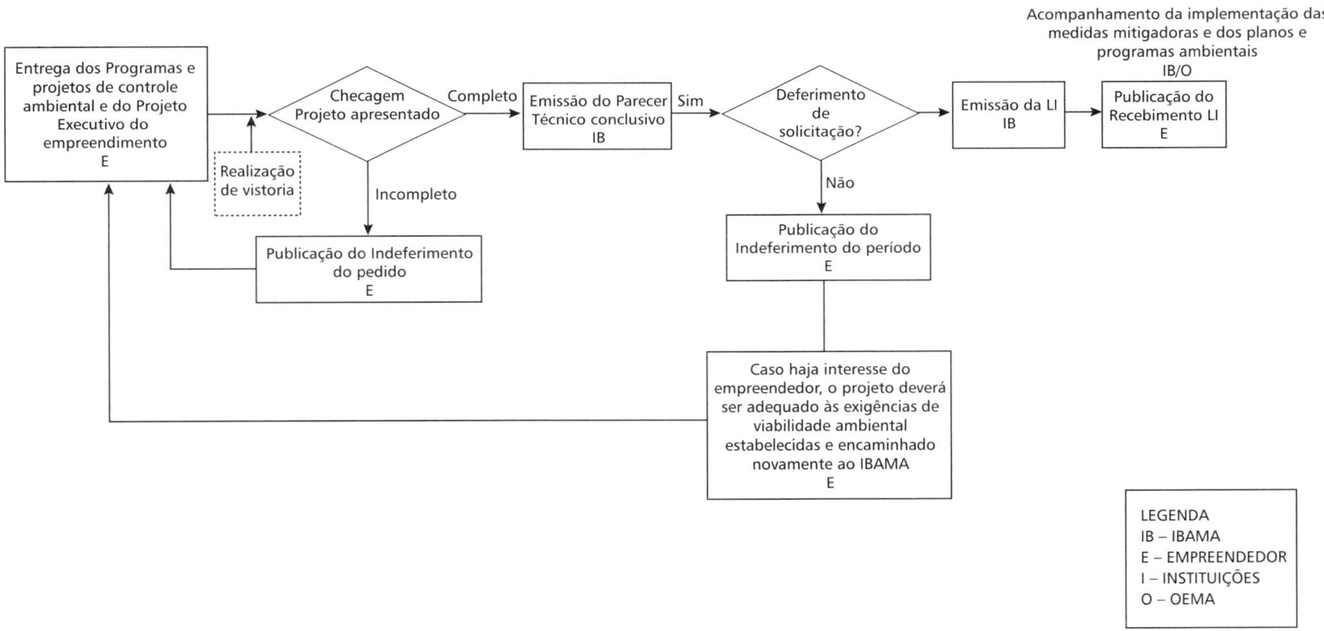

Figura 5.2 *Fluxo burocrático do processo de obtenção da Licença de Instalação (LI).*[6]

[6] IBAMA (2004).

Caso julgue necessário o órgão ambiental competente pode solicitar ao empreendedor esclarecimentos complementares, após análise dos documentos, projetos e estudos ambientais apresentados, como também a realização de vistorias técnicas. Quando pertinente, poderá haver a reiteração da mesma solicitação caso os esclarecimentos e complementações não tenham sido satisfatórios.

A partir dessa fase o processo de licenciamento ambiental em geral tende na maioria dos casos a ser assumido pelo órgão estadual de controle ambiental.

5.1.1.3 Licença de Operação (LO)

Licença concedida somente após a obtenção da LI. O fluxo apresentado na Figura 5.3 ilustra as etapas necessárias para a obtenção dessa licença, que apresenta como as principais características:

- autoriza a operação do empreendimento;
- outorgada após a verificação do cumprimento das condicionantes das licenças anteriores;
- envolve a verificação das medidas de controle ambiental e as condicionantes especificadas para a operação, como o funcionamento dos equipamentos de controle de poluição, de acordo com o previsto nas LP e LI;
- o prazo de validade deverá considerar os planos de controle ambiental com no mínimo quatro anos e no máximo dez anos.

Uma questão importante a ser discutida é que, em alguns Estados do Brasil, existem conflitos em relação à validade da licença de operação, entre a CONAMA 237 e o procedimento estabelecido pelo órgão de controle estadual, que define um período de renovação inferior a quatro anos. Embora, sem dúvida, isso seja muito interessante, do ponto de vista da obtenção de receitas oriundas do processo de licenciamento para o órgão de controle ambiental implica no descumprimento de uma regulamentação ambiental de nível federal, o que evidentemente não poderia acontecer.

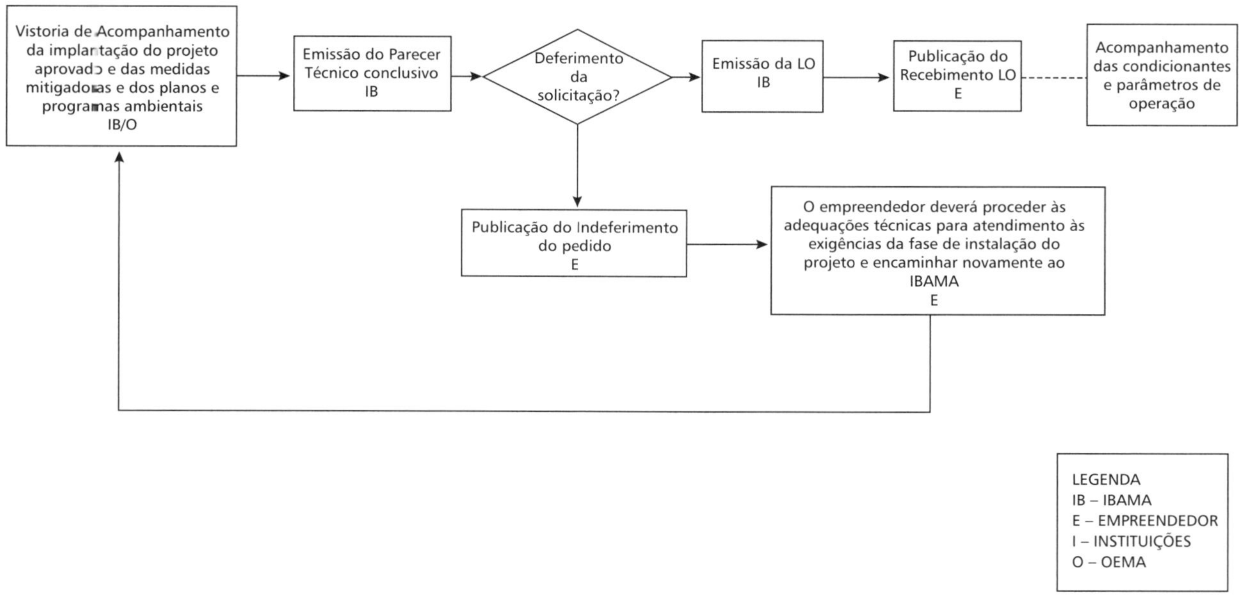

Figura 5.3 *Fluxo burocrático do processo de obtenção da Licença de Operação (LO).*[7]

[7] IBAMA (2004).

A obtenção de cada uma das licenças está condicionada a um processo de monitoramento pelo órgão de controle ambiental (estadual e federal), em qualquer fase do empreendimento, a fim de verificar o cumprimento das condicionantes. Problemas verificados nestas vistorias vêm historicamente levando à interdição temporária ou permanente do empreendimento. Como se pode perceber o processo de monitoramento ambiental pelo órgão de controle ambiental sobre o empreendimento já é fundamental desde a sua fase de instalação, tornando-se também muito importante durante a sua operação.

Embora o licenciamento ambiental tenha um caráter eminentemente preventivo, ou seja, deve ser realizado previamente à instalação do empreendimento, pode ocorrer extraordinariamente, em caráter corretivo. Esse é o caso de empreendimentos que são mais antigos que o processo de implantação, nos órgãos de controle ambiental da infraestrutura básica legal/administrativa de suporte para o licenciamento, em virtude do fato de a regulamentação ser ainda bastante recente (década de 80). Neste caso, será outorgada à organização diretamente a LO, sem a necessidade de obtenção prévia da LP e LI.

5.1.2 Abrangências do licenciamento ambiental

O processo de licenciamento ambiental pode ocorrer segundo dois escopos básicos: o licenciamento simplificado e o condicionado ao EIA/RIMA. Para cada um desses escopos existe um processo de tramitação burocrática bem específico e que também implica em um processo de análise ambiental diferenciado.

Ao órgão ambiental competente, geralmente de nível estadual, cabe a verificação se a atividade ou empreendimento não é potencialmente causador de significativa degradação do meio ambiente, definindo os estudos ambientais pertinentes ao respectivo processo de licenciamento. Cabe ao Instituto Brasileiro do Meio Ambiente e dos Recursos Naturais Renováveis (IBAMA), órgão executor do Sistema Nacional do Meio Ambiente (SISNAMA), o licenciamento ambiental de empreendimentos e atividades com significativo impacto ambiental de âmbito nacional ou regional, a saber:[8]

I – localizadas ou desenvolvidas conjuntamente no Brasil e em país limítrofe; no mar territorial; na plataforma continental; na zona econômica exclusiva; em terras indígenas ou em unidades de conservação do domínio da União;

[8] Resolução do CONAMA nº 237 (19/12/1997).

II – localizadas ou desenvolvidas em dois ou mais Estados;

III – cujos impactos ambientais diretos ultrapassem os limites territoriais do país ou de um ou mais Estados;

IV – destinados a pesquisar, lavrar, produzir, beneficiar, transportar, armazenar e dispor material radioativo, em qualquer estágio ou que utilizem energia nuclear em qualquer de suas formas e aplicações, mediante parecer da Comissão Nacional de Energia Nuclear (CNEN);

V – bases ou empreendimentos militares, quando couber, observada a legislação específica.

Assim, dependendo do porte ou do impacto produzido pelo empreendimento ou ramo de atividade está condicionado o âmbito em que tramitará o licenciamento. Desse modo o licenciamento prévio de empreendimentos mais complexos e impactantes estão condicionados a um processo de licenciamento igualmente mais complexo e burocrático, condicionado a um EIA/RIMA, o que em geral envolve:[9]

a) estradas de rodagem com duas ou mais faixas de rolamento; ferrovias;
b) portos e terminais de minério, petróleo e produtos químicos;
c) grandes aeroportos;
d) oleodutos, gasodutos, minerodutos, troncos coletores e emissários de esgotos sanitários;
e) linhas de transmissão de energia elétrica, acima de 230 kW;
f) obras hidráulicas para exploração de recursos hídricos, tais como: barragem para quaisquer fins hidrelétricos acima de 10 MW, de saneamento ou de irrigação, abertura de canais para navegação, drenagem e irrigação, retificação de cursos d'água, abertura de barras e embocaduras, transposição de bacias, diques;
g) extração de combustível fóssil (petróleo, xisto, carvão);
h) extração de minério, inclusive os da classe II, definidas no Código de Mineração;
i) aterros sanitários, processamento e destino final de resíduos tóxicos ou perigosos;

[9] Resolução do CONAMA nº 01 (23/1/1986).

j) usinas de geração de eletricidade, qualquer que seja a fonte de energia primária, acima de 10 MW;
k) complexo e unidades industriais e agroindustriais (petroquímicos, siderúrgicos, cloroquímicos, destilarias de álcool, hulha, extração e cultivo de recursos hidróbios);
l) distritos industriais e zonas estritamente industriais (ZEI);
m) exploração econômica de madeira ou de lenha, em áreas acima de 100 hectares ou menores, quando atingir áreas significativas em termos percentuais ou de importância do ponto de vista ambiental;
n) projetos urbanísticos, acima de 100 ha (cem hectares) ou em áreas consideradas de relevante interesse ambiental a critério da Secretaria Especial do Meio Ambiente (SEMA) e dos órgãos municipais e estaduais competentes;
o) qualquer atividade que utilize carvão vegetal, derivados ou produtos similares, em quantidade superior a dez toneladas por dia;
p) projetos agropecuários que contemplem áreas acima de 1.000 ha, ou menores, neste caso, quando se tratar de áreas significativas em termos percentuais ou de importância do ponto de vista ambiental, inclusive nas Áreas de Proteção Ambiental;
q) nos casos de empreendimentos potencialmente lesivos ao patrimônio espeleológico nacional.

Para empreendimentos cuja abrangência do impacto ocorre em nível estadual, ou seja, cujo impacto ambiental é de abrangência reduzida, o licenciamento geralmente compete ao órgão ambiental Estadual ou do Distrito Federal:[10]

I – localizados ou desenvolvidos em mais de um Município ou em unidades de conservação de domínio estadual ou do Distrito Federal;
II – localizados ou desenvolvidos nas florestas e demais formas de vegetação natural de preservação permanente relacionadas no art. 2º da Lei nº 4.771, de 15 de setembro de 1965, e em todas as que assim forem consideradas por normas federais, estaduais ou municipais;
III – cujos impactos ambientais diretos ultrapassem os limites territoriais de um ou mais Municípios;
IV – delegados pela União aos Estados ou ao Distrito Federal, por instrumento legal ou convênio.

[10] Resolução nº 237 (19/12/1997).

O órgão ambiental estadual ou do Distrito Federal fará o licenciamento após considerar o exame técnico procedido pelos órgãos ambientais dos Municípios em que se localizar a atividade ou empreendimento, bem como, quando couber, o parecer dos demais órgãos competentes da União, dos Estados, do Distrito Federal e dos Municípios envolvidos no procedimento de licenciamento. No procedimento de licenciamento ambiental deverá constar, obrigatoriamente, a certidão da Prefeitura Municipal, declarando que o local e o tipo de empreendimento ou atividade estão em conformidade com a legislação aplicável ao uso e ocupação do solo e, quando for o caso, a autorização para supressão de vegetação e a outorga para o uso da água emitida pelos órgãos competentes.[11]

No entanto, uma preocupação bastante pertinente está associada aos conflitos existentes de competência para a realização do licenciamento ambiental de determinados empreendimentos, em virtude da abrangência do impacto ambiental em questão. A despeito do estabelecido pela regulamentação ambiental pertinente, problemas quanto aos conflitos de competência vêm ainda ocorrendo. Um resultado disso na maioria das vezes é a ocorrência de falhas no processo de Avaliação de Impactos Ambientais (AIA) como um instrumento de prevenção ambiental. Como uma forma de amenizar os problemas socioambientais decorrentes surgirá então o Termo de Ajuste de Conduta (TAC).[12]

Como se pode perceber pelo discutido acima o processo de licenciamento ambiental está condicionado à realização prévia, pelo empreendedor, de um processo de análise ambiental, o qual pode ser considerado como a parte mais importante desse processo.

5.2 Avaliação de Impactos Ambientais (AIA)

A partir da década de 80 começou a surgir o embasamento conceitual para suportar o processo de análise ambiental, isso porque o processo de degrada-

[11] Resolução nº 237 (19/12/1997).

[12] Acordo celebrado geralmente entre o Ministério Público e o gerador do dano ambiental (empreendedor) demandando a implantação de uma série de medidas mitigadoras corretivas, normalmente deficitárias em sua função de compensar o dano ambiental. Caso o TAC não seja obedecido, ao empreendedor podem ser aplicadas multas ou punições complementares. É um instrumento mais ágil para garantir a proteção dos direitos previstos na ação civil pública, pois não exige a intervenção do Judiciário.

ção ambiental já vinha se tornando bastante evidente desde a década de 60, estando particularmente associado à atividade industrial.

No Brasil, até o momento, o processo de AIA ocorre vinculado aos sistemas de licenciamento, o que restringe a sua aplicação a projetos e a alguns planos. Os programas governamentais de ação setorial escapam à obrigação legal de se submeterem ao controle ambiental, embora já se discutam as consequências ambientais de alguns deles, principalmente dos programas de geração de energia elétrica. Por outro lado, a Constituição Federal de 1988, ao incumbir o Poder Público de exigir, na forma da lei, EIA para obras ou atividades causadoras de significativa degradação ambiental, abre a possibilidade de o Poder Legislativo estender o uso da AIA a outras instâncias de planejamento.[13]

A Constituição Federal, em 1988, incumbiu o Poder Público de *"exigir, na forma da lei, para instalação de obra ou de atividade potencialmente causadora de significativa degradação do meio ambiente, estudo prévio de impacto ambiental, a que se dará publicidade"* (art. 225, § 1º, IV). Contudo, as definições, responsabilidades, critérios básicos e diretrizes gerais para o uso e implementação da Avaliação de Impacto Ambiental (AIA) só foram estabelecidos a partir da Resolução CONAMA 001 (23/1/1986).[14]

Essa resolução também estabeleceu as definições, responsabilidades, critérios básicos, bem como as diretrizes gerais, para o uso e implementação da AIA. O art. 1º dessa resolução define impacto ambiental como: "Qualquer alteração das propriedades físicas, químicas e biológicas do meio ambiente, causada por qualquer forma de matéria ou energia resultante das atividades humanas que, direta ou indiretamente, afetem:

I – a saúde, a segurança e o bem-estar da população;
II – as atividades sociais e econômicas;
III – a biota;
IV – as condições estéticas e sanitárias do meio ambiente;
V – a qualidade dos recursos ambientais."

A obtenção da Licença Prévia pressupõe o processo de Avaliação de Impacto Ambiental (AIA) do empreendimento e é concedida na fase preliminar de

[13] Moreira (1993).

[14] IBAMA.

planejamento da atividade, servindo para aprovar a sua localização e concepção, atestando a viabilidade ambiental do empreendimento e estabelecendo os requisitos e as condicionantes básicas que estarão sendo exigidas nas fases subsequentes do licenciamento. O processo é estruturado de modo que a LP somente é expedida posteriormente à apresentação do Estudo do Impacto Ambiental (EIA) e discussão do Relatório de Impacto Ambiental (RIMA).

5.2.1 Importância da Avaliação de Impacto Ambiental (AIA)

Nesse contexto, a Avaliação de Impacto Ambiental (AIA) é um instrumento de gestão ambiental complementar ao processo de licenciamento ambiental, sendo também considerada como instrumento preventivo. Busca identificar, quantificar e minimizar as consequências negativas sobre o meio ambiente, antes que o empreendimento inicie suas atividades. Deste modo, permite a aplicação de medidas que evitem ou diminuam os impactos ambientais inaceitáveis ou fora dos limites previamente estabelecidos, levando em consideração os limites de assimilação, dispersão e regeneração dos ecossistemas e como afetarão a sociedade.[15]

Por sua vez, a Resolução CONAMA nº 01, de 23/1/1986, consagrou o Estudo de Impacto Ambiental (EIA) como o principal documento de Avaliação de Impactos de empreendimentos sujeitos ao licenciamento, determinando que o EIA deve fazer a *"definição das medidas mitigadoras dos impactos negativos, entre elas os equipamentos de controle e os sistemas de tratamento de despejos, avaliando a eficiência de cada uma delas"* (art. 6º, III).[16]

O processo de AIA apresenta várias funções importantes dentro do processo de gestão ambiental:

1. subsídio ao poder público na tomada de decisões para a instalação de novos empreendimentos;
2. realização de controle ambiental;
3. sensibilização ambiental e expansão da consciência ecológica da sociedade;
4. ecologização da administração pública;
5. viabilização de melhorias:

---

[15] Dias (2006).

[16] IBAMA.

   a) na qualidade ambiental;
   b) na qualidade de vida;
   c) na melhoria da saúde pública;
6. educação para a cidadania;
7. possibilitar o processo de participação pública na instalação de empreendimentos.

A AIA possibilita que o empreendedor identifique previamente à instalação do empreendimento, de forma sistematizada e com os recursos adequados, quais os impactos ambientais potenciais do empreendimento de modo a propor as medidas mitigadoras mais adequadas ao contexto socioeconômico-ambiental, a fim de reduzir ou eliminar completamente seus impactos ambientais negativos.

Entretanto, esse processo só pode ser realizado após a apresentação ao órgão de controle ambiental competente, em primeira instância o órgão estadual. Após a análise das características básicas do empreendimento o órgão de controle ambiental fornece ao empreendedor o Termo de Referência para servir como orientação dos requisitos do processo de análise ambiental conforme as características do empreendimento em questão e a abrangência de seus impactos ambientais.

5.2.2 Escopos da análise ambiental e o processo de licenciamento

Associado ao escopo de um processo de licenciamento ambiental de empreendimentos a Avaliação de Impactos Ambientais (AIA) é um componente eminentemente preventivo, o qual apresenta como objetivo maior conciliar o desenvolvimento de atividades produtivas com a conservação e a preservação da qualidade ambiental. Isso envolve a busca de uma harmonização entre os imperativos das esferas ecológica, social e econômica, facetas importantes do desenvolvimento sustentável.

Existe, no Estado de São Paulo, um processo intermediário aos dois tipos acima citados. Nos casos em que, mesmo em se tratando de empreendimento de menor porte, mas que possa vir a causar significativo impacto ambiental, é possível que seja exigida a apresentação de um Relatório Ambiental Prévio (RAP). Documento é o resultado de um processo de Avaliação de Impacto Ambiental, cujas características de complexidade são intermediárias ao simplificado e o EIA/RIMA, o qual foi instituído pela Resolução da Secretaria do

Meio Ambiente (SMA) nº 42 (29/12/1994).[17] O RAP possui conteúdo mais simples do que o EIA/RIMA, mas de igual forma avalia a forma com que o empreendimento será desenvolvido e os impactos ambientais decorrentes, propondo também medidas mitigadoras.

Tal alternativa foi flexibilizada no texto Resolução do CONAMA nº 237 (19/12/1997), que estabelece: "O órgão ambiental competente, verificando que a atividade ou empreendimento não é potencialmente causador de significativa degradação do meio ambiente, definirá os estudos ambientais pertinentes ao respectivo processo de licenciamento. [...] Caberá ao órgão ambiental competente definir os critérios de exigibilidade, o detalhamento e a complementação do Anexo I, levando em consideração as especificidades, os riscos ambientais, o porte e outras características do empreendimento ou atividade."

A Figura 5.4 delineia em linhas gerais a lógica do processo de AIA, a qual, embora tenha sido inicialmente desenvolvida para o escopo do EIA/ RIMA, também é válida, em linhas gerais, para os dois outros escopos do licenciamento (simplificado e RAP).

O fundamental no EIA é que o mesmo implica explicitamente no Princípio da Precaução:[18]

1. promoção de padrões sustentáveis de produção e consumo;
2. prevenção da poluição mediante práticas que promovam a redução ou eliminação de resíduos;
3. minimização dos resíduos por meio do incentivo às práticas ambientalmente adequadas de reutilização, reciclagem e recuperação;
4. direito do consumidor à informação sobre o potencial de degradação ambiental dos produtos e serviços;
5. acesso da sociedade à educação ambiental.

---

17 Secretaria do Meio Ambiente

18 Calderoni (2004).

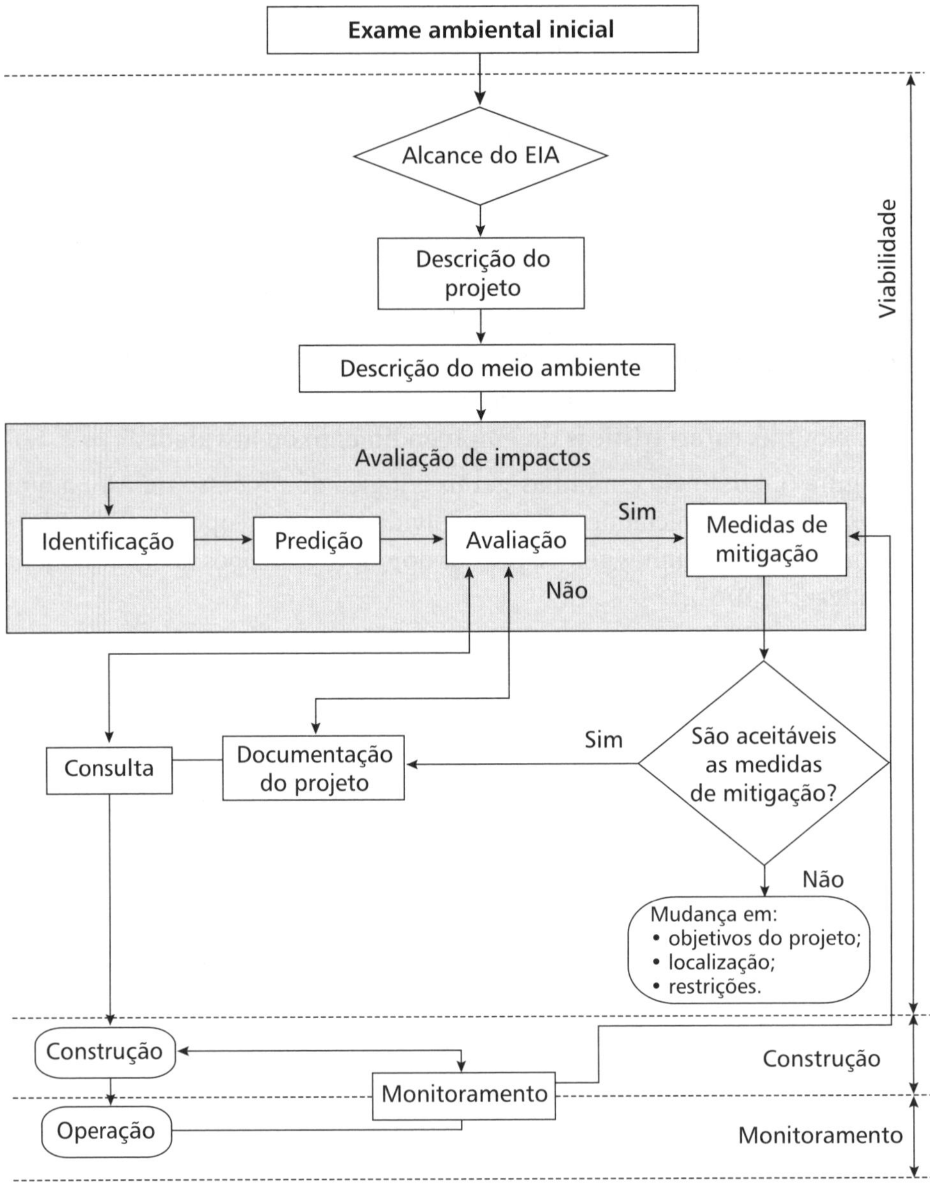

Figura 5.4 *Diagrama do processo de avaliação de impactos ambientais e o seu controle.*[19]

A análise ambiental no âmbito de um EIA/RIMA apresenta como objetivo principal subsidiar o processo decisório do órgão público de controle am-

[19] Lora (2000).

biental, particularmente no que tange à seleção de alternativas de ação mais adequadas ao contexto locacional do projeto, sempre confrontando com a alternativa de sua não execução.[20] As metodologias adotadas são na maioria dos casos bastante complexas; uma síntese e uma comparação dos principais métodos utilizados são apresentadas no Quadro 5.1, onde cada metodologia apresenta um contexto específico de utilização, vantagens e desvantagens bastante características.

O processo de AIA obrigatoriamente deve ser conduzido por uma equipe multidisciplinar, visto que nenhuma área de conhecimento é considerada individualmente capaz de realizar um estudo ambiental com tamanha abrangência e complexidade. Em virtude disso a equipe deve ser constituída por várias áreas de conhecimento, e deve ser independente do empreendedor proponente do projeto, a quem cabe arcar com as despesas referentes à realização de estudo. A forma de composição das equipes multidisciplinares envolve quase invariavelmente a necessidade de participação de um advogado e um biólogo. Existe uma tendência muito forte de que os engenheiros ambientais também venham a ter participação constante nessas equipes. A obrigatoriedade da formação de uma equipe multidisciplinar é plenamente justificável e compreensível em virtude da complexidade inerente à realidade que está sendo analisada, nesse tipo de contexto para a análise ambiental, a qual envolve inúmeras variáveis e suas interações, o que pode ser facilmente percebido observando-se a Figura 5.5. O Estudo de Impacto Ambiental (EIA) deve vir acompanhado de um Relatório de Impacto Ambiental (RIMA), com os principais dados e conclusões do EIA e em linguagem mais simples.

Dois aspectos são aqui bastante importantes em relação à constituição dessas equipes multidisciplinares. O primeiro deles está associado à formação da equipe multidisciplinar, sua coordenação e a participação do empreendedor em relação aos resultados da AIA. Para que o processo de análise ambiental seja realmente efetivo é necessário um nível muito grande de interação entre os seus integrantes, uma vez que, para o escopo do trabalho, somente a multidisciplinaridade não é suficiente, devendo ocorrer também a interdisciplinaridade. Desse modo, a integração efetiva dos conhecimentos de cada especialista que participa da equipe e troca efetiva de informações entre eles é determinante. Contudo, isso somente poderá ocorrer mediante uma postura adequada de cada especialista, que deve evitar considerar a contribuição de sua área de especialidade mais importante que as demais para o processo de AIA. Neste contexto a participação do coordenador

---

[20] Queiroz (1993).

é crucial. Ele precisa criar mecanismo para facilitar a integração entre os vários especialistas sem considerar a opinião de qualquer um deles mais importante.

Quadro 5.1 *Síntese e comparação dos principais métodos de AIA.*[21]

<table>
<tr><th colspan="2">Tipo de método</th><th>Breve descrição</th><th>Aplicação</th><th>Vantagens</th><th>Desvantagens</th></tr>
<tr><td colspan="2">Ad Hoc</td><td>Reunião de especialistas
Criação de grupo de trabalho com profissionais de diversas disciplinas</td><td>Avaliações em tempo curto e quando há carências de dados
A legislação vigente no país não permite sua utilização como método de AIA</td><td>Rapidez e baixo custo</td><td>Não promovem análise sistemática dos impactos
Resultados com alto grau de subjetividade e fundamento técnico-científico deficiente</td></tr>
<tr><td rowspan="4">Listagens de Controle</td><td>Simples</td><td>Listas de fatores ambientais, às vezes associados a parâmetros e ações do projeto</td><td>Diagnóstico ambiental da área de influência</td><td rowspan="4">Ajudam a lembrar de todos os fatores ambientais que podem ser afetados, evitando omissões de impactos ambientais relevantes</td><td rowspan="4">Não identificam impactos diretos ou indiretos
Não consideram características temporais dos impactos, nem espaciais
Não analisam as interações dos fatores ou dos impactos ambientais
Não consideram a dinâmica dos sistemas ambientais
Quase nunca indicam a magnitude dos impactos, substituindo-a por símbolos
Resultados subjetivos</td></tr>
<tr><td>Descritivas</td><td>Listas mais orientação para análise dos impactos (fonte de dados), técnicas de previsão; questionários</td><td>Diagnóstico ambiental da área de influência; análise dos impactos</td></tr>
<tr><td>Escalares</td><td>Listas mais escalas de valores para fatores e impactos ambientais</td><td>Diagnóstico ambiental; comparação de alternativas</td></tr>
<tr><td>Escalares Ponderadas</td><td>Como as escalares, incorporando o grau de importância dos impactos</td><td>Diagnóstico ambiental; valoração dos impactos; comparação de alternativas</td></tr>
</table>

[21] Moreira (1993).

Matrizes de Interação	Listagem de controle bidimensional dispondo nas linhas os fatores ambientais e nas colunas as ações do projeto; cada célula de interseção representa a relação de causa e efeito geradora do impacto	Identificação dos impactos ambientais diretos	Boa disposição visual do conjunto de impactos diretos Simplicidade de elaboração Baixo custo	Não identificam impactos diretos Não consideram características espaciais dos impactos Subjetividade na atribuição da magnitude usando valores simbólicos para expressá-la Não atendem às demais etapas do EIA Não consideram a dinâmica dos sistemas
Redes de Interação	Gráfico ou diagrama representando cadeias de impacto geradas pelas ações do projeto	Identificação dos impactos ambientais diretos e indiretos (secundários, terciários etc.)	Abordagem integrada na análise dos impactos e suas interações Facilidade de troca de informações entre disciplinas	Não destacam importância relativa dos impactos Não consideram aspectos temporais e espaciais dos impactos Não atendem às demais etapas do EIA Não preveem cálculo da magnitude Não consideram a dinâmica dos sistemas ambientais

Superposição de Cartas	Preparação de cartas temáticas em transparência; síntese das interações dos fatores ambientais por superposição das cartas ou processamento no computador	Projetos lineares – escolha de alternativas de menor impacto Diagnósticos ambientais	Boa disposição visual dos mapeáveis	Subjetividade dos resultados Não quantifica a magnitude dos impactos Não admite fatores ambientais, não mapeáveis; difícil integração de impactos socioeconômicos Não atende às demais etapas do EIA Não considera a dinâmica de sistemas ambientais
Modelos de simulação	Modelos matemáticos computadorizados que representam o funcionamento dos sistemas ambientais	Diagnósticos e prognósticos da qualidade ambiental da área de influência Comparação de alternativas de cenários Projetos de grande porte	Consideram a dinâmica dos sistemas ambientais, interação entre fatores e impactos, variável temporal. Promovem troca de informações e interações das disciplinas Tratamento organizado de grande número de variáveis qualitativas e quantitativas	Representação imperfeita de qualidade Custo elevado Uso de computadores

A outra questão está associada à influência do empreendedor nos resultados da análise, onde certa pressão pode ser por ele exercida com o objetivo de induzir que determinado aspecto/impacto ambiental não seja registrado, o qual pode ser interessante para o mesmo deixar que passe despercebido, pelo menos em curto prazo. Uma vez que esses especialistas são pagos pelo empreendedor em questão, fica fácil subentender como isso pode acontecer. Nesse momento deverá pesar então responsabilidade ambiental e seriedade técnica da equipe responsável pela realização da AIA. Esse tipo de comportamento, embora em um primeiro momento pareça interessante ao empreendedor, acaba gerando problemas em médio e longo prazo, tanto para o empreendedor, órgão de controle ambiental, como para a comunidade afetada pelo projeto.

A fim de assegurar a participação da comunidade no licenciamento ambiental de empreendimentos e no aprimoramento da AIA, o art. 10 da Lei nº 6.938, de 31/8/1981 (Política Nacional do Meio Ambiente), estabelece que, nos pedidos de licenciamento, sua renovação e a respectiva concessão sejam publicados no *Diário Oficial do Estado* e em periódico regional ou local de grande circulação, para permitir que a população afetada e contrária à instalação e operação do empreendimento possa defender-se.[22]

O envolvimento da comunidade durante a discussão do RIMA envolvido do processo de licenciamento de empreendimentos é fundamental, uma vez que:[23]

a) o processo de AIA pode ser influenciado por valores e posições sociais dos agentes envolvidos:
   1. redefinindo critérios socialmente reconhecidos, os quais devem orientar a escolha de componentes ambientais;
   2. a democratização inerente ao processo contribui para tomada de decisão mais legítima e socialmente aceitável;
b) o processo de consulta e participação da população permite:
   1. maior acuidade no processo de AIA em virtude do uso de dados factuais na elaboração do diagnóstico ambiental;
   2. facilitar a identificação das questões importantes no estudo de impacto ambiental;
   3. contribuir para a identificação das alternativas do projeto que necessitam de maior aprofundamento;
   4. fornecer elementos que permitam a previsão de certos impactos ainda não contemplados na análise;
   5. a utilização de subsídios levantados junto à população no processo de determinação da importância relativa dos impactos;
   6. a expressão dos pontos de vista da população quando da publicação do estudo de impacto ambiental;

---

22 Rivelli (2005).

23 Bursztyn (1994).

c) enfatiza a importância do estímulo à participação aos diversos grupos interessados:
   1. uso de meios de comunicação;
   2. uso de meios de consulta;
   3. participação da população em audiência pública.

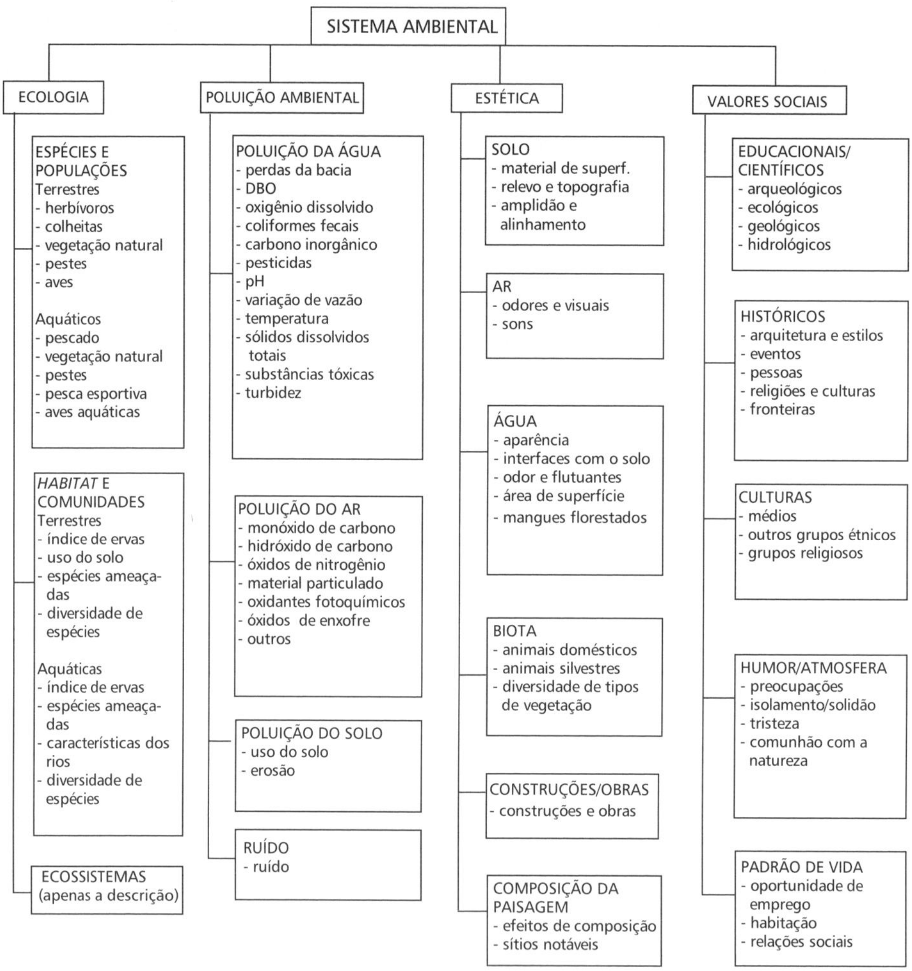

Figura 5.5 *Sistema de avaliação ambiental.*[24]

Contudo, essas contribuições da participação pública para a melhoria do processo de análise ambiental, particularmente no escopo de um EIA/RIMA,

[24] Moreira (1993).

podem ser completamente obliteradas pela falta de disponibilidade prévia de documentação pertinente e pela forma como a audiência pública, cujos problemas normalmente estão associados, irá ocorrer:

- os interessados têm dificuldade em obter uma versão do RIMA antes da participação no evento;
- são em muitos casos agendadas para datas e horários incompatíveis com participação da maioria dos membros produtivos das comunidades, geralmente em horários anteriores às 18:00 horas;
- selecionam-se locais para a audiência afastados da comunidade afetada e muitas vezes do tipo imponente, os quais devem inibir a participação de pessoas mais humildes.

Ainda em relação à participação pública no processo de análise ambiental, considera-se haver uma total frustração das pessoas envolvidas, em virtude de vários aspectos:[25]

a) RIMA não possui linguagem acessível;
b) o prazo para conhecimento dos problemas ambientais relatados no RIMA é curto;
c) os procedimentos adotados na realização da audiência pública são inadequados;
d) a realização de apenas uma audiência tem sido insuficiente para uma análise do relatório;
e) em sua participação no processo as ONGs ambientalistas vêm optando por questões não essenciais;
f) a postura unilateral dos órgãos ambientais na defesa de suas opiniões e a fragilidade dessas audiências quando o empreendimento encontra-se em fase avançada de implantação.

Não obstante a adoção expressa da AIA no direito brasileiro, há mais de nove anos, observa-se que, lamentavelmente, na prática pela própria notoriedade dos fatos, é evidente a inaplicabilidade da legislação ambiental correlata diante da permanência e do evidente agravamento da deterioração da qualidade ambiental, tanto no âmbito nacional, como no estadual e no municipal. Enquanto em outros países, como nos Estados Unidos da América, a política ecológica

[25] Fernandes (2005).

de conservação ambiental é objeto de permanente e crescente preocupação, verifica-se no Brasil uma progressiva execução de uma política antiecológica, visando sempre ao crescimento econômico, sob a orientação de notórios grupos de pressão de entidades nacionais e multinacionais, com a criminosa conivência de certos políticos, administradores, profissionais, técnicos ou funcionários inescrupulosos, o que vem contribuindo para a galopante deterioração da qualidade de vida nas cidades, em regiões inteiras e em todo o país.[26] Grande parte desses problemas está associada com limitações relacionadas ao processo de fiscalização ambiental pelos órgãos competentes.

5.3 Fiscalização ambiental

O objetivo da fiscalização ambiental, como um instrumento de comando e controle, é buscar assegurar que as organizações cumpram o estabelecido pela regulamentação ambiental aplicável a sua atividade, punindo-a em caso contrário. É um instrumento de gestão ambiental por excelência. Nela reside a essência do controle ambiental através de mecanismos de comando e controle do tipo reativo, onde o empreendimento será constantemente controlado quanto às características de seu desempenho com base na regulamentação ambiental que lhe é aplicável. Para que isso seja possível, pressupõe-se o poder de polícia, exercido pelo órgão de controle ambiental sobre empreendimentos públicos ou privados.

O poder de polícia ambiental, em favor do Estado, é definido como incumbência pelo art. 225 da Constituição Federal,[27] a ser exercido em função dos requisitos da ação tutelar. É uma decorrência lógica e direta da competência para o exercício da tutela administrativa do ambiente. O poder de polícia administrativa é prerrogativa do Poder Público, particularmente do Executivo, e é dotado dos atributos de discricionariedade, da autoexecutoriedade e da coercibilidade, inerentes aos atos administrativos. Pode ser exercido diretamente ou por delegação; tal delegação, porém, requer esteio legal, não podendo ser arbitrária nem ampla e indefinida.[28]

---

[26] Custódio (1995).

[27] O art. 225 define: "As condutas e atividades consideradas lesivas ao meio ambiente sujeitarão os infratores, pessoas físicas ou jurídicas, a sanções penais e administrativas, independentemente da obrigação de reparar os danos causados."

[28] Milaré (2004).

Considera-se como poder de polícia, de modo geral, a atividade da administração pública que, limitando ou disciplinando o direito, interesse ou liberdade, regula a prática de ato ou abstenção de fato, em razão do interesse público concernente à segurança, à higiene, à ordem, aos costumes, à disciplina de produção e do mercado, ao exercício das atividades econômicas dependentes de concessão ou autorização do Poder Público, à tranquilidade pública ou ao respeito à propriedade dos direitos individuais.[29]

São consideradas autoridades competentes para lavrar auto de infração ambiental e instaurar processo administrativo os funcionários de órgãos ambientais integrantes do Sistema Nacional de Meio Ambiente (SISNAMA), designados para as atividades de fiscalização, bem como os agentes das Capitanias dos Portos, do Ministério da Marinha.

O art. 72 da Lei nº 9.605, de 12/2/1998 (Lei de Crimes Ambientais), define a forma como as infrações administrativas devem ser punidas, observando o disposto no art. 6º:

"I – advertência;

II – multa simples;

III – multa diária;

IV – apreensão dos animais, produtos e subprodutos da fauna e flora, instrumentos, petrechos, equipamentos ou veículos de qualquer natureza utilizados na infração;

V – destruição ou inutilização do produto;

VI – suspensão de venda e fabricação do produto;

VII – embargo de obra ou atividade;

VIII – demolição de obra;

IX – suspensão parcial ou total de atividades."

Por sua vez, o art. 6º da referida lei estabelece que, para imposição e gradação da penalidade, a autoridade competente observará:

"I – a gravidade do fato, tendo em vista os motivos da infração e suas consequências para a saúde pública e para o meio ambiente;

---

29 Art. 78 do CNT apud Sirvinskas (2003).

II – os antecedentes do infrator quanto ao cumprimento da legislação de interesse ambiental;

III – a situação econômica do infrator, no caso de multa."

A vistoria pode ocorrer tanto de forma planejada, segundo um critério de agendamento definido pelo próprio órgão de controle ambiental, como através do atendimento a denúncias realizadas em geral por integrantes da comunidade circundante à organização ou Organizações Não Governamentais (ONG) ambientalistas.

Em caso de detecção pelo órgão de controle ambiental de inadimplências legais, embora todas as opções de penalidades citadas acima sejam factíveis, as mais comuns são a aplicação de multas, a celebração de um termo de ajuste de conduta e interdição, por ordem de frequência, conforme ilustra a Figura 5.6.

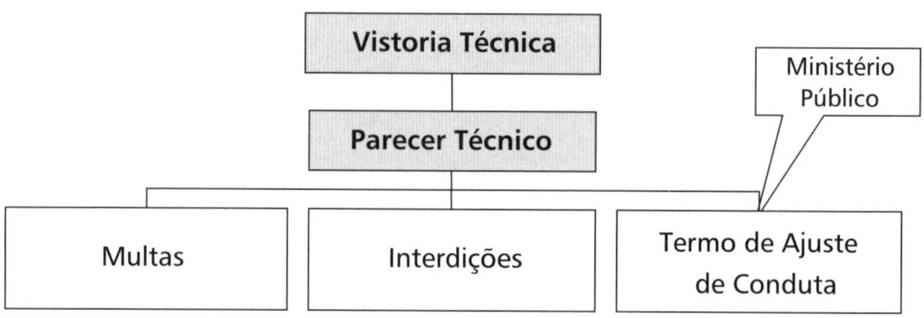

Figura 5.6 *Alternativas de sanções ambientais mais frequentes.*

Contudo, de nada adianta uma nação ou Estado possuir excelente arcabouço legal para a implantação de políticas ambientais se o processo de fiscalização é deficiente. Sua efetividade irá depender das características do órgão de controle ambiental em virtude do estado que opera. Existe uma diferença muito grande entre os órgãos de controle ambiental quanto a sua proatividade. Como regra geral, nos Estados do Brasil que apresentam um órgão de controle ambiental mais atuante e proativo observa-se um padrão de desempenho ambiental organizacional muito superior ao dos menos atuantes. Logo, o desempenho ambiental das empresas em um determinado Estado é um reflexo direto da forma de atuar do órgão de controle ambiental na região.

A fiscalização ambiental é realizada pelo órgão de controle ambiental, através de vistorias técnicas do empreendimento, que podem apresentar dois níveis básicos de detalhamento: monitoramento e auditoria ambiental.

5.3.1 *Monitoramento ambiental*

O monitoramento ambiental nada mais é do que uma alternativa sistemática de controle ambiental. Apresenta uma característica muito importante em relação ao discutido na seção 4.6, por ser nesse caso tipicamente orientado para uma abrangência de nível micro ou organizacional, exceto nos casos do monitoramento de qualidade ambiental através do estabelecimento de redes de monitoramento, para qualidade da água de rios, oceanos ou qualidade do ar de forma sistematizada.

Contudo, o monitoramento do desempenho ambiental organizacional constitui-se na essência da participação dos órgãos de controle ambiental, e ocorre desde o processo de instalação, mas principalmente no de operação dos empreendimentos, desde a fase de solicitação da licença prévia. Sua base consiste na fiscalização de empreendimentos quanto ao cumprimento da regulamentação ambiental a eles aplicável, a qual, após a fase de concessão da licença de operação, é eminentemente do tipo reativo e visa estabilizar o *status quo* da poluição ambiental. Um exemplo bastante característico é o monitoramento do desempenho ambiental organizacional, quanto aos padrões de lançamento de efluentes estabelecidos pela Resolução do CONAMA nº 357 (17/3/2005), a qual dispõe sobre a classificação dos corpos de água (doce, salobra e salgada), fornecendo diretrizes ambientais para o seu enquadramento, bem como estabelecendo as condições e padrões de lançamento de efluentes, dando outras providências. Seus parâmetros de lançamento definidos para rios de água doce (Classe I) são ilustrados no Quadro 5.2.

Quadro 5.2 *Parâmetros de lançamento de efluentes em corpos de água doce Classe 1.*

Parâmetros	Valor Máximo
Clorofila A	10 μg/L
Densidade de cianobactérias	20.000 cel/mL ou 2 mm3/L
Sólidos dissolvidos totais	500 mg/L
Inorgânicos	
Alumínio dissolvido	0,1 mg/L Al
Antimônio	0,005 mg/L Sb
Arsênio total	0,01 mg/L As

Bário total	0,7 mg/L Ba
Berílio total	0,04 mg/L Be
Boro total	0,5 mg/L B
Cádmio total	0,001 mg/L Cd
Chumbo total	0,01 mg/L Pb
Cianeto livre	0,005 mg/L CN
Cloreto total	250 mg/L Cl
Cloro residual total (combinado + livre)	0,01 mg/L Cl
Cobalto total	0,05 mg/L Co
Cobre dissolvido	0,009 mg/L Cu
Cromo total	0,05 mg/L Cr
Ferro dissolvido	0,3 mg/L Fe
Fluoreto total	1,4 mg/L F
Fósforo total (ambiente lêntico)	0,020 mg/L P
Fósforo total (ambiente intermediário, com tempo de residência entre 2 e 40 dias, e tributários diretos de ambiente lêntico)	0,025 mg/L P
Fósforo total (ambiente lótico e tributários de ambientes intermediários)	0,1 mg/L P
Lítio total	2,5 mg/L Li
Manganês total	0,1 mg/L Mn
Mercúrio total	0,0002 mg/L Hg
Níquel total	0,025 mg/L Ni
Nitrato	10,0 mg/L N
Nitrito	1,0 mg/L N
Nitrogênio amoniacal total	3,7 mg/L N, para $pH \leq 7,5$ 2,0 mg/L N, para $7,5 < pH \leq 8,0$ 1,0 mg/L N, para $8,0 < pH \leq 8,5$ 0,5 mg/L N, para $pH > 8,5$
Prata total	0,01 mg/L Ag
Selênio total	0,01 mg/L Se
Sulfato total	250 mg/L SO_4

Sulfeto (H2S não dissociado)	0,002 mg/L S
Urânio total	0,02 mg/L U
Vanádio total	0,1 mg/L V
Zinco total	0,18 mg/L Zn
Orgânicos	
Acrilamida	0,5 μg/L
Alacloro	20 μg/L
Aldrin + Dieldrin	0,005 μg/L
Atrazina	2 μg/L
Benzeno	0,005 mg/L
Benzidina	0,001 μg/L
Benzo(a)antraceno	0,05 μg/L
Benzo(a)pireno	0,05 μg/L
Benzo(b)fluoranteno	0,05 μg/L
Benzo(k)fluoranteno	0,05 μg/L
Carbaril	0,02 μg/L
Clordano (cis + trans)	0,04 μg/L
2-Clorofenol	0,1 μg/L
Criseno	0,05 μg/L
2,4-D	4,0 μg/L
Demeton (Demeton-O + Demeton-S)	0,1 μg/L
Dibenzo (a, h) antraceno	0,05 μg/L
1,2-Dicloroetano	0,01 mg/L
1,1-Dicloroeteno	0,003 mg/L
2,4-Diclorofenol	0,3 μg/L
Diclorometano	0,02 mg/L
DDT (p,p'-DDT + p,p'–DDE + p,p'–DDD)	0,002 μg/L
Dodecacloro pentaciclodecano	0,001 μg/L
Endossulfan (a + b + sulfato)	0,056 μg/L

Endrin	0,004 μg/L
Estireno	0,02 mg/L
Etilbenzeno	90,0 μg/L
Fenóis totais (substâncias que reagem com 4-aminoantipirina)	0,003 mg/L C6H5OH
Glifosato	65 μg/L
Gution	0,005 μg/L
Heptacloro epóxido + Heptacloro	0,01 μg/L
Hexaclorobenzeno	0,0065 μg/L
Indeno(1,2,3-cd) pireno	0,05 μg/L
Lindano (g-HCH)	0,02 μg/L
Malation	0,1 μg/L
Metolacloro	10 μg/L
Metoxicloro	0,03 μg/L
Paration	0,04 μg/L
PCBs – Bifenilas policloradas	0,001 μg/L
Pentaclorofenol	0,009 mg/L
Simazina	2,0 μg/L
Substâncias tensoativas que reagem com o azul de metileno	0,5 mg/L LAS
2,4,5-T	2,0 μg/L
Tetracloreto de carbono	0,002 mg/L
Tetracloroeteno	0,01 mg/L
Tolueno	2,0 μg/L
Toxafeno	0,01 μg/L
2,4,5-TP	10,0 μg/L
Tributilestanho	0,063 μg/L TBT
Triclorobenzeno (1,2,3-TCB + 1,2,4-TCB)	0,02 mg/L
Tricloroeteno	0,03 mg/L
2,4,6-Triclorofenol	0,01 mg/L
Trifluralina	0,2 μg/L
Xileno	300 μg/L

O monitoramento da qualidade ambiental por sua vez serve como um indicativo do desempenho ambiental das organizações na região. Uma piora significativa na qualidade ambiental do ar, por exemplo, detectada pela rede de monitoramento do Estado, exceto em períodos de ocorrência de inversão térmica, aponta para uma necessidade na intensificação na fiscalização dos vários empreendimentos instalados na região.

O monitoramento ambiental não pode trabalhar com o universo inteiro, mas sim por amostragem, pois as coletas extensivas de dados podem ser caras, pouco aplicáveis e úteis. O monitoramento constitui o centro nervoso que pode definir a estratégia de fiscalização e controle de atividades poluidoras. É uma das fontes de informações para orientar as prioridades de ação do órgão de controle ambiental sobre empreendimentos degradadores da qualidade ambiental. Assim, uma rede de monitoramento da qualidade ambiental necessita ser regular, para dar confiabilidade aos dados e para torná-los fonte de referência para orientar as prioridades de controle.[30]

Gera informações sobre qualidade da água, do ar, do solo, pesquisa dados e informações e os interpreta, ajudando a orientar e priorizar os trabalhos de fiscalização e a identificar as causas dos problemas ambientais. Possibilita conhecer melhor as características do ambiente, para administrá-lo eficazmente. Sistemas de informações e estatísticas ambientais enfatizam indicadores sobre qualidade das águas, qualidade do ar, perdas de solos férteis em toneladas/ano, percentual de cobertura vegetal existente, identificam sítios contaminados e sustentabilidade dos recursos.[31]

Quanto aos problemas com emissões atmosféricas e sua contribuição para o comprometimento da qualidade do ar foi criada a Resolução do CONAMA nº 05 (15/6/1989), que institui o Programa Nacional de Controle da Qualidade do Ar (PRONAR), dando outras providências. Nesta legislação, a fim de viabilizar a implantação de uma política que evita a deterioração significativa da qualidade do ar em todo o território nacional, suas áreas foram enquadradas de acordo com a seguinte classificação de usos pretendidos:

a) classe I: áreas de preservação, lazer e turismo, tais como Parques Nacionais e Estaduais, Reservas e Estações Ecológicas, Estâncias Hidrominerais e Hidrotermais. Nestas áreas deverá ser mantida a qua-

[30] Ribeiro (2000).

[31] Ribeiro (2000).

lidade do ar em nível o mais próximo possível do verificado sem a intervenção antropogênica;

b) classe II: áreas onde o nível de deterioração da qualidade do ar seja limitado pelo padrão secundário de qualidade;
c) classe III: áreas de desenvolvimento onde o nível de deterioração da qualidade do ar seja limitado pelo padrão primário de qualidade.

Essa legislação também estabelece as diferenças entre padrões primários e secundários de qualidade do ar:

a) Padrão Primário: é aquele cujas concentrações de poluentes, quando ultrapassadas, poderão afetar a saúde da população, podendo ser entendido como níveis máximos toleráveis de concentração de poluentes atmosféricos, constituindo-se em metas de curto e médio prazo;
b) Padrões Secundários: as concentrações de poluentes atmosféricos abaixo das quais se prevê o mínimo efeito adverso sobre o bem-estar da população, assim como o mínimo dano à fauna e flora, aos materiais e meio ambiente em geral, podendo ser entendidos como níveis desejados de concentração de poluentes, constituindo-se em meta de longo prazo.

O processo de monitoramento ambiental pode ser realizado pelo órgão de controle ambiental, através de um processo mais simplificado de execução, pela realização de amostragens aleatórias, periódicas e não periódicas, ou através de um processo mais abrangente de verificação do desempenho ambiental de empreendimentos que caracteriza a auditoria ambiental.

5.3.2 *Auditoria ambiental*

O processo de auditoria realizado pelo órgão de controle ambiental envolve uma verificação mais abrangente e sistemática do desempenho ambiental da organização através da avaliação de seu processo produtivo e dos impactos ambientais gerados. Este tipo de auditoria se fixa assim como o monitoramento na verificação do cumprimento dos requisitos legais aplicáveis ao empreendimento.

Nesse caso, os auditores (fiscais) do órgão de controle ambiental ficam normalmente atentos, principalmente, para os seguintes aspectos (diretrizes), os quais se constituem em itens objetivos de uma lista de verificação (a qual envolve, de modo geral, formas de apropriação e uso de recursos ambientais, como ar, água, terra, solo, minerais e madeira):

1. os padrões de lançamento de efluentes líquidos (controlados/não controlados) nos corpos de água receptores;
2. os padrões de lançamentos de emissões atmosféricas (controladas/não controladas);
3. o gerenciamento de resíduos sólidos tanto interno (geração, manuseio, condicionamento, estocagem temporária, processamento), transporte e destinação final (tratamento ou disposição);
4. o gerenciamento de insumos, matérias-primas e produtos perigosos (transporte, manuseio, condicionamento, estocagem temporária e processamento);
5. geração de ruído, material particulado, geração de odores, vibrações e radiação;
6. operação e manutenção de instalações, máquinas e equipamentos de controle ambiental;
7. fontes de origem da água utilizada no processo etc.

Em relação aos monitoramentos, as auditorias ambientais são instrumentos utilizados com menor frequência pelo órgão de controle ambiental, sendo geralmente realizadas após o recebimento de uma denúncia.

5.4 Compensação ambiental

A compensação ambiental é um mecanismo financeiro de compensação pelos efeitos de impactos não mitigáveis ocorridos quando da implantação de empreendimentos, e identificados no processo de licenciamento ambiental. Estes recursos são destinados às Unidades de Conservação para a consolidação do Sistema Nacional de Unidades de Conservação (SNUC). Segundo Machado, mesmo que a compensação não fosse prevista por mecanismos legais, ela é devida pelo princípio da responsabilidade objetiva ambiental (Art. 14, § 1º, da Lei nº 6.938/81). A compensação também foi prevista na legislação de outros países, como: França; Argélia; Comunidade Econômica Europeia (Diretriz mencionada, Anexo III, nº 5); Grécia; Portugal; Holanda;

e China.[32] Consideram-se como impactos não passíveis de serem mitigados: perda da biodiversidade, perda de áreas representativas do patrimônio cultural, histórico e arqueológico. Neste caso, a única alternativa possível é a compensação destas perdas através da destinação de recursos para a manutenção de Unidades de Conservação ou criação de novas unidades.[33]

A criação de regulamentação ambiental básica para suportar o processo de compensação ambiental é extremamente recente; contudo seus primórdios já foram inicialmente delineados a partir da década de 80. Medidas compensatórias foram inicialmente previstas na regulamentação ambiental pela Resolução CONAMA nº 10/87, onde o art. 1º determinou que, "*para fazer face à reparação dos danos ambientais causados pela destruição de florestas e outros ecossistemas, o licenciamento de obras de grande porte, assim considerado pelo órgão licenciador com fundamento no RIMA, terá como um dos seus pré-requisitos a implantação de uma estação ecológica pela entidade ou empresa responsável pelo empreendimento, preferencialmente junto à área*".

A Resolução do CONAMA nº 10/87 foi modificada em 18 de abril de 1996 pela Resolução CONAMA nº 2/96. Entre as principais modificações, destaca-se o fato de que a unidade de conservação a ser implantada deverá ser de domínio público e uso indireto, "*preferencialmente*", e não exclusivamente uma Estação Ecológica (art. 1º). O art. 2º estabelece que "*o montante dos recursos a serem empregados na área a ser utilizada [...] será proporcional à alteração e ao dano ambiental a ressarcir e não poderá ser inferior a 0,50% dos custos totais previstos para implantação do empreendimento*".

Com o advento da Lei nº 9.985 (18/7/2000), que instituiu o Sistema Nacional de Unidades de Conservação da Natureza, a compensação passou a ser obrigatória para empreendimentos causadores de significativo impacto ambiental, obrigando o empreendedor a apoiar a implantação e a manutenção de unidade de conservação do Grupo de Proteção Integral (art. 36), e não mais apenas Estações Ecológicas.[34]

A Lei nº 9.993 (24/7/2000), a qual destina recursos da compensação financeira pela utilização de recursos hídricos para fins de geração de energia elétrica e pela exploração de recursos minerais para o setor de ciência e tecnologia.

---

32 IBAMA (2006).

33 IBAMA (2006).

34 IBAMA (2006).

Ministro do STF vota a favor de dispositivo da Lei de Compensação Ambiental

O Supremo Tribunal Federal (STF) iniciou, nesta quarta-feira (14), o julgamento da Ação Direta de Inconstitucionalidade (ADI) que questiona a validade de um dispositivo da lei federal 9985/2000 que cria o Sistema Nacional de Unidades de Conservação (Snuc). A lei determina que, nos casos de licenciamento ambiental de empreendimentos de significativo impacto para o meio ambiente, o empreendedor é obrigado a investir em Unidades de Conservação (UCs) para compensar os danos causados. A norma vale tanto para empreendedores privados, quanto para públicos.

O relator da ADI, ministro Carlos Ayres Britto votou contra a ação apresentada pela Confederação Nacional da Indústria (CNI) que contesta o artigo 36 e os parágrafos 1º, 2º e 3º, da norma. A Lei de Compensação Ambiental estabelece que as empresas devem destinar às áreas afetadas no mínimo 0,5% do investimento total do empreendimento.

Segundo o ministro-relator, a prévia compensação ambiental não ofende o princípio da legalidade como acentua a CNI, uma vez que foi a própria norma que instituiu a obrigação de compensar os danos ambientais. Para o ministro Ayres Britto, a compensação ambiental se revela como instrumento adequado ao fim visado pela Constituição Federal "qual seja a preservação do meio ambiente para as presentes e futuras gerações".

Após a apresentação do voto do relator favorável à manutenção do dispositivo e contra a solicitação da CNI, o julgamento foi adiado em razão do pedido de vista do ministro Marco Aurélio.

Fonte: <http://www.mma.gov.br/ascom/ultimas/index.cfm?id=2623>.

Recentemente, em 22 de agosto de 2002, o Decreto nº 4.340 veio regulamentar vários artigos da Lei nº 9.985 (18/7/2000), entre eles o artigo específico sobre compensação ambiental. Este decreto determina em seu Capítulo VIII os principais fundamentos da compensação ambiental, os quais estão sintetizados a seguir:[35]

1. o órgão ambiental licenciador fixará a compensação a partir do grau de impacto;
2. o grau de impacto deverá ser determinado a partir dos estudos ambientais realizados quando do processo de licenciamento, considerando-se os impactos negativos, não mitigáveis e passíveis de riscos que possam comprometer a qualidade de vida de uma região ou causar danos aos recursos naturais;

[35] IBAMA (2006).

3. os percentuais deverão ser fixados, gradualmente, a partir de meio por cento dos custos totais previstos para a implantação do empreendimento.

O art. 36 da Lei nº 9.985 (18/7/2000), regulamentado pelo Decreto nº 4.340 (22/8/2002), veio consolidar e dar o devido amparo legal para a execução dos mecanismos de compensação ambiental, proporcionalmente ao grau de impacto específico de cada empreendimento em licenciamento.[36]

Por sua vez, a Lei nº 10.165 (27/12/2000), a qual altera a Lei nº 6.938 (31/8/1981), dispõe sobre a Política Nacional do Meio Ambiente, seus fins e mecanismos de formulação e aplicação, e dá outras providências. Essa regulamentação institui a Taxa de Controle e Fiscalização Ambiental (TCFA), cujo fato gerador é o exercício regular do poder de polícia conferido ao Instituto Brasileiro do Meio Ambiente e dos Recursos Naturais Renováveis (IBAMA) para controle e fiscalização das atividades potencialmente poluidoras e utilizadoras de recursos naturais.

Sem dúvida a compensação ambiental é um instrumento extremamente interessante, principalmente em virtude de sua complementaridade às multas ambientais. Uma vez que a forma como o valor das multas ambientais é determinada pelo órgão de controle ambiental, é ainda insuficiente para compensar o valor do dano ambiental gerado pelo empreendimento.

Após a discussão dos instrumentos de gestão ambiental de abrangência micro, os quais envolvem a atuação da esfera pública (Poder Público), serão discutidos no capítulo que segue os instrumentos de gestão ambiental de abrangência micro e esfera privada.

[36] IBAMA (2006).

6 Instrumentos de Abrangência Micro e Esfera Privada

O processo de gestão ambiental, nas últimas décadas, ganhou uma nova abordagem, não só focalizando benefícios socioambientais gerados pelo melhor desempenho ambiental das organizações, como também enfatizando os benefícios econômicos resultantes disso, fazendo com que o processo de gestão organizacional fosse cada vez mais voltado para uma abordagem holística.

A visão moderna da empresa em relação a seu ambiente agora é muito mais complexa, sendo considerada como uma instituição sociopolítica. A linha de demarcação entre a empresa e seu ambiente é vaga e ambígua. Não há consenso de quais seriam as verdadeiras responsabilidades sociais de uma empresa. Muitos conceitos sociais, que eram comuns nas décadas de 60 e 70, foram reformulados nos últimos anos e deram origem a novas regulamentações e leis emanadas do Poder Público. Esse contexto vem tornando o ambiente de negócios cada vez mais imprevisível e mutável.[1]

As demandas por um processo de gestão ambiental associado a um mercado globalizado e cada vez mais competitivo passaram a ser exigidas das organizações, em virtude da pressão de clientes, e vêm atingindo até mesmo empresas de micro e pequeno porte, na cadeia de fornecedores de grandes corporações nacionais e internacionais.

Desdobramentos desse cenário vêm fazendo com que os instrumentos de gestão ambiental de nível micro, focados em sistemas voluntários de adequação,

[1] Donaire (1999).

ganhem cada vez mais espaço e importância, em virtude de estarem intimamente relacionados com maior racionalidade no processo produtivo e focados em uma eficiência global que envolve uma visão sistêmica.

6.1 O desempenho sustentável

As expectativas da sociedade mudaram e as empresas devem adaptar-se a essas mudanças. Uma organização só tem razão de existir se desempenhar um papel socialmente útil, a partir do momento em que o contrato social existente entre ela e a sociedade puder ser refeito ou revogado, caso as mesmas fracassem em atender às expectativas da sociedade. Se as organizações pretendem sobreviver a longo prazo, devem atender a essas aspirações e realizar o que a sociedade delas espera.[2]

Todas as definições de desenvolvimento sustentável reconhecem que grande parte das alternativas que o homem adota em seus negócios quanto ao uso dos recursos naturais não é sustentável, como a dependência de combustíveis fósseis não renováveis, a poluição da atmosfera, a destruição do solo, a dependência do setor agrícola de fontes de energia não renováveis, como fertilizantes, transportes, sistema de refrigeração e embalagem de produtos.

Neste quadro, firma-se o conceito de excelência ambiental, que avalia a indústria não só por seu desempenho produtivo e econômico, mas também por sua *performance* em relação ao meio ambiente. Embora não suficiente, a excelência ambiental passa a ser considerada necessária para o sucesso da empresa, que, quando alcançada no momento adequado e bem explorada, é passível de se converter em oportunidades de novos ganhos e crescimento. O mercado de capitais também captou prontamente esta tendência e passou a levar crescentemente em consideração o aspecto ambiental em suas decisões de investimento.[3]

Assim, lucros maiores podem decorrer da eliminação de certos custos, novos produtos e serviços e aumentos no preço de venda de um produto ou serviço, além das seguintes oportunidades de maximização do lucro:[4]

---

[2] Donaire (1999).

[3] Donaire (1999).

[4] Kinlaw apud Henkels (2002).

- reduções dos custos de gerenciamento de resíduos;
- economia de custos pelo uso racional de insumos e matérias-primas de produção;
- economia de custos com seguro;
- mudanças nos custos associadas à qualidade;
- mudanças nos custos de serviços públicos;
- mudanças no trabalho operacional e de manutenção;
- mudanças nos custos de suprimentos para operação e manutenção;
- mudanças nas receitas de produção;
- aumento de receitas de produtos derivados.

Essa mesma pesquisa revelou que as razões para a adoção de práticas de gestão ambiental (quase 85% das empresas pesquisadas adotam algum tipo de procedimento associado à gestão ambiental) não foram apenas em função da legislação, mas, principalmente, por questões que poderíamos associar à gestão ambiental:[5]

- aumentar a qualidade dos produtos;
- aumentar a competitividade das exportações;
- atender ao consumidor com preocupações ambientais;
- atender à reivindicação da comunidade;
- atender à pressão de organização não governamental ambientalista;
- estar em conformidade com a política social da empresa;
- melhorar a imagem perante a sociedade.

Mais desafiante na conquista do mercado financeiro será convencer a sociedade de que a empresa privada e não somente o governo deve ser a protagonista dessa transição em direção a uma economia sustentável. Na última pesquisa sobre percepção do consumidor brasileiro, patrocinada pelo Instituto Ethos, revelou-se que, no quesito "atribuição de responsabilidade", 3,7% dos mais de mil entrevistados acreditam que cabe ao governo o papel de fiscalizar para que as empresas não poluam o meio ambiente. O espaço para a chamada autorregulação, portanto, ainda não inspira confiança e o Estado é visto como o principal regulador.[6]

---

[5] Tachizawa (2002).

[6] Ethos apud Vinha (2003).

A preocupação por parte das organizações com seus impactos socioambientais tornou-se uma componente constante de qualquer processo produtivo, problema que só pode ser solucionado mediante um processo de gestão ambiental sistematizado e estrategicamente focado. Para tanto, existem várias alternativas de que a organização pode lançar mão na busca de aprimorar seu desempenho ambiental, as quais envolvem a flexibilidade necessária para viabilizar a obtenção de seu lucro, essencial para a sustentabilidade econômica, evitando ou reduzindo seus impactos ambientais. Um dos instrumentos fundamentais é o processo de análise ambiental, que constitui a base de implantação de vários outros instrumentos de gestão ambiental.

6.2 Análise ambiental

Atualmente, qualquer organização que queira escoar seus produtos tanto para o mercado interno como para o externo necessita estar envolvida de alguma forma com um processo de análise ambiental, ainda que seja somente para controlar os aspectos ambientais associados àqueles impactos associados aos quais existam requisitos legais ambientais (nível municipal, estadual e federal) fiscalizados pelo órgão de controle ambiental.

A análise ambiental que resulta em um diagnóstico do desempenho ambiental da organização, assim como a educação ambiental, são os pressupostos básicos para a implantação de qualquer processo de gestão ambiental. Isso envolve, geralmente, uma metodologia mais sistematizada e complexa, que surge como demanda objetiva, quando a organização apresenta um perfil mais proativo e busca gerenciar seu risco ambiental através da implantação de um SGA ISO 14001 ou programa de Produção Mais Limpa. Nesses casos, a organização necessita efetivamente documentar procedimentos e implantá-los para a sua realização.

Contudo, mesmo nesse contexto a metodologia adotada para a implantação da análise ambiental ainda é bastante simplificada, quando comparada à metodologia de análise ambiental do EIA/RIMA discutida na seção 5.2.2, principalmente porque impactos ambientais produzidos no âmbito da operação de um empreendimento, exceto daqueles condicionados à EIA/RIMA, são do tipo menos abrangentes, como a geração de emissões atmosféricas, resíduos sólidos, efluentes industriais, esgotos, calor ou ruído etc.

A metodologia atualmente utilizada no processo de análise ambiental no escopo da ISO 14001 foi amadurecida, adaptada e simplificada da metodologia de EIA/RIMA a partir da experiência de vários especialistas. Enquanto, por um lado, esse processo de adaptação sem dúvida alguma significou uma experiência prévia essencial para a avaliação de impactos ambientais no contexto organizacional, apresentou, por outro lado, um efeito colateral atribuído ao fato de muitas organizações ainda utilizarem metodologias desnecessariamente complexas e quantitativas. Isso é particularmente importante quando a metodologia deve atender às necessidades de empresas de pequeno e médio porte, as quais ainda utilizam alternativas bastante complexas e inadequadas para a implantação de um SGA em seu contexto organizacional.

Isso é fundamental, uma vez que o processo de análise ambiental é o cerne para a estruturação de um SGA; caso existam problemas nessa fase por falhas na metodologia, seja por excesso, seja por falta de robustez, a estruturação do sistema pode ser comprometida.[7] Não foram poucas as organizações que já desistiram da implantação de seu SGA, por terem dificuldade em lidar com uma metodologia extremamente complexa e quantitativa. Isso é um indicativo de que muitas organizações, após a implantação do sistema, não vêm realizando uma análise crítica periódica da adequação e eficiência do procedimento utilizado. Embora mais simplificada, essa metodologia deve ser eficiente para identificar os aspectos ambientais do empreendimento aos quais estão associados impactos ambientais significativos.

É sempre difícil para as organizações que possuem uma gestão com base na conformidade identificar atividades, produtos e serviços em seu processo; contudo, geralmente entendem muito bem o material que utilizam e o produto final. O que nem sempre conseguem fazer é uma conexão clara entre esses aspectos e a sua fonte.[8] Muitas vezes, a metodologia utilizada apresenta dificuldade em deixar claro ao usuário do procedimento as diferenças entre aspectos e impactos ambientais, bem como a abrangência dos impactos.[9]

Quando a organização apresenta dificuldades básicas associadas à análise ambiental, seu processo de gestão ambiental sistematizado não fica completamente comprometido. O escopo da ISO 14001 segue as seguintes etapas básicas: identificação dos aspectos ambientais, verificação de importância dos impactos e sua avaliação de significância. Após a identificação dos impactos ambientais considerados significativos pela aplicação da metodologia, os

---

7 Seiffert (2006).

8 Harrington e Knight (2001).

9 Seiffert (2006).

aspectos ambientais a eles associados devem ser gerenciados através de quatro alternativas básicas (objetivos e metas, planos de atendimento a emergência, controles operacionais e monitoramento e medição), utilizadas em conjunto ou isoladamente, conforme a situação. Todo o SGA passa a ser estruturado segundo essas quatro alternativas de gerenciamentos de aspectos ambientais.

6.3 Normas ISO de gestão ambiental

As normas da série ISO 14000 surgiram como uma proposta concreta para a gestão ambiental durante a Eco 92, das quais 172 países foram signatários. Surgiram também como uma resposta à perspectiva neoliberal de que as dinâmicas do mercado podem contribuir para aprimorar o processo de gestão ambiental, a partir da implantação de normas de natureza voluntária.

Eles são o resultado de um processo de discussões em torno dos problemas ambientais e de como promover o desenvolvimento econômico frente à questão ambiental; por isso, procuram estimular o desenvolvimento de alternativas para a gestão ambiental, efetivas e abrangentes, sem, no entanto, estabelecer padrões de desempenho ambiental. Essas normas foram o resultado de um processo que vinha evoluindo ao longo dos diversos fóruns de discussão.

Um motivo para essa abordagem é que existe uma multiplicidade de pontos de vista diferentes sobre o que é uma boa gestão e desempenho ambiental. Isso se relaciona, em parte, às diversas tecnologias existentes para alcançar os objetivos ambientais de uma organização. Esta é a razão pela qual as normas da série ISO 14000 estabelecem uma base comum para uma gestão ambiental mais uniforme e eficiente em todo o mundo. Desta forma, haverá maior confiança, por parte daqueles envolvidos no processo de gestão ambiental, de que o processo realizado por uma empresa conduzirá a um maior cumprimento da lei, bem como à conformidade a outras exigências e a níveis mais elevados de desempenho ambiental.[10]

Na discussão das normas envolvidas no processo de gestão ambiental, percebeu-se também a importância da adoção de diferentes níveis de abrangência para o processo de gestão ambiental organizacional, os quais estavam associados ao objetivo da implantação do sistema em questão, gerando então dois focos básicos em que essas normas ambientais se dividem.

---

[10] Seiffert (2006).

6.3.1 *Focos das normas de gestão ambiental*

Os objetivos a que se destinam as normas da série ISO 14000 levaram ao surgimento de diferentes focos em sua aplicação, os quais se agregam a duas formas básicas: organização e produto e processo (Figura 6.1).

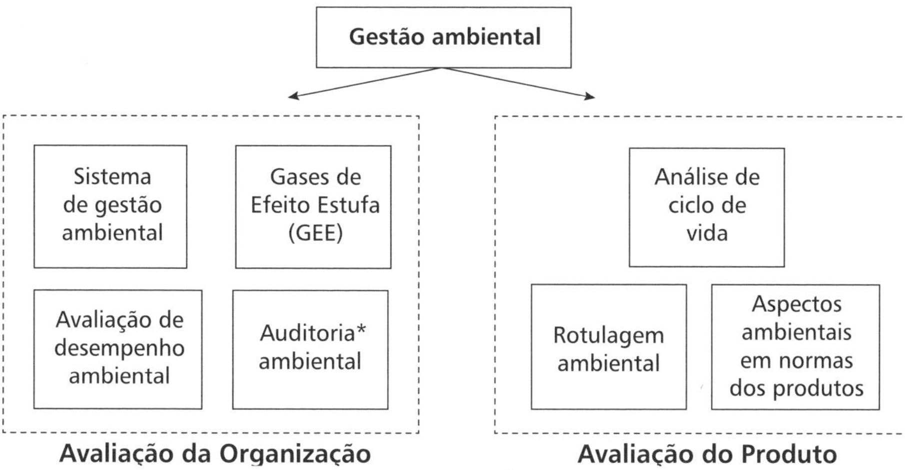

*Auditoria de sistema de qualidade e ambiental ISO 19011.

Figura 6.1 *A série de normas ISO de gestão ambiental.*[11]

Essas normas são fundamentais para o processo de gestão ambiental organizacional, apresentando funções complementares e não excludentes. Contudo, as normas relacionadas à avaliação da organização apresentam uma aplicação mais abrangente que as focadas no produto e no processo produtivo.

6.3.1.1 Foco na organização

Esse enfoque é constituído por um grupo de normas que buscam normatizar a implantação da gestão ambiental em nível organizacional, sendo integrado pelo seguinte grupo de normas.

a) *Sistema de Gestão Ambiental (ISO 14001, ISO 14004, ISO 14005 e 14006):* a norma ISO 14001 é a única da série que permite a certifi-

[11] Adaptado de Tibor e Feldman, 1996.

cação por terceiros (certificadoras) de um Sistema de Gestão Ambiental, sendo a única cujo conteúdo é efetivamente auditado na forma de requisitos obrigatórios de um SGA. A ISO 14004, embora seja uma norma que visa à orientação, apresenta um caráter não certificável, fornecendo apenas importantes informações para a implantação dos requisitos da ISO 14001 (Quadro 6.1). Infelizmente, em sua versão 2004, a ISO 14001 teve sua eficiência no controle ambiental reduzida, com a inserção da palavra *escopo*, a qual abre a possibilidade para a organização optar pela certificação, por exemplo, de somente uma planta de produção, entre outras existentes no *site*, ou mesmo na linha de produção. Além dessas normas, a ISO 14005, que inclui as diretrizes para a avaliação de desempenho ambiental, e a ISO 14006, sobre incorporação do ecodesign no escopo de implantação de um SGA, serão muito interessantes no sentido de contribuir para o aprimoramento do padrão de desempenho ambiental de um SGA.

b) *Auditoria de SGA (19011):* esta norma estabelece os procedimentos e requisitos gerais das auditorias e atuação de auditores de sistemas de gestão certificáveis, sendo um subsídio determinante para a implantação do requisito de auditoria do SGA (4.5.5), o qual deve ser completamente atendido para a certificação. As normas de auditoria: 14010, 14011, 14012, foram substituídas pela norma ISO 19011, que é uma norma de orientação para o processo de auditoria de sistemas de gestão e não especificação. A versão 2002 da ISO 19011 era focada em auditoria de gestão ambiental e da qualidade e foi substituída pela versão 2011, que passou a ser mais abrangente, tratando de auditoria de sistemas de gestão, unificando assim seus critérios de auditoria.

c) *Avaliação de Desempenho Ambiental (ISO 14031 e ISO 14033):* apresentam as diretrizes para a realização da avaliação de desempenho ambiental dos processos nas organizações. A sistemática estabelecida por estas normas é muito mais complexa e aprofundada do que o requerido pela NBR ISO 14001, pois engloba todo o ciclo de vida dos produtos e serviços da empresa, desde a entrada de matérias-primas até o descarte após o uso, através do estabelecimento de indicadores ambientais e seu monitoramento. A avaliação do desempenho ambiental é um processo bem mais detalhado quando comparado ao escopo da ISO 14001, uma vez que ela envolve um processo de medição, análise, avaliação e descrição do desempenho ambiental da organização em relação aos objetivos definidos para o seu SGA.

6.3.1.2 Foco no produto e no processo

Esse enfoque é constituído por um grupo de normas que buscam normatizar o produto e o processo produtivo, sendo integrado pelo seguinte grupo de normas:

a) *Rotulagem Ambiental (ISO 14020, ISO 14021, ISO 14024 e ISO 14025):* estas normas estabelecem diferentes escopos para a concessão de selos ambientais; diferentemente da ISO 14001, não certificam processo, mas linhas de produtos que devem apresentar características específicas, tomando-se como base critérios estruturais tecnicamente válidos. A rotulagem ambiental dentro do escopo da ISO é extremamente interessante, uma vez que se constitui em um padrão de credibilidade à aceitação internacional.

Quadro 6.1 *Normas ISO*[12] *voltadas para gestão ambiental organizacional.*[13]

	Norma	Ano	Tema
1	ISO 14001	2015	Sistema de Gestão Ambiental – Especificações e diretrizes de uso
2	ISO 14004	2016	Sistema de Gestão Ambiental – Diretrizes gerais e princípios, sistemas e técnicas de suporte
3	ISO 14005	2010	Sistemas de gestão ambiental – Diretrizes para o estágio de implantação de um SGA, incluindo o uso da avaliação de desempenho ambiental.
4	ISO 14006	2011	Sistemas de gestão ambiental – Diretrizes para incorporação do ecodesign
5	ISO 14015	2001	Gestão ambiental – Avaliação ambiental de *sites* e organizações
6	ISO 14020	2000	Rotulagem e declarações ambientais – Princípios gerais

---

12 Atenção ao fato de que algumas ainda não se encontram em formato de norma internacional.

13 <http//www.iso.org>.

7	ISO 14021	2016	Rotulagem e declarações ambientais – Autodeclaração ambiental (Tipo II)
8	ISO 14024	1999	Rotulagem e declarações ambientais – Rotulagem ambiental Tipo I – princípios e procedimentos
9	ISO 14025	2006	Rotulagem e declarações ambientais – Declarações ambientais Tipo III
10	ISO 14031	2013	Gestão ambiental – Avaliação de desempenho ambiental – Diretrizes
11	ISO/TS 14033	2012	Gestão ambiental – Informação ambiental quantitativa – Diretrizes e exemplos
12	ISO 14040*	2006	Gestão ambiental – Abordagem de ciclo de vida – Princípios e estrutura
13	ISO 14044	2006	Gestão ambiental – Avaliação de ciclo de vida – Requisitos e diretrizes
14	ISO 14045	2012	Gestão ambiental – Avaliação de ecoeficiência de sistemas de produtos – Princípios e requisitos
15	ISO/TR 14047	2012	Gestão ambiental – Avaliação de impacto do ciclo de vida – Exemplos de aplicação da 14042*
16	ISO/TS 14048	2002	Gestão Ambiental – Avaliação de ciclo de vida – Formato documental para dados
17	ISO/TR 14049	2012	Gestão ambiental – Avaliação de ciclo de vida – Exemplos para aplicação da ISO 14041* para a definição de escopo e objetivo e análise de inventário
18	ISO14050	2009	Gestão ambiental – Vocabulário
19	ISO 14051	2011	Gestão ambiental – Contabilidade de custo do fluxo de materiais – Estrutura geral
20	ISO/TR 14062	2002	Gestão Ambiental – Integração de aspectos ambientais no projeto e desenvolvimento de produtos
21	ISO 14063	2006	Gestão ambiental – Comunicações ambientais – Diretrizes e exemplos
22	ISO 14064-Parte 1	2006	Gases de Efeito Estufa – Especificação e orientação a organizações para a quantificação e elaboração de relatórios de emissões e remoções de GEEs

23	ISO 14064-Parte 2	2006	Gases de Efeito Estufa – Especificação e orientação a projetos para quantificação, monitoramento e elaboração de relatórios das reduções de emissões ou aprimoramentos das remoções de GEEs
24	ISO 14064-Parte 3	2006	Gases de Efeito Estufa – Especificação e orientação para validação e verificação de declarações de GEEs
25	ISO 14065	2013	Gases de Efeito Estufa – Requisitos para organismos de validação e verificação de GEEs para uso em acreditação e outras formas de reconhecimento
26	ISO 14066	2011	Gases de Efeito Estufa – Requisitos de competência para equipes de validação e verificação de GEEs
27	ISO/TS 14067	2013	Gases de Efeito Estufa – Pegada ecológica de produtos – Requisitos e diretrizes para quantificação e comunicação
28	ISO/TR 14069	2013	Quantificação e relato de GEEs por organizações – Diretrizes para aplicação da ISO 14064-1
29	ISO 19011	2011	Diretrizes para auditoria de Sistemas de Gestão
30	ISO 26000	2010	Orientação em responsabilidade social
31	ISO Guide 64	2008	Guia para consideração de questões ambientais em normas de produtos
32	ISO/IEC 17021-1	2015	Avaliação de conformidade - Requisitos para organismos de auditoria e certificação de Sistemas de Gestão - Parte 1: Requisitos
33	ISO/IEC 17021-2	2015	Avaliação de conformidade – Requisitos para organismos de auditoria e certificação de Sistemas de Gestão – Parte 2: Requisitos de competência para auditoria e certificação de SGAs
34	ISO/IEC TS 17022	2012	Avaliação de conformidade – Requisitos e recomendações de conteúdo para um relatório de auditoria de terceira parte de sistemas de gestão

AWI: Approved Worked Item WD: Working Draft CD: Committee Draft	DIS: Draft International Standard FDIS: Final Draft International Standard DTR: Draft Technical Report TR: Technical Report TS: Technical Specification

***As normas ISO 14041, 14042 e 14043 foram canceladas:**

- ISO 14041 (1998): Gestão Ambiental – Avaliação de ciclo de ciclo de vida – Definição de objetivos e escopo e análise de inventário.
- ISO 14042 (2000): Gestão Ambiental – Avaliação de ciclo de ciclo de vida – Avaliação de impacto do ciclo de vida.
- ISO 14043 (2000): Gestão Ambiental – Abordagem de ciclo de ciclo de vida – Interpretação do ciclo de vida.

b) *Avaliação de Ciclo de Vida (ISO 14040 e ISO 14044)*: estabelece a sistemática para realização da avaliação de ciclo de vida de produto. Esta avaliação é realizada considerando a abordagem do berço ao túmulo, a qual evoluiu para a perspectiva do berço ao berço (pois na natureza não existem rejeitos), ou seja, tudo o que entra no processo produtivo desde matérias-primas e insumos de processo (como energia, água, madeira, minerais etc.), passando pelos poluentes gerados (emissões atmosféricas, resíduos sólidos, efluentes industriais, esgotos etc.), até a fase de descarte do produto ao final de sua vida útil e suas implicações ambientais.

c) *Aspectos Ambientais em Normas de Produtos (ISO 14062)*: visa orientar os elaboradores de normas de produtos, buscando a especificação de critérios que reduzam os efeitos ambientais advindos dos componentes.

d) *Gases de Efeito Estufa (ISO 14064 – Partes 1, 2 e 3, ISO 14065 e ISO 14066)*: tratam sobre o processo de gestão de Gases de Efeito Estufa (GEEs). As partes 1 e 2 estão relacionadas com a especificação e orientação para quantificação, monitoramento e elaboração de relatórios de redução de emissões de GEEs e aprimoramento de suas remoções, para organizações e projetos. Enquanto a ISO 14064 (parte 3), a ISO 14065, ISO 14066 são mais focadas em procedimentos e requisitos para acreditação de certificadoras e critérios de capacitação para atuação de auditores no processo de validação e verificação de projetos de redução ou remoção de emissões de GEEs. Em 2013 foi publicada uma norma que apresentará futuramente grande importância no projeto de produtos, a ISO/TS 14067, que fornece as diretrizes para cálculo e comunicação da pegada ecológica de produtos para GEEs.

Embora todas estas normas forneçam uma base conceitual e estrutural importante para a implantação da ISO 14001 e posterior certificação, exclusivamente os requisitos da norma ISO 14001 são, até o momento, indispensáveis e *auditados* para a obtenção de uma certificação de SGA. Nesse contexto a norma ISO 14005 (Quadro 6.1), passa a inserir a avaliação de desempenho ambiental no escopo da ISO 14001, de forma mais sistemática. A ênfase no desempenho ambiental dado por essa norma em relação à ISO 14001 talvez tenha surgido da percepção de que muitas organizações ainda baseiem o desempenho ambiental de seu SGA na órbita do cumprimento das regulamentações ambientais aplicáveis.

Além das normas da série ISO 14000, outras normas, como a ISO 19011 (Auditoria de Sistemas de Gestão de Qualidade e Meio Ambiente), ISO/IEC 17021 Partes 1 e 2, ISO/IEC TS 17022 (competência e consistência na atuação de auditores e organismos de auditoria e certificadoras), como também a ISO 26000 (Responsabilidade Social), surgiram para complementar o grupo de normas ambientais. Várias outras normas, além das citadas, encontram-se com sua estrutura ainda em definição, necessitando de complementações significativas para serem consideradas como padrões internacionais (ISO), como pode ser observado no Quadro 6.1.

Estando ciente do papel e da importância das normas ISO de gestão ambiental, é necessário enfocar a norma ISO 14001 como um instrumento para a gestão ambiental organizacional por excelência, principalmente em virtude da disseminação de sua implantação nas organizações em todos os países do globo.

6.3.2 Sistemas de Gestão Ambiental ISO 14001

Os diferentes estágios identificados no desempenho de organizações têm como corolário a percepção de que é necessária uma postura proativa frente à questão ambiental. Esta postura leva à necessidade do estabelecimento de uma sistemática para sua execução, o que é materializado através das normas da série ISO 14001. Embora esta norma seja considerada como instrumento de gestão ambiental do tipo autocontrole, não apresentando, portanto, o mesmo nível de pressão que mecanismos do tipo comando e controle (leis e normas ambientais), ela passa a funcionar indiretamente como um mecanismo de comando e controle. Isto ocorre principalmente porque a organização, ao implantar e certificar um SGA, é compelida a cumprir a legislação ambiental a ela aplicável em virtude de ser esse um dos requisitos mandatários do sistema.[14]

Essa norma vem evidenciando ser, ao longo dos anos, desde a publicação de sua primeira versão, um instrumento eficiente para o processo de gestão ambiental organizacional. Apresenta como característica fundamental sua flexibilidade, uma vez que não estabelece padrões de desempenho ambiental, mas exige que a organização cumpra os padrões de desempenho ambiental mínimos estabelecidos pela regulamentação ambiental nos níveis municipal, estadual e federal. Nesse caso, é evidente que o nível de facilidade para obtenção da certificação será determinado pelo nível de restrições ambientais associados à legislação ambiental estabelecida pela cidade, Estado, região ou país onde a empresa está instalada.

---

[14] Seiffert (2006).

Características inerentes da organização, como ramo de atividade, nível de inadimplência legal prévio, existência de passivos ambientais, existência de cultura de sistema, bem como nível de mecanização que está diretamente inter-relacionado com seu número de funcionários, todos esses são fatores que afetam com grande intensidade o nível de facilidade para a obtenção da certificação.

6.3.2.1 Implantação da ISO 14001 no Brasil e no mundo

A implantação e a certificação de um SGA vêm em nível mundial, sendo não só resultado da crescente preocupação das organizações com o cumprimento da regulamentação ambiental aplicável, como também da pressão dos consumidores, particularmente em países desenvolvidos, pela cobrança de clientes por um desempenho ambiental mais aprimorado. Este último, em nível de Brasil, pode ser considerado como o fator indutor preponderante. A maioria das empresas que vem implantando um SGA (ISO 14001) está em geral sendo motivada, quase que exclusivamente, para evitar o surgimento de futuras barreiras não tarifárias ao comércio de seus produtos, assegurando assim sua fatia do mercado tanto nacional como internacional.

Após o aparecimento da BS[15] 7750, padrão estabelecido para o Reino Unido para a gestão ambiental, surge em 1993 o *Eco-Management and Audit Scheme* (EMAS) ou Esquema de Auditoria e Ecogestão, da comunidade europeia. É uma norma voluntária que faz parte da política ambiental da Comunidade Europeia. A EMAS apresenta uma característica singular, que é o fato de ser obrigatória a publicação de uma declaração ambiental pela organização, de modo a informar o público e outras partes interessadas a respeito do seu desempenho e intenções em relação ao meio ambiente, não se limitando ao cumprimento da legislação ambiental nacional e da Comunidade Europeia. A ISO 14001 foi delineada segundo o modelo da BS 7750, que, por sua vez, teve como modelo a ISO 9001.

A ISO 14001 vem se configurando ser de tamanha importância para a gestão ambiental organizacional, que o número de certificações vem crescendo vertiginosamente em inúmeras nações, enquanto, por outro lado, o mesmo não vem acontecendo com a norma EMAS de gestão ambiental, como pode ser percebido pela análise comparativa das Figuras 6.2, 6.3 e 6.4. Nesses gráficos, pode-se também observar que alguns países assumem liderança quanto ao número de certificações em nível mundial: Japão, China, Espanha, Reino

[15] British Standard.

Unido, Itália, Estados Unidos, Alemanha, Coreia e Suécia. Evidentemente, os resultados dos gráficos apresentados não permitem fazer uma análise comparativa do número total de organizações existentes no país, mas nos fornecem subsídios para perceber a crescente importância dessa norma para a gestão ambiental em nível mundial.

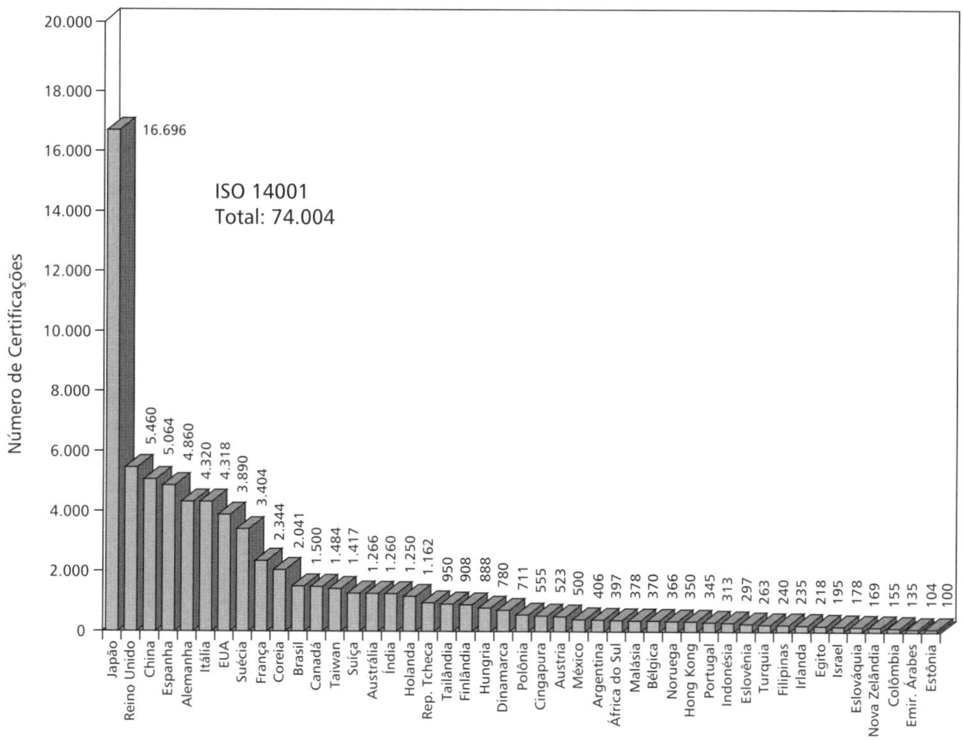

Figura 6.2 *Empresas certificadas pela ISO 14001 no ano de 2004.*[16]

Embora a comparação entre os gráficos, por fornecer valores absolutos, não nos permita fazer uma análise comparativa entre o número de empresas existentes em cada nação e o número de empresas certificadas, para tanto valores em percentagem seriam o ideal. Contudo, eles evidenciam, de forma muito clara e objetiva, como a implantação dessa norma vem crescendo vertiginosamente ao longo dos últimos anos, nos dando uma ideia de sua importância para o processo de gestão ambiental organizacional. Outros gráficos não mostrados

[16] <http//www.isoworld.com>.

aqui, nos anos de 2000 a 2003, apresentam tendências de elevação do número de certificações ainda mais marcantes.

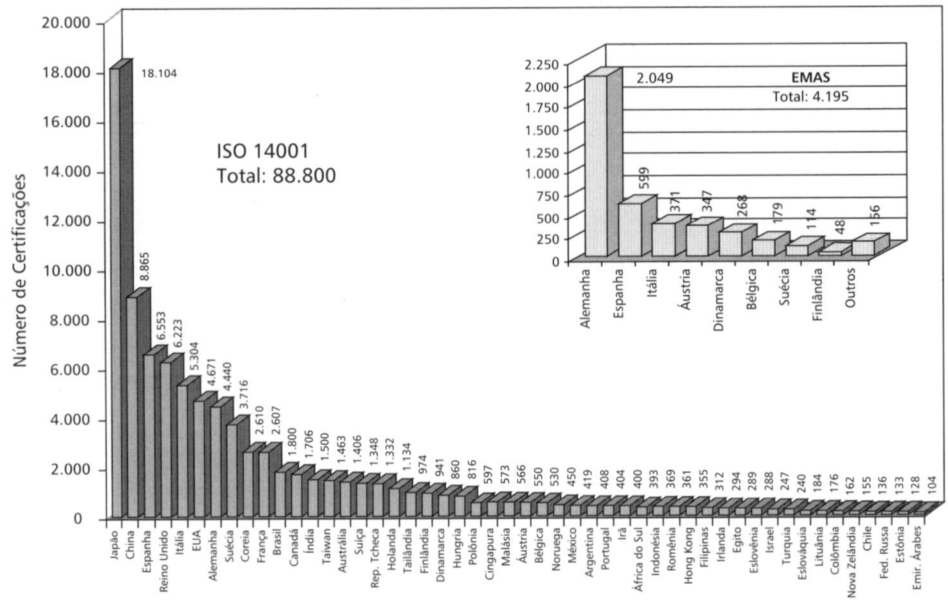

Figura 6.3 *Empresas certificadas pela ISO 14001 no ano de 2005.*[17]

[17] <http//www.isoworld.com>.

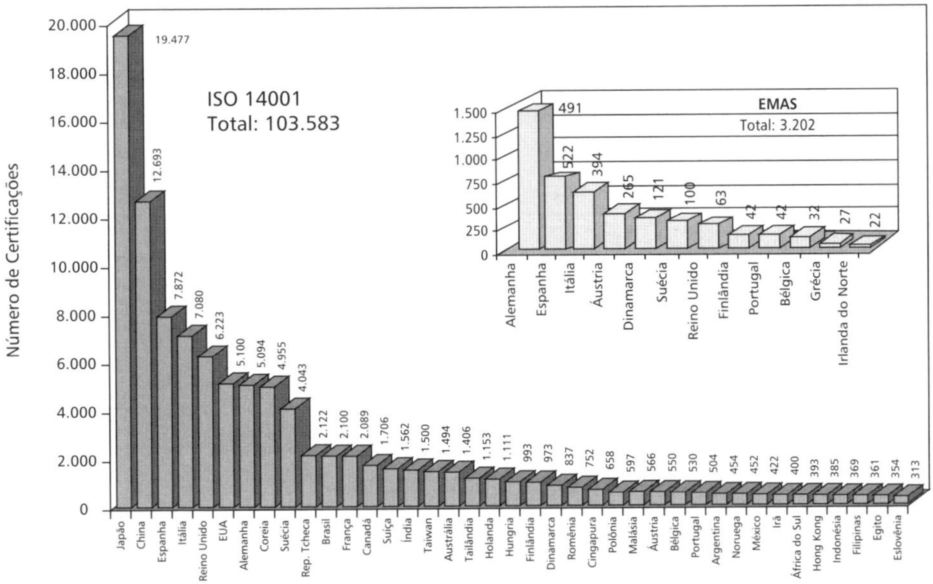

Figura 6.4 *Empresas certificadas pela ISO 14001 no ano de 2006.*[18]

Possivelmente, a existência de uma fiscalização ambiental mais restritiva pelo órgão de controle ambiental seja também um fator indutor para a busca da implantação da ISO 14001. O Quadro 6.2 mostra a diferença entre o número de certificações dos vários Estados do Brasil, com os totais regionais. Mesmo considerando que haja um número diferenciado de empresas operando em cada Estado, as diferenças observadas no número de empresas certificadas são marcantes.

[18] <http//www.isoworld.com>.

Quadro 6.2 *Número de certificações ISO 14001 nos vários Estados do Brasil.*

Estado	Número de Certificações	Região	Número de certificações
São Paulo	341	Sudeste	494
Rio de Janeiro	74	Sul	128
Rio Grande do Sul	50	Nordeste	82
Minas Gerais	66	Norte	47
Bahia	48	Centro-Oeste	24
Paraná	46	Total	775[19]
Amazonas	33		
Santa Catarina	32		
Pernambuco	16		
Espírito Santo	13		
Distrito Federal	10		
Pará	8		
Goiás	7		
Ceará	6		
Amapá	5		
Mato Grosso	5		
Paraíba	5		
Alagoas	4		
Mato Grosso do Sul	2		
Rio Grande do Norte	2		
Maranhão	1		
Roraima	1		
Acre	0		
Piauí	0		
Rondônia	0		
Sergipe	0		
Tocantins	0		

Obs.: As diferenças observadas entre o número de empresas certificadas pela ISO 14001, segundo dados do INMETRO e de origem internacional (Figuras 6.2, 6.3 e 6.4), devem ser induzidas pelo fato de muitas empresas, ao se certificarem, não optarem pelo logo do INMETRO, não sendo nesse caso computadas em sua base de dados.

[19] Instituto Nacional de Metrologia (INMETRO) (2006).

O papel estratégico de uma gestão ambiental efetiva para as organizações, através da implantação da ISO 14001, tem sido evidenciado por uma série de constatações relacionadas ao ambiente onde elas atuam. Uma síntese deste fato deriva da observação de que as empresas tornaram-se expostas a cobranças de posturas mais ativas com relação à responsabilidade sobre seus processos industriais, bem como ao desempenho de seus produtos e serviços em relação à abordagem de ciclo de vida de produtos.

6.3.2.2 Importância estratégica da implantação da ISO 14001

A ISO 14001 é uma norma de sistema que reforça o enfoque no aprimoramento da conservação ambiental pelo uso de um único sistema de gerenciamento permeando todas as funções da organização, não estabelecendo padrões de desempenho ambientais absolutos. Os princípios enunciados possibilitam o estabelecimento de uma visão integrada da gestão ambiental numa organização; embora seus enunciados apresentem um caráter amplo, eles possibilitam o embasamento de linhas de ação integradas, as quais levam à operacionalização de um SGA.

A ISO 14001 orienta o gerenciamento das atividades e dos aspectos ambientais decorrentes de processos, produtos e serviços das organizações. Suas características mais importantes são:

1. proatividade: seu foco é na ação e no pensamento proativo, em lugar de reação a comandos e políticas de controle do passado;
2. abrangência: envolvendo todos os membros da organização na proteção ambiental, levando em conta os *stakeholders* (clientes, funcionários, fornecedores, companhias seguradoras, ONGs e sociedade) e *stockholders* (acionistas), podendo ser utilizada por qualquer tipo de organização, industrial ou de serviço, independente de porte ou ramo de atividade.

A preocupação com uma abordagem estratégica reflete a necessidade de dar à gestão ambiental um papel abrangente no contexto organizacional, proporcionando um arcabouço que subsidie e oriente suas várias iniciativas em relação a uma ampla diversidade de variáveis contextuais relacionadas. O papel estratégico da ISO 14001 resulta da própria forma com que ela foi estruturada. Isso acaba evidenciando-se através da Norma ISO 14004, a qual estabelece os princípios de um sistema de gestão ambiental:

1. comprometimento e política: requer o comprometimento da alta administração, realização de avaliação ambiental inicial e estabelecimento de uma política ambiental;
2. planejamento: envolve a formulação de um plano para o cumprimento da política ambiental, através da identificação de aspectos ambientais e avaliação dos impactos ambientais correlatos, caracterização dos requisitos legais envolvidos, definição de critérios internos de desempenho, estabelecimento de objetivos e metas ambientais e um Programa de Gestão Ambiental (PGA);
3. implantação: implica na criação e capacitação de mecanismos de apoio à política, objetivos e metas ambientais. Isso ocorrerá através da capacitação e de aporte de recursos humanos, físicos e financeiros, harmonização do sistema de gestão ambiental, estabelecimento de responsabilidade técnica e pessoal, conscientização ambiental e motivação, desenvolvimento de conhecimentos, habilidades e atitudes, além de ações que apóiem comunicação e relato, documentação do sistema de gestão ambiental, controle operacional, preparação e atendimento de emergências;
4. medição e avaliação: trata da medição e do monitoramento do desempenho ambiental, possibilitando ações corretivas e preventivas, além de registros do sistema de gestão ambiental e gestão da informação;
5. análise crítica e melhoria: envolve a modificação do sistema com o fim de alcançar a melhoria contínua de seu desempenho, através de sua análise crítica.

Considerando o contexto brasileiro, em que em vários Estados existem problemas sérios associados à fiscalização ambiental, em virtude de contextos diversos, a implantação desta norma passa a ser uma forma de reduzir o ônus associado ao processo de fiscalização ambiental ao governo, porque a empresa passa a se autofiscalizar. Analisando o contexto de distribuição espacial destas empresas, temos o efeito potencializador da conservação ambiental através da acumulatividade.[20]

Assim, a somatória dos efeitos positivos associados a um cluster de empresas que operam de forma ambientalmente responsável assume outra conotação. Nesse contexto, teremos um instrumento de gestão ambiental em nível micro

[20] Seiffert (2002).

funcionando com uma abrangência de nível macro. Quando se considera a participação de empresas de pequeno e médio porte, isto é ainda mais relevante, particularmente, em virtude de estas serem mais numerosas e produzirem maior diversidade de poluentes, em que os padrões ambientais estabelecidos legalmente não contemplam as potencialidades dos danos ambientais associados à acumulatividade e ao sinergismo ou reatividade de compostos em determinado espaço físico.[21]

No processo de implantação e certificação de um SGA, a escolha da certificadora também apresenta um caráter estratégico, considerando a comercialização dos produtos de uma empresa em um mercado globalizado, a fim de se evitarem barreiras não tarifárias mesmo após a certificação. Em nível de Brasil, várias certificadoras vêm atuando para auditoria e concessão do certificado de SGAs, segundo a ISO 14001:

a) Associação Brasileira de Normas Técnicas (ABNT);
b) Avaliações da Qualidade Ltda. (BRTÜV);
c) Bureau Acta de Certificação – QS;
d) Bureau Veritas Quality International (BVQI) do Brasil Sociedade Certificadora Ltda.;
e) CERTA – Certificadores Associados Ltda.;
f) DQS do Brasil Ltda.;
g) Fundação Carlos Alberto Vanzolini (FCAV);
h) Germanischer Lloyd Certification South America Ltda. (GLC);
i) Instituto Argentino de Normalización (IRAM) – Argentina;
j) Instituto Falcão Bauer da Qualidade (IFBQ);
k) Instituto de Tecnologia do Paraná (TECPAR);
l) Perry Johnson, Inc. – Estados Unidos;
m) Quality Evaluations Inc. (ABS);
n) LATU Sistemas S/A – Uruguai;
o) SGS ICS Certificadora Ltda.;
p) TÜV Rheinland;
q) UL Underwriters Laboratories Inc.

---

21 Seiffert (2006).

Assim, a escolha da certificadora surge como um elemento fundamental, que deve buscar recair sempre sobre aquela empresa que tem origem no país em que se comercializa ou se busca comercializar o maior volume de produção. Assim, para quem comercializa grande parte de sua produção, por exemplo, com a França, uma alternativa mais interessante de certificadora seria a BVQI; caso fosse a Alemanha, BRTÜV, e assim por diante.

Outra questão que deve ser salientada é que, em relação à implantação da ISO 14001, existem SGAs com diferentes desempenhos em virtude da definição de seus objetivos e metas. O requisito básico é o comprometimento com o cumprimento da regulamentação ambiental aplicável ao empreendimento, o que não quer dizer que o mesmo esteja a rigor cumprindo integralmente essa regulamentação.[22] Quando as organizações estabelecem os objetivos e as metas de seus SGAs focadas no cumprimento da regulamentação ambiental, estão na verdade perdendo uma grande oportunidade de melhorar a eficiência de seu processo produtivo e também de reduzir seus custos operacionais. Um excelente recurso é buscar talhar o desempenho de um SGA para patamares mais elevados, através de sua integração com princípios mais rígidos de Produção Mais Limpa.

6.4 Produção Mais Limpa (P + L)

Durante o ano de 1989, o Programa das Nações Unidas para o Meio Ambiente (PNUMA), *United Nations Environmental Program* (UNEP), introduziu o conceito de Produção Mais Limpa (P + L) para definir a aplicação contínua de uma estratégia ambiental preventiva e integrada que envolvesse processos, produtos e serviços, de maneira que se previssem ou reduzissem os riscos de curto ou longo prazo para o ser humano e o meio ambiente.[23]

A PML, em resumo, adota os seguintes procedimentos:

a) *quanto aos processos de produção*: conservando as matérias-primas e a energia, eliminando aquelas que são tóxicas e reduzindo a quantidade e a toxicidade de todas as emissões e resíduos;
b) *quanto aos produtos*: reduzindo os impactos negativos ao longo do ciclo de vida do produto, desde a extração das matérias-primas até sua disposição final, através de um *design* adequado aos produtos;

---

22 Celebração de um Termo de Ajuste de Conduta (TAC).

23 Dias (2006).

c) *quanto aos serviços*: incorporando as preocupações ambientais no projeto e fornecimento dos serviços.

Para alcançar seus objetivos, um programa de P + L concentra-se em duas vertentes: difusão da informação e capacitação. Um dos mais importantes instrumentos de apoio a esses objetivos são os Centros Nacionais para a Produção Mais Limpa, que existem nos mais diversos países em desenvolvimento e que atuam em conjunto com a Organização das Nações Unidas para o Desenvolvimento Industrial (*United Nations Industrial Development Organization* – UNIDO). Os Centros foram subsidiados para a sua instalação pelos chamados países patrocinadores e são assessorados, do ponto de vista técnico, por instituições como universidades, centros de pesquisa, fundações tecnológicas internacionais etc. [24]

Implantar P + L significa utilizar uma abordagem de terceira geração da evolução do conceito de gestão ambiental, pois reside em uma única preocupação essencial, que é buscar evitar completamente ou reduzir a geração de poluentes (resíduos sólidos, emissões atmosféricas, efluentes de processo e esgotos) tanto em volume como em toxidez, através de um controle rígido sobre o processo, o qual implica em conhecê-lo muito bem.

De acordo com o PNUMA, o programa para a P + L busca:

a) aumentar o consenso mundial para uma visão de produção mais limpa;
b) apoiar a rede de organizações dedicadas à promoção de estratégias de produção mais limpa e a ecoeficiência;
c) ampliar as possibilidades de melhoria ambiental das empresas mediante a capacitação e a educação;
d) apoiar projetos que sirvam de modelo de referência;
e) fornecer assistência técnica.

O irracional no processo de manejo de poluentes é que, enquanto por um lado ele significa consumo de recursos naturais (o resultado do desperdício de matérias-primas e insumos de produção), por outro significa a geração de poluentes cujo processo de transporte, tratamento e disposição também implica em custos para a organização. Esta abordagem gera muitas barreiras institucionais que limitam as soluções da administração enxuta e limpa.

---

[24] SENAI (2006).

O principal objetivo é encontrar medidas de intervenção no processo, cuja abordagem preventiva possa resolver o problema na fonte geradora (Nível 1), conforme observado na Figura 6.5. Caso tenha sido inevitável a geração de poluentes, deve-se buscar de alguma forma reintegrá-los ao processo de produção, na própria indústria (Nível 2). Somente caso seja impossível o reaproveitamento interno dos poluentes gerados considera-se o processo de reaproveitamento por outro empreendimento.

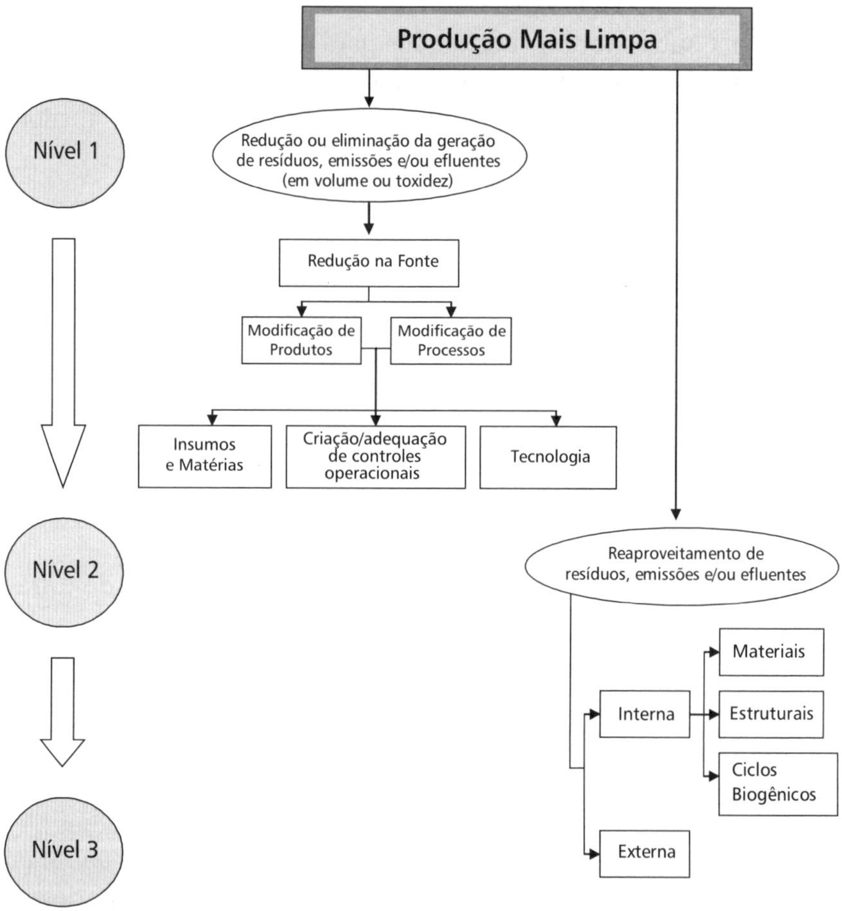

Figura 6.5 *Fluxo da lógica do processo de implantação da P + L.*

Esse tipo de abordagem é crucial, uma vez que tende a eliminar o transporte desnecessário, particularmente de resíduos perigosos, e consequentemente dos riscos ambientais a ele associado, uma vez que esses resíduos estão sendo reaproveitados na própria planta de geração. Uma alternativa muito interessante para a resolução desse tipo de problema é a criação de *clusters* ambientais, o que será discutido mais detalhadamente na seção 6.10.

Minimizar resíduos e emissões também significa aumentar o grau de emprego de insumos e energia usados na produção, isto é, produzir produtos e não resíduos, garantindo processos mais eficientes. Para a empresa, a minimização de resíduos não é somente uma meta ambiental, mas, principalmente, um programa, orientado para aumentar o grau de utilização dos materiais, com vantagens técnicas e econômicas. Além disso, devido a uma intensa avaliação do processo de produção, a minimização de resíduos e emissões geralmente induz a um processo de inovação dentro da empresa.[25]

Quase tudo pode ser reaproveitado de alguma forma e com pouco trabalho se um dos ingredientes for a engenhosidade humana. As empresas Anheuser-Busch possuem grandes cervejarias em Jacksonville (Flórida) e em Fort Collins (Colorado). As sobras do processo de produção da cerveja (sedimentos de grãos, lúpulo, malte e outros subprodutos) geralmente são consideradas lixo. Entretanto, a companhia descobriu que esses restos podem ser processados e transformados em nutrientes líquidos e vendidos como fertilizantes.[26]

A implantação de P + L a processos produtivos permitirá a obtenção de soluções que contribuam efetivamente para a solução definitiva dos problemas ambientais, já que a prioridade da metodologia está baseada na identificação de opções de não geração dos resíduos produzidos nestes processos produtivos. Portanto, a diferença essencial está no fato de que a Produção mais Limpa não trata simplesmente da identificação, quantificação, tratamento e disposição final de resíduos, mas de buscar evitar sua geração.

Tanto os processos de implantação de SGAs ISO 14001 como P + L necessitam, para um monitoramento de sua implantação, da definição de programas de auditorias ambientais periódicos, o que será discutido mais detalhadamente a seguir.

6.5 Auditoria ambiental

As primeiras auditorias aconteceram na década de 70 nos EUA. É um processo sistematizado de verificação e documentação do desempenho ambiental

---

25 Centro Nacional de Tecnologia Limpa (CNTL).

26 Berle (1992).

de uma organização, com relação a um objetivo predefinido em conformidade com requisitos especificados. O processo de sistematização da realização das auditorias pressupõe: definição de escopo, objetivos, frequência, metodologia, cronograma, pessoas responsáveis etc.

Normalmente, surge como uma demanda objetiva, associada à implantação de sistemas de gestão ambiental (ISO 14001 e P + L); contudo, toda a organização sujeita a um processo de fiscalização ambiental de seu desempenho depende de algum nível da auditoria ambiental. Esta deve ser realizada periodicamente para facilitar o processo de gestão ambiental da organização.

Em relação ao objetivo de sua realização, as auditorias ambientais podem ser classificadas em:

a) *conformidade legal*: visa verificar o nível de cumprimento dos requisitos legais aplicáveis ao empreendimento. Esse tipo de auditoria é adequado a empreendimentos de modo geral; é na maioria das vezes o ponto de partida de quase todos os tipos de auditoria ambiental;
b) *sistema de gestão ambiental*: adiciona aos requisitos de conformidade legal o nível de conformidade com os requisitos da norma ISO 14001. É um instrumento essencial para a verificação do nível de desempenho ambiental de um SGA e uma alternativa de monitoramento de sua conformidade com os requisitos estabelecidos pela ISO 14001;
c) *auditoria de risco*: constitui-se em um mecanismo mais proativo do que a auditoria de conformidade. Esta auditoria vem ganhando importância crescente, principalmente para avaliações de patrimônio associadas à contratação de seguros. Também pressupõe uma auditoria de passivos ambientais;
d) *auditoria de passivos ambientais*: realizada quando uma organização amplia suas instalações ou adquire outro empreendimento. Visa detectar a existência e a extensão de contaminação de solo e lençóis freáticos.

As auditorias também podem dividir-se em:

1. *Auditorias internas ou de primeira parte*: são realizadas pela própria organização que deseja monitorar seu desempenho ambiental ou do seu SGA, quer recorrendo a recursos internos, quer recorrendo a recursos externos (contratação de consultores), os quais avaliam os pontos fortes e as oportunidades de melhoria com relação ao nível

desejado de desempenho ambiental, preestabelecido pela organização. A contratação de consultores para esse processo não é um procedimento recomendável, pois reduz a autonomia da organização em relação à manutenção do seu SGA.

2. *Auditorias externas*:
   a) *Segunda parte*: realizadas por uma parte interessada no desempenho ambiental da organização. Tipo de auditoria que vem se tornando muito frequente a partir da revisão da norma ISO 14001, em que a organização necessita fiscalizar mais atentamente o desempenho ambiental de seus fornecedores de produtos e serviços quanto ao seu desempenho ambiental. Esse fato vem induzindo muitas organizações a buscar também sua certificação.
   b) *Terceira parte*: são executadas por uma entidade externa independente da organização auditada. Um exemplo típico são as auditorias realizadas pelas certificadoras de SGA ISO 14001, que se subdividem da seguinte forma:
      b.1 *Pré-auditoria*: sempre recomendável para avaliar se o nível de implantação do SGA está em condições de passar para as auditorias de certificação, evitando imprevistos e constrangimentos desnecessários.
      b.2 *Auditorias de certificação*:
         b.2.1 *Inicial ou de adequação*: irá verificar se o SGA apresenta sua estrutura documental básica essencial para seguir para a próxima fase, sendo em geral de natureza documental. Alguns subsistemas da norma são também verificados mais detalhadamente através de amostragens.
         b.2.2 *Auditoria principal ou de conformidade*: verificará a implantação do SGA como um todo, implicando, portanto, em um processo muito mais detalhado e criterioso. O fato de a organização ter passado para a auditoria de conformidade não significa que receberá o certificado.

No contexto de integração para a realização das auditorias, existem duas possibilidades: realização integrada ou isoladamente de cada sistema (ISO 14001, ISO 9001 e OHSAS 18001). A primeira alternativa, entretanto, embora demande menor número de homens/hora é mais exigente quanto ao nível de conhecimentos do auditor, necessitando de um conhecimento aprofundado sobre os dois sistemas. A condução de auditorias de duplo propósito é decorrente de uma visão de longo prazo, uma vez que isso representa um investimento inicial maior na formação de profissionais, o que, por sua vez, também implica na necessidade de um número menor de auditores.[27]

As auditorias SGA que ocorrem dentro do escopo de um SGA ou P + L em geral envolvem uma lista de verificação em que surgem questionamentos associados:

a) nível de implantação dos procedimentos sistêmicos e operacionais;
b) padrões de lançamento de efluentes líquidos (controlados/não controlados) nos corpos receptores de água;
c) padrões de emissões atmosféricas (controladas/não controladas);
d) gerenciamento de resíduos sólidos tanto em relação ao manejo interno (geração, manuseio, condicionamento, estocagem temporária, processamento), como em relação ao transporte e destinação final (tratamento ou disposição);
e) gerenciamento de insumos, matérias-primas e produtos perigosos (transporte, manuseio, condicionamento, estocagem temporária e processamento);
f) geração de ruído, material particulado, geração de odores, vibrações e radiação;
g) operação e manutenção de instalações, máquinas e equipamentos de controle ambiental;
h) fontes de origem da água utilizada no processo etc.;
i) formas de apropriação e uso de recursos ambientais, como ar, água, terra, solo, minerais, madeira e energia;
j) existência de sistemas de controle específicos de fornecedores e serviços de terceiros (qualidade ambiental);
k) existência de processos de reciclagem, reuso e de controle de desperdícios;
l) grau de transformação da qualidade ambiental da região que afeta, através de seus efeitos ambientais sobre os diversos segmentos da região;
m) imagem ambiental do empreendimento ou processo segundo a percepção de seus vizinhos, funcionários e clientes;

[27] Seiffert (2006).

n) número de multas e reclamações recebidas de partes interessadas em geral, bem como a forma de tratamento e resposta às mesmas etc.

No caso de uma auditoria de conformidade legal, os itens de verificação são bem mais restritos, conforme apresentado na seção 5.3.2, a fim de atender aos requisitos efetivamente fiscalizados pelo órgão de controle ambiental. Assim como a auditoria ambiental significa um processo complexo e sistematizado de monitoramento do desempenho ambiental de um empreendimento, esse monitoramento pode também ocorrer em um contexto mais simplificado, conforme discutido a seguir.

6.6 Monitoramento ambiental

O automonitoramento realizado pela própria organização quanto ao seu desempenho ambiental é essencial para assegurar que o seu padrão de desenho ambiental esteja pelo menos cumprindo o estabelecido pela regulamentação ambiental (níveis municipal, estadual e federal) aplicável ao empreendimento em questão. Caso isso não aconteça, a organização estará sempre sujeita a penalizações pelo processo de fiscalização pelo órgão de controle ambiental.

Em se tratando de organizações que tenham implantado um SGA ou P + L, este processo assume uma importância muito maior, porque não se restringirá somente ao monitoramento de parâmetros legais, mas também à verificação de outros tipos de indicadores operacionais e estratégicos associados a sua implantação.

O processo de medição é uma forma de avaliação do desempenho ambiental essencial para o SGA. A ideia básica é de que, sem uma medição efetiva de desempenho com base em parâmetros objetivos, não é possível realmente melhorá-lo. Se a empresa não sabe em que nível de desempenho ambiental se encontra, não saberá como e para onde está indo e tampouco se já chegou lá. A medição e o monitoramento estabelecem a estrutura para a gestão, no sentido de que uma empresa só pode gerenciar eficazmente aquilo que pode medir.[28]

Pode ser realizado com tecnologias sofisticadas ou simples, com indicadores de desempenho complexos ou simples, como o uso do conhecimento técnico, científico e mesmo da própria comunidade. O envolvimento da comunidade na verificação do desempenho ambiental da organização pode ser uma

[28] Seiffert (2002).

forma interessante de verificar o desempenho ambiental da organização. É fundamental que essas informações sejam cruzadas com os resultados de um monitoramento sistematizado pela organização. A participação permanente das partes interessadas, o fluxo livre de informações sobre os problemas ambientais e o atendimento a esse fluxo substituem em parte a necessidade de um monitoramento intensivo e abrangente e podem se constituir em um método educativo de criação de consciência ambiental comunitária, complementando as medições técnicas e sua perspectiva de análise.[29]

Uma questão que necessita estar muito clara para a organização é que ela não necessitará monitorar, por exemplo, todos os parâmetros de controle, estabelecidos, por exemplo, pela Resolução do CONAMA 357 (17/3/2005). Dependendo do setor de atividade da organização, seria interessante que ela, em uma primeira amostragem, fizesse efetivamente análises de todos os parâmetros definidos por essa resolução, a fim de evitar surpresas futuras. Posteriormente, estaria monitorando somente aqueles parâmetros detectados pela análise inicial. No entanto, isso não quer dizer que não poderão surgir novos parâmetros a serem monitorados. Isso pode acontecer quando a organização modifica as características de um processo ou produto a que ela deve sempre estar atenta. Essa é uma das razões para o maior controle de fornecedores (insumos e matérias-primas e serviços) estabelecido pela norma ISO 14001 (2004).

Nos monitoramentos, principalmente em corpos de água, deve existir uma preocupação muito grande com a forma de obtenção das amostras, de modo a evitar resultados que não reflitam a realidade da contribuição da empresa para o nível de poluição local, em virtude do comportamento do poluente no corpo de água. Por exemplo, como típico para poluentes persistentes, cuja concentração no ambiente é muitas vezes difícil de monitorar. Isso porque uma parcela dessa substância poderá se acumular em diferentes plantas ou animais na cadeia trófica, sendo necessário complementarmente o uso de bioindicadores. Assim, amostras de água devem ser suplementadas com amostras dos tecidos de diferentes integrantes da cadeia alimentar do ecossistema em questão. Complicando ainda mais a situação, os metais pesados podem também ter como característica acumular-se rapidamente no fundo do corpo da água, permanecendo no sedimento. Dessa forma, deveriam ser detectados tanto em amostras de água como de sedimento; a simples obtenção de amostras de água poderia fazer com que esses poluentes deixassem de ser detectados.[30]

---

[29] Ribeiro (2000).

[30] Tietenberg (2004).

A frequência das amostragens é outra questão fundamental; o ideal nesse caso é estabelecer contato com o órgão de controle ambiental para identificar, em função das características do efluente (vazão e composição), qual seria a frequência mais adequada para a realização desses monitoramentos. É sempre extremamente proveitoso para a organização buscar desenvolver uma relação de parceria com o órgão de controle ambiental.

6.7 Rotulagem ambiental

Contra o pano de fundo de um consumo crescente, a Europa e a América do Norte assistiram, em fins da década de 1980, à eclosão de movimentos de consumidores que se tornam cada vez mais fortes, voltados não só para assuntos ambientais, mas também, durante a década de 1990, com intensidade crescente, para questões sociais. Os consumidores encontravam-se impacientes com a morosidade da legislação em promover melhorias ambientais significativas e começaram a boicotar produtos que julgavam aquém dos padrões mínimos ambientais e sociais, desde geladeiras com substâncias de resfriamento prejudiciais à camada de ozônio até calçados produzidos sob condições trabalhistas iníquas. Começaram, então, a fazer perguntas difíceis aos varejistas e fabricantes, desencadeando mudanças significativas no mercado. Alguns produtores captaram a mensagem e começaram a remover chumbo da gasolina, fosfatos dos detergentes, mercúrio das baterias e cloro da polpa de papel. Instigadas pelos consumidores, muitas cadeias de supermercados passaram a lançar suas marcas próprias de produtos "verdes" ou orgânicos, como papel não branqueado, para atender a esses nichos do mercado.[31]

A rotulagem ambiental, fora do ambiente ISO, também designada selo ecológico e vulgarmente conhecida como selo verde, é outra ferramenta determinante para o processo de certificação de produtos que provocam impactos ambientais durante seus ciclos de vida. Esses selos são marcas ou símbolos utilizados para orientar o consumidor final sobre a qualidade ambiental de um produto e, por motivos óbvios, sua concessão só deveria ser feita através de organismos de certificação independentes, que gozem de credibilidade e atuem com isenção. Já instituídos por diversos países e regulamentados pela Comunidade Europeia para uso nos países-membros desse bloco econômico, os selos verdes tendem a tornar-se uma arma de

[31] Holliday et al. (2002).

marketing que, quando mal utilizada, pode constituir-se em uma forma de protecionismo comercial.[32]

O primeiro selo verde foi criado na Holanda, em 1972; porém, foi o selo alemão "Blaue Engel", ou Anjo Azul, de 1978, que realmente projetou esse tipo de controle de produto.[33] Desde então, muitos outros selos foram criados seguindo os mesmos princípios, independente do sistema de normatização estabelecido pelas ISO 14000 (Quadro 6.3).

Quadro 6.3 *Os principais "selos verdes" existentes no mundo.*[34]

Nome do Selo	País de Origem	Ano de Criação	Características	Instituição Responsável
Blaue Engel	Alemanha	1978	Rótulo representado pelo "anjo azul" e que contém a descrição da razão pelo qual o selo foi conferido.	Ministério de Meio Ambiente, Conservação da Natureza e Segurança Nuclear
Environmental Choice Program	Canadá	1988	Conhecido popularmente como "EcoLogo" contém dizeres que explicam as razões pelas quais foi conferido.	Criado pelo Ministério do Meio Ambiente e administrado pela TerraChoice Environmental Services Inc.
Cisne Branco	Escandinávia	1989	–	–
Ecomark	Japão	1989	O selo considera a análise do ciclo de vida e uma participação pública da comunidade japonesa, e contém descrição dos benefícios ambientais da categoria do produto.	Associação Japonesa do Meio Ambiente
Nordic Swan	Conselho Nórdico	1989-1991	O logotipo do programa baseia-se no símbolo do Conselho Nórdico e contém a expressão *rótulo ambiental* e correspondente descrição do atributo ambiental.	Conselho Nórdico de Ministros

32 Valle (2000).

33 Moura (2002).

34 Tachizawa (2002).

ABNT – Qualidade Ambiental	Brasil	1990	Objetivo é estabelecer um esquema voluntário de certificação ambiental, a ser iniciado com uma categoria de produtos pré-selecionada, com vista em desempenhar papel de instrumento de educação ambiental no mercado interno e ser compatível com modelos internacionais, para que possa transformar-se em instrumento de apoio aos exportadores brasileiros.	ABNT e Instituto Brasileiro de Proteção Ambiental
Energy Saver	Estados Unidos	1990	Produtos de informática com baixo consumo de energia	Environmental Protection Agency (EPA)
Green Seal	Estados Unidos	1989	Lâmpadas fluorescentes, refrigeradores e *freezers,* redução no consumo de energia e critérios quanto à emissão de CFC.	Organização não governamental *Green Seal*
Environmental Choice	Nova Zelândia	1990	Os princípios básicos são os de promover produtos que contribuam para diminuir o consumo de energia, reduzir a geração de subprodutos perigosos e promover a reciclagem e reutilização.	Ministério do Meio Ambiente
Ecomark Program	Índia	1991	Os objetivos são os de incentivar produtores e importadores a reduzir os impactos ambientais adversos de seus produtos; orientar consumidores a tornarem-se mais responsáveis em sua vida quotidiana e encorajá-los a tomar decisões de compra à luz de considerações ambientais; melhorar a qualidade do meio ambiente.	–
NF – Environment	França	1991	Selos são conferidos após rigorosa verificação de cumprimento dos critérios relevantes de certificação.	Governo francês

Umweltzeichen	Áustria	1991	O selo foi elaborado em decorrência do crescente interesse dos consumidores por questões ambientais e da falta de regulamentação que controlasse as autodeclarações dos fabricantes.	Ministério Federal para Assuntos do Meio Ambiente, Juventude e Família
Eco Label	União Europeia	1987-1992	O selo foi elaborado para promover o desenho, produção, comercialização e consumo de produtos com reduzido efeito ambiental durante todo o ciclo de vida e informar melhor os consumidores sobre o impacto dos produtos no meio ambiente.	Parlamento Europeu
Stichting Milieukeur	Países Baixos	1992	Foi lançado com o objetivo de responder às necessidades específicas do mercado holandês.	Ministério de Habitação, Planejamento Físico e Meio Ambiente e o Ministério para Assuntos Econômicos
GreenLabel	Cingapura	1992	O objetivo é fornecer informações precisas aos consumidores, como assegurar compatibilidade aos esquemas de rotulagem implementados em países industrializados.	Ministério do Meio Ambiente
Eco Label	Coreia	1992	O princípio básico do programa é a minimização de resíduos levando em conta a menor geração de poluição e a redução no controle de energia.	Ministério do Meio Ambiente
Green Mark	Taiwan	1992	Objetiva promover a reciclagem, a redução da poluição e a conservação de recursos.	Environmental Protection Administration
Environmentally Friendly Product	República Tcheca	1993	O programa prevê que a formulação de critérios esteja baseada em análise de ciclo de vida e que os produtos devam também cumprir as normas de saúde, segurança e higiene existentes.	Governo da República Tcheca

A Agência Americana de Proteção Ambiental (*Environmental Protection Agency* – EPA) identifica a rotulagem ambiental dos produtos, dividida em categorias baseadas em três atributos-chave:[35]

- primeiro: todos os programas de rotulagem ambiental, que são independentes dos fabricantes e vendedores, podem ser considerados como de terceira parte;
- segundo: a participação nesses esquemas pode ser voluntária ou obrigatória;
- terceiro: os programas de rotulagem podem ser positivos, negativos ou neutros, ou seja, podem promover os atributos positivos do produto, podem requerer a divulgação de informações que não são boas nem más, ou eles podem requerer informações sobre os aspectos negativos de um produto – como, por exemplo, apresentar avisos sobre a toxicidade do produto.

A sociedade atual é mais consciente e receptiva a aspectos de marketing ecológico que os produtos irão oferecer-lhe. É o caso de cerca de 40 empresas (Tramontina, Tok & Stock, Cickel, entre outras) que criaram o grupo de Compradores de Madeira Certificada com adoção de selo de procedência ambiental e social.

Em 1993, como esforço colaborativo entre a World Wild Foundation (WWF), o Greenpeace e vários outros grupos, fundou-se o Forest Stewardship Council (FSC), que certifica florestas e produtos provenientes de florestas quanto ao cumprimento dos Princípios e Critérios de Gestão Florestal do FSC, assegurando, assim, ao consumidor que os locais de onde provêm esses produtos são bem administrados. Tal certificação premia os produtores florestais que operam de maneira satisfatória, incluindo aspectos ambientais, sociais e econômicos. A certificação define medidas ambientais preventivas e de monitoramento do crescimento das florestas. A administração de uma mata certificada também abrange planos para proteger áreas e espécies raras, ameaçadas ou em perigo de extinção. O FSC está presente em mais de 50 países com um volume de comercialização de madeira certificada em torno de 5%. No Brasil, os tipos de matas certificadas incluem plantações de pinus e eucaliptos no Sul do país e Floresta Amazônica.[36] Embora tenha recebido apoio significativo de muitos

---

35 Braga et al. (2005).

36 Tachizawa (2002).

grupos ambientalistas, apenas 16 milhões de hectares haviam sido certificados até 1999, representando somente 0,5% das florestas do mundo, dos quais 75% estavam concentrados em três países: Suécia, Polônia e EUA.[37]

Também, como resposta à preocupação do público com a destruição de florestas em todo o mundo, surgiram vários outros esquemas de certificação florestal e de orientação à silvicultura, para garantir aos clientes que os produtos de madeira a serem adquiridos são oriundos de florestas bem gerenciadas.

Cabe destacar que o processo de rotulagem ambiental de modo geral não vem até então obrigatoriamente implicando em uma realização de análise de ciclo de vida de produto, tanto no ambiente ISO como fora dele. Contudo, sem dúvida, seria extremamente interessante que isso ocorresse com o intuito de reduzir ainda mais acentuadamente o impacto ambiental de determinados processos e produtos.

6.8 Avaliação do Ciclo de Vida do produto (ACV)

A avaliação do ciclo de vida de produtos está ainda muito condicionada às normas ISO. É realizada considerando-se o produto em uma abordagem do berço ao túmulo, ou seja, tudo o que entra no processo produtivo, desde energia, água, matéria-prima, insumos etc., até a fase de descarte do produto e suas implicações ambientais. Segundo Chehebe, a coleta de informações e o resultado das análises do ciclo de vida de produto podem ser úteis para a tomada de decisões, na seleção de indicadores ambientais relevantes para avaliação da *performance* de projetos ou reprojetos de produtos, processos e/ou planejamento estratégico. Esses resultados servem para:[38]

a) estabelecer ampla base de informações sobre as necessidades totais de recursos, consumo de energia e geração de poluentes;
b) identificar pontos em que seja possível obter considerável redução nas necessidades de consumo de recursos e geração de emissões;
c) comparar as entradas e as saídas do sistema, associadas com produtos, processos ou atividades alternativos;
d) desenvolver novos produtos, processos e atividades, buscando redução de consumo de recursos e/ou geração de emissões.

[37] Holliday, Schmidheiny e Watts (2002).

[38] Henkels (2002).

A técnica da ACV implica analisar recursos, emissões, energia e impactos ambientais ao longo da cadeia de valor. É uma ferramenta que pode fornecer à empresa dados confiáveis e quantificados sobre seu rendimento ambiental e ainda ajudar a ampliar a vida de seus produtos, oferecendo-lhes assim uma vantagem competitiva. Devem-se analisar os passos da produção; o impacto ecológico das matérias-primas; a energia usada na criação de produtos e nos processos de fabricação, incluindo a extração e o transporte; o processo de fabricação dos componentes e montagem dos produtos; a geração de poluentes durante o processo; o sistema de transporte e distribuição nos respectivos modos de distribuição, distâncias de transporte do produto, consumo de combustíveis, uso e tratamento/disposição final do resíduo etc.[39]

Apresenta um grande potencial de auxiliar as organizações na busca de alternativas produtivas econômicas e ambientalmente mais bem posicionadas, tanto no projeto do produto, quanto em sua manufatura, uso e descarte. Financeiramente, vem demonstrando ser capaz de fazer com que as organizações gerem importantes melhorias em seus produtos, através da adoção de novas abordagens para otimizar seu processo produtivo, e em alguns casos, criando alternativas radicalmente diferentes para atender a uma mesma necessidade de produção, mas com um novo produto ou serviço. Por exemplo, o desenvolvimento de solventes à base de água se consolidou a partir da perspectiva de gerar um menor impacto ambiental no uso do produto, o qual já é utilizado como desmoldante no setor automobilístico com grande eficiência, causando um impacto ambiental muito menor quando comparado aos tradicionalmente utilizados.

Quando feita criteriosamente, a ACV pode constituir-se em um poderoso elemento de marketing para bons produtos e boas empresas. Entretanto, se for utilizada com fins comerciais velados, pode constituir uma verdadeira barreira ambiental contra a utilização de certas matérias-primas e produtos intermediários.[40]

Esse processo envolve o princípio do "retorno do produto", a organização ao final de sua vida útil. Os produtores devem ser cobrados a assumir responsabilidade por seus produtos, incluindo embalagem, segundo a abordagem do berço ao túmulo; isto inclui a responsabilidade de recebê-los ao final de suas vidas úteis. Na teoria, esta exigência foi projetada para incentivar a eliminação de embalagem desnecessária, para estimular a busca por produtos e embalagens mais fáceis de reciclar e de suportar a substituição de *inputs* reciclados por

[39] COTEC apud Henkels (2002).

[40] Valle (2000).

inputs virgens no processo de produção. A Alemanha exigiu de seus produtores, tanto varejistas como intermediários, que recebessem todas as embalagens associadas com os produtos, incluindo tipos diferentes, como caixas de papelão usadas para o transporte de centenas de escovas de dentes pelos varejistas até a embalagem da pasta de dentes. Consumidores são incentivados a retornar a embalagem por meio da combinação de centros de coleta convenientemente localizados, recipientes retornáveis em consignação e altos custos associados à disposição de embalagens descartadas.[41]

Além da perspectiva de reduzir o volume e o nível de toxidez de emissões atmosféricas, resíduos sólidos, efluentes industriais e esgotos, é também necessário, nos casos em que não foi possível reduzir o nível de poluição na fonte, tratar os poluentes gerados, dando assim o ensejo para a aplicação de tecnologias limpas.

6.9 Tecnologias limpas

Tecnologias limpas são sistemas criados para tratar de alguma forma os poluentes gerados no processo de produção. Constituíram-se na abordagem de segunda geração de implantação do processo de gestão ambiental, com o enfoque de "fim de tubo", ou seja, gerar, para depois tratar os poluentes. É fundamental salientar, conforme discutido na seção 6.4, que P + L e tecnologias limpas não são sinônimos, mas instrumentos extremamente complementares ao processo de gestão, e que a implantação de P + L geralmente irá implicar, em algum nível, na implantação de tecnologias limpas; contudo, o raciocínio contrário não é válido.

O uso da tecnologia pode ser considerado uma via de mão dupla, enquanto historicamente foi responsável pelo aumento dos impactos ambientais da atividade antrópica; também pode ser utilizada como instrumento adicional ao processo de gestão ambiental. A tecnologia por si só, mesmo utilizando intensivamente recursos naturais e devolvendo os rejeitos das atividades produtivas para o meio ambiente, não geraria impactos ambientais tão significativos se não fosse o efeito de escala. O aumento contínuo da produção requer maior quantidade de recursos naturais e joga mais rejeitos no meio ambiente. Esse aumento de produção está associado ao crescimento da população em nível mundial.[42]

---

[41] Tietemberg (2004).

[42] Lustosa (2003).

Contudo, graças ao desenvolvimento tecnológico e em virtude da percepção de problemas ambientais, foram sendo criados equipamentos, máquinas e infraestrutura a fim de atenuar os impactos ambientais dos empreendimentos. Em decorrência disso, ao longo dos anos surgiram alternativas tecnológicas talhadas para o tratamento de poluentes, como lavadores de gases, precipitadores eletrostáticos, filtros de manga, separadores ciclônicos, cabines de pintura com fluxo laminar de água, estações de tratamentos de efluentes industriais, estações de tratamento de esgotos etc.

No processo de implantação de tecnologias limpas, a inovação é o fator crítico para o sucesso contínuo de qualquer empresa. A inovação amplia o espectro de oportunidades para as empresas: nos produtos em si; nas tecnologias utilizadas para extrair, refinar ou fabricar; e nos mecanismos que entregam esses produtos e serviços no mercado de maneira cada vez mais eficiente e eficaz. As novas tecnologias estão em constante evolução, em escalas que variam desde pequenas modificações nas instalações existentes, passando por novas aplicações para os conhecimentos acumulados, até abordagens revolucionárias baseadas em conhecimentos específicos completamente novos.[43] Contudo, é necessária a adoção de critérios específicos de modo a garantir que essas tecnologias sejam realmente apropriadas, considerando-se o conceito de desenvolvimento sustentável, os quais são apresentados no Quadro 6.4.

Os países em desenvolvimento precisam de esquemas políticos, sociais e econômicos que fomentem a inovação para que comecem a promover suas próprias invenções. Os governos são capazes de remover obstáculos e empurrar as coisas na direção certa, mas, quando começam a fazer planos detalhados, tendem a perder o rumo. Os investimentos públicos em ciências básicas são úteis para os países que têm condições de efetuá-los, mas investimento público no desenvolvimento de produtos de alta tecnologia geralmente é desperdício. Muitas das possíveis iniciativas dos governos para promover o desenvolvimento tecnológico sempre são válidas, como manutenção da estabilidade, melhoria da educação, criação de sistemas abertos de comércio e de investimentos, infraestrutura sólida, abordagem sensata ao direito de propriedade intelectual e sistema financeiro flexível.[44]

---

[43] WBCSD apud Holliday et al. (2002).

[44] Holliday et al. (2002).

Quadro 6.4 *Critérios de desenvolvimento para a seleção de tecnologias limpas apropriadas.*[45]

Lista de verificação	
Satisfação de necessidades básicas	A tecnologia contribui direta ou indiretamente para a satisfação das necessidades básicas de habitação, infraestrutura e equipamentos públicos? Produz bens e serviços acessíveis àqueles cujas necessidades básicas foram menos satisfeitas? Pode provocar a sua expulsão e a sobrevalorização da área beneficiada?
Desenvolvimento de recursos	Faz uso ótimo dos recursos naturais locais, tais como matéria-prima, água, terra, vegetação, clima? Faz uso conservativo de energia, especialmente nas fases de extração, processamento e transporte dos componentes construtivos? Faz uso dos recursos do desenho, de modo a evitar demandas supérfluas sobre energia e matérias-primas? Contribui para o desenvolvimento, sustentação e geração de recursos e capacidades humanas? Faz um uso ótimo de habilidades humanas? Faz e reforça o uso de recursos renováveis disponíveis localmente? Favorece a substituição de fatores exógenos, tais como materiais, ferramentas, capital e energia? Aumenta o nível de utilização de ferramentas e equipamentos que facilitam as atividades construtivas e que ao mesmo tempo preservem as oportunidades de emprego? Tem baixa dependência de infraestrutura sofisticada e faz uso máximo de infraestrutura instalada? Oferece possibilidades para melhorias potenciais compatíveis com o desenvolvimento progressivo e crescente da área?
Desenvolvimento social	Reduz as dependências cultural, econômica ou tecnológica das comunidades em relação ao contexto externo? Estimula a participação popular e autonomia da comunidade? Aumenta a autonomia tecnológica da comunidade? Evita o processo de crescentes desigualdades que é usualmente associado com a melhoria dos assentamentos pobres? Reduz as desigualdades entre a comunidade e o contexto no entorno, contribuindo para a justiça social?
Desenvolvimento cultural	Faz uso ou reforça as tradições técnicas locais? Permite a adaptação do conhecimento exógeno para melhorar o patrimônio cultural? Contribui para a substituição de técnicas que dependem de fatores exógenos? As condições para o seu uso e operação são compatíveis com as necessidades culturais?

45 Reddy apud Ribeiro (2000).

Desenvolvimento humano e institucional	Leva ao envolvimento criativo das pessoas, sendo acessível, compreensível e flexível? Estimula as contribuições criativas da comunidade onde vai ser aplicada? Favorece o desenvolvimento institucional, através da necessidade de procedimentos não burocráticos, informais, não convencionais? Contribui para melhorar relações entre instituições e grupos sociais, dentro de esforços integrados? Libera as instituições e os indivíduos de trabalhos rotineiros, degradantes, pesados e sujos? Contribui para a promoção da participação humana no planejamento, programação, execução, controle, avaliação e manutenção dos programas para os assentamentos humanos? Reforça o uso de autoajuda e de processos e métodos construtivos e de ajuda mútua?
Desenvolvimento ambiental	São aceitáveis os seus efeitos para frente e para trás, sobre o meio ambiente, durante todos os processos, desde a extração das matérias-primas até o seu uso final? Reduz o ritmo de esgotamento de recursos renováveis, redução de desperdícios, reciclagem e fusão com os ecociclos existentes? É adaptável simbioticamente com o meio ambiente natural, cultural e social? Melhora o meio ambiente material e humano, provendo um nível mais alto de complexidade e diversidade dos ecossistemas, reduzindo a sua vulnerabilidade?

Entretanto, é essencial que se perceba que, através da adoção desse tipo de tecnologia, o problema ambiental não é completamente eliminado, mas apenas deslocado de um lugar para o outro, sendo muitas vezes necessários tratamentos adicionais. Por exemplo, os gases recolhidos pelo lavador de gases e cabines de pintura ficam acumulados na água que circula no equipamento e que agora necessita ser tratada como efluente industrial; por sua vez, na estação de tratamento de efluentes, a fase sólida do efluente decanta, formando o lodo, geralmente um resíduo perigoso, o qual deve ser tratado ou disposto.

Uma alternativa interessante para a solução desse problema com o uso de tecnologias que deslocam o problema ambiental de lugar é buscar fazer com que a distância percorrida seja a menor possível através do estabelecimento de *clusters* ambientais.

6.10 Formação de *clusters* ambientais

O princípio da formação de *clusters* ou conglomerados ambientais é buscar a agregação em um mesmo parque industrial de empresas clientes e fornecedores (insumos, matérias-primas e serviços). É interessante que as organizações localizadas nesse parque industrial procurem o desenvolvimento de parcerias, inclusive estimulando a formação de novas empresas capazes de utilizar os seus resíduos, convertendo-os em produtos. Esse processo envolve também a criação de uma infraestrutura básica de sistemas de tratamento coletivos, particularmente efluentes industriais e esgotos.

A concepção de *clusters* surgiu com o modelo proposto para desenvolvimento industrial *Zero Emissions Research Initiative* (ZERI) lançado pela United Nations University (UNU) em 1994, o qual implica em uma mudança de paradigmas no conjunto das atividades econômicas, em particular dos processos de produção industrial. Integra os princípios e as estratégias da qualidade total com os requisitos da qualidade ambiental, como base para promover o desenvolvimento sustentável. O ZERI tem como objetivo propor que os processos industriais sejam revistos, estimulando empresários e pesquisadores a conceber processos e tecnologias que modelem as dinâmicas da natureza.

Neste novo modo de produção, o parque industrial é composto de conglomerados, em que o que é rejeito (*output*) de uma empresa ou processo produtivo passa a ser a matéria-prima ou insumo (*input*) de outra. Dessa forma, não existe desperdício, ou seja, toda a matéria-prima, e mesmo a energia, que entra no processo é aproveitada ao máximo, reduzindo assim o impacto ambiental das atividades produtivas. Com esta iniciativa, espera-se por uma reformulação dos processos industriais e da visão empresarial, formando uma estrutura sistêmica capaz de inserir-se no meio ambiente, gerando menos poluição (emissões atmosféricas, efluentes industriais e resíduos sólidos) e sendo economicamente competitiva no mercado. Para alcançar plenamente este objetivo, novas tecnologias de produção devem ser estabelecidas e aprimoradas, e para tanto é necessário um redirecionamento científico das pesquisas realizadas, bem como deslocamento de verbas para o processo. Além disso, requer uma mudança na mentalidade empresarial, imediatista e de curto prazo, que só visa maximizar os lucros, mesmo que seja às custas da degradação ambiental.[46]

Este tipo de tecnologia é adequado à indústria; sua essência reside no ensinamento de que os complexos industriais devem ser projetados seguindo exemplos e formas da natureza, em que sistemas vivos funcionam com perfeição, sem problemas com matérias-primas, resíduos ou energia. Utiliza como modelo o princípio da biocibernética, a qual é regida por oito princípios fundamentais:[47]

---

[46] Seiffert e Loch (2005).

[47] Vester (1976).

1. *retroalimentação negativa*: envolve o estabelecimento de processos que funcionem em circuito fechado e com valores de referência limitados, de modo a gerar menor impacto ambiental;
2. *crescimento independente*: na estruturação de sistemas industriais, deve-se buscar um equilíbrio de funcionamento, incompatível com a percepção de seu crescimento ilimitado;
3. *independência de produto*: os sistemas industriais devem ser orientados mais por suas funções do que por produtos. Produtos são transitórios, enquanto a função permanece;
4. *jiu-jitsu:* é a mesma lógica do princípio de alavancagem,[48] em que se deve buscar tirar vantagem de forças e energias que direcionam o sistema ao invés de lutar contra elas. A implantação de sistemas de cogeração de energia é um bom exemplo disso, ao invés de buscar tratar as emissões geradas;
5. *uso múltiplo de produtos*: baseia-se no princípio de que cada produto e processo pode ter mais que um propósito ou função. Através de soluções integradas, é possível fornecer ao sistema maior estabilidade;
6. *reciclagem*: envolve o uso cíclico de processo que utiliza aquecimento e resíduos. Nesse caso, a diferença entre insumos, matérias-primas e resíduos desaparece;
7. *simbiose*: implica em buscar localizar estrategicamente processo e instalações que apresentem funções complementares, como, por exemplo, a projeção de sistemas de tratamento coletivos, que pode inclusive ser terceirizado;
8. *desenho biológico básico de produtos*: cada produto e cada função e organização deve ser compatível com a biologia, e seus processos também deveriam sempre considerar a sustentabilidade dos ecossistemas. Assim, cada produto e processo devem ser projetados, buscando gerar um menor impacto ambiental possível. Nesse contexto, deve-se dar maior atenção ao projeto de produtos e processo, cujos insumos e matérias-primas sejam menos agressivos ambientalmente, significando a opção, por exemplo, por um corante natural como alternativa ao que contém metal pesado em sua composição.

Com estas regras básicas da natureza, é possível estruturar processos ambientais e economicamente viáveis. Esses princípios podem ser aplicados aos

[48] Senge (2004).

mais diversos ramos de atividade, como industrial, serviços, construção civil, transporte, comércio etc.

A formação de *clusters* oferece uma opção adicional ao controle ambiental da organização, embora seja fundamental buscar limitar a geração de poluentes, cumprindo no mínimo os parâmetros estabelecidos pela regulamentação ambiental, através de um processo interno de reaproveitamento de substâncias (reciclagem, recuperação e reutilização), preferencialmente dentro da organização. Contudo, sabe-se que nem sempre é fácil articular soluções internamente, sob pena de criar demandas de gerenciamento excessivas e muitas vezes a um custo proibitivo, perdendo-se assim o foco no objetivo do processo produtivo. Uma alternativa é buscar soluções fora do setor no qual a organização opera, estabelecendo parcerias no sentido de formar conglomerados produtivos, através do estímulo ao desenvolvimento de fornecedores de serviços, de modo que esses fornecedores possam também ser responsáveis pelo processo de reaproveitamento de resíduos ou efluentes da organização. Esse princípio, além de ser aplicável para reaproveitamento de poluentes, também o é para a logística de escoamento de insumos e matérias-primas de modo geral.

A formação de conglomerados industriais também se constitui em uma solução para a preocupação adicional associada aos processos industriais, que é o transporte de cargas perigosas (insumos, matérias-primas e resíduos), que se constituem em aspecto ambiental muitas vezes de difícil gerenciamento, tanto pela organização contratante, como pelo poder público, no caso do atendimento a acidentes com cargas perigosas. Além disso, a melhoria na logística de transporte de materiais também pode gerar considerável benefício complementar associado à redução no consumo de energia para o transporte e a geração de poluentes, que contribuem para o agravamento do efeito estufa.

Isso é particularmente relevante quando se considera que as organizações vêm passando, nos últimos anos, por um processo de terceirização de muitos processos acessórios, o qual é uma decorrência da especialização de suas atividades produtivas. Isso ocorre como consequência de uma decisão estratégia para aumentar a eficiência do processo produtivo. Nesse novo contexto, gestão das organizações passou a exigir decisões relativas à terceirização (*outsourcing*). O empresário e o executivo das empresas deverão ter em mente que, à medida que vai aumentando a capacidade de integrar instalações produtivas da organização com recursos e suporte dos fornecedores a seus processos internos, as mesmas infraestruturas passam a capacitar o repasse de processos e seu controle, anteriormente internos, para fornecedores externos.[49] Dessa maneira, acaba-se induzindo naturalmente o surgimento de novas micro e pequenas empresas que passam a prestar serviços de forma até cativa e permanente como terceirizadas.

Além disso, as organizações de grande porte necessitarão estabelecer parcerias com as empresas de micro e pequeno porte como subcontratadas, para preservar a sua postura social e ambientalmente correta. Ou seja, o comportamento em termos de gestão ambiental e de responsabilidade social de uma empresa fornecedora afeta diretamente a imagem da organização contratante junto a seus clientes consumidores, tanto em termos de produtos ambientalmente reconhecidos, como em termos de comportamento social (um fornecedor que emprega mão de obra infantil ou pessoal em más condições de trabalho afeta a imagem da empresa que o contrata, por exemplo).[50] Isso assume uma relevância muito maior, considerando-se a revisão da norma ISO 14001 (2005), a qual enfatiza ainda mais a importância do controle de subcontratados que operam tanto interna como externamente à organização.

A implantação do parque industrial da General Motors de Gravataí (RS) contemplou, mesmo durante sua fase de instalação, uma série de controles ambientais na planta. O conglomerado conta com toda a infraestrutura de suporte para segregação e tratamento diferenciado (terceirizado) para: efluentes de processo, efluentes oleosos, esgotamento sanitário e águas pluviais, tanto para a planta da GM, como para todos os seus 17 sistemistas (Pelzer, Inylbra, Arteb, ArvinMeritor, Bosal, Delphi, FSM, Goodyear, IPA, Lear, Polyprom, Saint-Gobain, Siemens VDO, Sogefi, TI Automotive, Valeo, Zamprogna S.A.). Uma característica interessante desse complexo industrial é que 15 das empresas do grupo também implantaram seu SGA em conjunto, utilizando a lógica do cooperativismo. Nestas empresas, além do treinamento cooperativo, cada empresa ficou responsável pela elaboração e proposição da documentação necessária para a implantação de um dos subsistemas da norma ISO 14001, utilizando-se de uma consultoria comum para todas. Tal fato evidencia a importância que pode assumir o processo de implantação cooperativo de um SGA, que é extremamente sinérgico com a implantação de *clusters* ambientais.

[49] Tachizawa (2002).

[50] Tachizawa (2002).

7 Instrumentos Econômicos de Gestão Ambiental

O modelo de crescimento econômico que deu ensejo à expansão da escala de produção foi o fator determinante para a degradação ambiental observada por todo o mundo, o qual foi conduzido às expensas da exploração irracional dos recursos naturais e do próprio trabalhador. Mecanismos que visam reduzir os problemas com exploração da classe trabalhadora foram desenvolvidos ao longo dos anos; contudo, em relação à questão ambiental, muito ainda necessita ser refletido e implementado.

Em virtude disso, surgiram algumas propostas no âmbito da economia, através da economia ambiental, cujo objetivo seria focalizar a questão da escassez, ou da riqueza, de recursos ambientais a fim de inseri-los como determinantes nos processos produtivos, cuja concepção serviu como base para a estruturação dos instrumentos econômicos de gestão ambiental. Os instrumentos econômicos são instrumentos que buscam incorporar efetivamente o valor do bem ambiental no processo produtivo de modo a reduzir o ritmo da degradação ambiental sobre os recursos remanescentes.

7.1 Importância dos instrumentos econômicos de gestão

A Revolução Industrial, que se baseou no uso intensivo de reservas naturais e particularmente combustível fóssil, abriu caminho para uma expansão inédita da escala das atividades humanas; esse caminho exerceu grande pressão sobre a base de recursos do planeta. Ou seja, mesmo que todas as atividades produtivas humanas respeitassem princípios ecológicos básicos, sua expansão não poderia ultrapassar os limites ambientais que definem a "capacidade de carga" do planeta. Entretanto, como de fato, será muito difícil conhecê-la com precisão; é necessário adotar uma postura proativa, que implica agir sem esperar para ter certeza. Nesse sentido, é preciso criar, o quanto antes, condições socioeconômicas, institucionais e culturais que estimulem não apenas um rápido progresso tecnológico de mecanismos que possibilitem a utilização racional dos recursos naturais, como também uma mudança em direção a padrões de consumo que não impliquem o crescimento contínuo e ilimitado do uso de recursos naturais *per capita*.[1] Em consequência, o papel da análise econômica para as políticas de desenvolvimento passou a estar sob crescente escrutínio. Portanto, mudanças no modo como os economistas fazem seu trabalho tornam-se imperativas.[2]

A consideração da dimensão econômica, associada às questões ambientais, representa um imperativo. Ela é essencial para a formulação de diretrizes de atuação de governo, das empresas e dos cidadãos, bem como para a própria compreensão dos fatos e das relações sociais, culturais e políticas. Como os recursos naturais não são apropriados de modo adequado nas estruturas de produção e de consumo, como também pelo fato de não serem economicamente valorados, não lhes são atribuídos preços adequados. Assim, o custo ou o benefício privado não reflete o custo do bem ambiental nem o benefício econômico. Portanto, para corrigir as perdas sofridas no bem-estar da população, reduzindo as externalidades negativas ambientais, o que se procura é a transferência dos custos para seus causadores, pela adoção de instrumentos econômicos a serem incorporados às políticas ambientais.[3]

São extremamente importantes, uma vez que fazem com que investir em controles ambientais se torne um processo atrativo para o empreendedor em virtude dos benefícios econômicos que eles possibilitam ao mesmo, objetivando que mesmo empreendedores com perfil mais reativo se interessem em investir na conservação da qualidade ambiental. O Quadro 7.1 ilustra as vantagens e as desvantagens e relações com instrumentos de gestão ambiental do tipo comando e controle e aqueles orientados para o mercado.

---

1 Romeiro (2003).

2 May apud Braga (2005).

3 Calderoni (2004).

Atualmente, vêm surgindo preocupações crescentes nos processos de fusão e aquisição de empreendimentos, em virtude da possível aquisição inadvertida de passivos ambientais, o que gerou um clima de litígio em sua realização, uma vez que isso pode significar desastres imprevistos para os compradores desavisados. Lixo tóxico enterrado, contaminações de lençóis d'água subterrâneos, materiais de construção radioativos, tanques de armazenamento subterrâneos defeituosos etc. são sempre perigosos, ainda que desconhecidos e, portanto, problemas reais.[4] Por outro lado, essa é uma boa notícia para especialista da área ambiental, bem como advogados, que estão se especializando na legislação ambiental, a fim de se familiarizarem com ramificações legais desse processo e também saber como estimar os custos potenciais de seguro para proteger os compradores das reivindicações concebíveis.

Em consequência, o papel da análise econômica para as políticas de desenvolvimento passou a estar sob crescente escrutínio. Em decorrência disso, mudanças no modo como os economistas fazem seu trabalho tornam-se imperativas.[5]

Em áreas de proteção ambiental, incentivos econômicos com base no mercado foram implementados em graus limitados em várias nações europeias e nos EUA. Tais incentivos têm o potencial de criar tanto benefícios econômicos como ambientais. Uma integração entre incentivos de mercado e programas ambientais poderia promover o crescimento econômico, melhorar a qualidade ambiental, motivar a reciclagem e a eficiência energética e reduzir o custo com o controle da poluição. No campo da redução da poluição ambiental, há evidências de que o controle pode tornar-se mais eficiente através da mudança de padrões fixos de controle em tentativas que usam incentivos com base no negócio.[6]

---

[4] Berle (1992).

[5] May apud Braga (2005).

[6] Corson (2002).

Quadro 7.1 *Diferenças e complementaridades existentes entre instrumentos de gestão ambiental que incorporam ou não incentivos econômicos no processo de gestão ambiental.*[7]

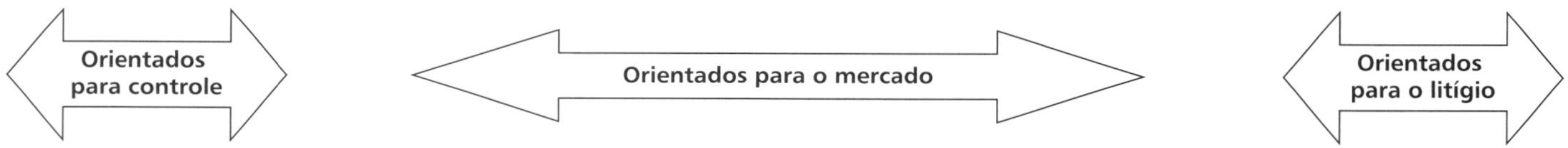

Regulamentos e Sanções	Taxas, Impostos e Cobranças	Criação de Mercado	Intervenção de Demanda Final	Legislação da Responsabilização
Exemplos Gerais				
Padrões: O Governo restringe a natureza e a quantidade de poluição ou do uso de um recurso para poluidores individuais ou usuários do recurso. O cumprimento é monitorado e sanções (multas, fechamento, detenção) aplicadas ao descumprimento.	Cobranças por Uso ou Emissão: O Governo estabelece cobranças de poluidores individuais ou usuários de um recurso baseado na quantidade de poluição ou de uso do recurso e na natureza do meio receptor. A taxa é alta o suficiente para criar um incentivo à redução de impactos.	Licenças Comercializáveis: O Governo estabelece um sistema de licenças de poluição ou de licenças de uso de um recurso comercializáveis. O órgão ambiental leiloa ou distribui e monitora o cumprimento das licenças. Os poluidores ou os usuários do recurso comercializam as licenças a preços de mercado não controlados.	Selos Ambientais: O governo apoia um programa de rotulação que exige que se divulguem as informações ambientais sobre produção e disposição final. Aplicam-se selos ambientais aos produtos "ambientalmente saudáveis".	Legislação da Responsabilização Estrita: O poluidor ou o usuário do recurso é obrigado por lei a pagar às partes afetadas por quaisquer danos. Estas recebem indenizações através de litígios ou do sistema judiciário.
Vantagens e Desvantagens				
Requer muita regulação	Requer pouca regulação	Requer pouca regulação	Requer pouca regulação	Não necessita de regulação
Baixa eficiência econômica	Alta eficiência econômica Alta adesão	Eficiência econômica muito alta/alta adesão	Alta eficiência econômica	Moderada eficiência econômica

[7] Seroa da Motta e Young (1997).

Longas e dispendiosas disputas judiciais	Necessidade de legislação específica para superar restrições fiscais	Necessidade de legislação sobre os direitos de propriedade	Normas autoimpostas	Legislação geral/ dispendiosas disputas judiciais
Não gera receita fiscal	Gera receitas fiscais. Problemático para as atividades governamentais	Não gera receita recorrente/ transferência de renda entre os agentes econômicos	Necessita subsídio	O Governo é um possível litigante/ discrimina os pobres
Implementação Imediata	Implementação demorada	Implementação demorada	Implementação demorada	Implementação demorada
Exemplos específicos de aplicações urbanas				
– Padrões de Emissões – Licenciamento para Atividades Econômicas e Relatório de Impacto Ambiental; – Restrições ao Uso do Solo – Normas sobre o Impacto da construção de estradas, oleodutos, portos ou redes de comunicações; – Diretrizes ambientais para o traçado das vias urbanas – Multas sobre vazamentos em instalações de armazenagem situadas no porto ou em terra; – Proibições aplicadas a substâncias consideradas inaceitáveis para os serviços de coleta de resíduos sólidos – Quotas de Uso de Água.	– Taxas por não cumprimento da legislação ambiental; – Tributos convencionais colocados sob ótica ambiental; – *Royalties* e compensação financeira para a exploração de recursos naturais; – Bônus de desempenho para padrões de construção; – Impostos afetando as opções de transporte intermodal; – Impostos para estimular a reutilização ou reciclagem de materiais problemáticos (p. ex.: impostos sobre pneus, impostos sobre baterias); – Cobrança por disposição de resíduos sólidos em aterro sanitário; – Cobrança pelo Uso de um Recurso Natural (Ex.: o usuário que paga pela água).	– Licenças comercializáveis para os direitos de captação de água, e para emissões poluidoras no ar e na água; – Desapropriação para construção incluindo "valores ambientais"; – Direitos de propriedade ligados aos recursos potencialmente impactados pelo desenvolvimento urbano (florestas, solo, pesca artesanal); – Sistemas de depósito-reembolso para resíduos sólidos de risco.	– Rotulação de produtos de consumo referente a substâncias problemáticas (p. ex.: fosfatos em detergentes); – Educação para a reciclagem e a reutilização – Legislação sobre divulgação, exigindo que os fabricantes publiquem a geração de resíduos sólidos, líquidos e tóxicos; – Criação da lista negra de poluidores.	– Compensação de danos; – Responsabilização legal por negligência dos gerentes de empresa e das autoridades ambientais; – Bônus de desempenho de longo prazo para riscos possíveis ou incertos na construção de infraestrutura; – Exigências de "Impacto Líquido Zero" para o traçado de rodovias, oleodutos ou direitos de passagem de serviços públicos, e passagens sobre água.

Como os recursos naturais não são apropriados de modo adequado nas estruturas de produção e de consumo, não são economicamente valorados, por não lhes serem atribuídos preços adequados. Assim, o custo ou o benefício privado não reflete seu custo nem o benefício econômico. Portanto, para corrigir as perdas sofridas no bem-estar da população, reduzindo as externalidades negativas ambientais, o que se procura é a transferência dos custos para seus causadores, pela adoção de instrumentos econômicos a serem incorporados às políticas ambientais. Todos esses instrumentos têm como objetivo a mudança de comportamento dos usuários desses recursos, de modo que incluam em seus custos os aspectos ambientais das atividades poluidoras.[8]

7.2 Tipos de instrumentos

Os instrumentos econômicos podem ser considerados como um conjunto de mecanismos que afetam o custo-benefício dos agentes econômicos, e que envolvem tanto transferências fiscais entre os agentes e a sociedade (impostos, taxas subsídios etc.), quanto a criação de mercados artificiais (licenças negociáveis de poluição, quotas negociáveis, mercados de reciclados etc.).[9] Cada um deles tem como objetivo a mudança de comportamento dos usuários desses recursos, de modo que incluam em seus custos os aspectos ambientais das atividades poluidoras.

Dois instrumentos principais da política de controle da poluição contam com incentivos econômicos, taxas e licenças de permissão transferíveis. Ambos permitem que a autoridade de controle distribua a responsabilidade pelo controle ambiental, buscando a melhor alternativa de custo-efetividade. A grande diferença entre eles é que a cobrança apropriada pode ser determinada somente através de um processo interativo de tentativa e erro ao longo do tempo, enquanto no caso de licenças transferíveis o preço pode ser determinado imediatamente pelas dinâmicas de mercado.[10]

7.2.1 Mecanismos de transferência fiscal

São mecanismos que estabelecem relações de transferências entre agentes poluidores e a sociedade, com o objetivo de internalizar os custos de poluição

[8] Calderoni (2004).

[9] Maimon (1996).

[10] Tietenberg (2004).

no processo produtivo. Sua forma de atuação tende a aproximar os custos ambientais públicos aos privados.

Como mecanismo de gestão ambiental, os impostos e as taxas são muito mais efetivos, quando comparados aos subsídios e ajudas financeiras. Isso porque eles incidem diretamente sobre a unidade do produto poluente, ou seja, a origem do recurso é o próprio empreendedor, permitindo uma implantação mais plena do princípio poluidor-pagador. No entanto, sempre se deve ter em mente que o empreendedor tende a repassar esses custos adicionais associados à cobrança das taxas e impostos ao consumidor.

O nível de repasse desses custos para o preço do produto dependerá então das dinâmicas de mercado em que a organização comercializa seus produtos. Uma elevação excessiva no preço do produto pode significar a perda de espaço no mercado e um risco não passível de ser assumido. Nesse caso, o empreendedor sempre buscará investir na melhoria do desempenho ambiental de seu empreendimento à medida que a cobrança das taxas efetivamente onerar o preço do produto. No caso dos subsídios e auxílios, a lógica é oposta.

7.2.1.1 Cobrança de taxas

O princípio da taxação consiste em cobrar dos "poluidores" um imposto equivalente aos custos de suas externalidades. A taxação é dos mais discutidos métodos de internalização de externalidades e hoje se vê países subdesenvolvidos reivindicarem que a Organização das Nações Unidas (ONU) implante um imposto internacional, a ser pago pelos países consumidores de combustíveis fósseis, cuja renda fosse aplicada na conservação da natureza em sentido amplo.[11]

As taxas que visam internalizar as externalidades ambientais têm por finalidade corrigir uma distorção existente do ponto de vista do bem-estar coletivo, através do princípio poluidor pagador.[12] Funcionam como um mecanismo de equalização dos custos sociais e privados. A internalização das externalidades pode ser "traduzida" por contabilização dos custos invisíveis; isto significa que muitos custos, às vezes intangíveis, como a extinção de uma espécie, ou

---

11 Bellia (1996).

12 O estabelecimento de um preço para a utilização do meio receptor, em sua capacidade assimilativa, força os agentes poluidores a uma moderação no uso, racionando o recurso ambiental entre as diversas utilizações ao mesmo tempo em que possibilita assegurar o seu uso sustentável a longo prazo (CÁNEPA, 2003).

a destruição de uma bela paisagem, não são considerados na estrutura de determinadas atividades econômicas. Dessa forma, cria-se um "subsídio" através do qual empresas e consumidores do presente se apropriam de recursos da natureza e do usufruto de gerações futuras, o que eticamente pode ser denominado, no mínimo, de furto ou roubo que, se analisado com um pouco mais de rigor, pode caracterizar potenciais genocídios.[13]

As taxas ambientais podem ser de três categorias, cada uma das quais apresenta características bem específicas, assim como vantagens e desvantagens, como ilustrado no Quadro 7.2:

a) taxa de produto: instrumento que utiliza um "valor adicional" ao preço de um produto ou um insumo que cause poluição (Ex.: taxa sobre o conteúdo de enxofre no carvão ou óleo mineral). Podem ser estruturadas de modo a incidir sobre a unidade do insumo ou matéria-prima poluente ou diretamente sobre o produto. Deve ser implantada de tal modo que resulte em preços mais favoráveis para os produtos menos danosos ao meio ambiente;
b) taxa de poluição: instrumento de caráter fiscal que permite atribuir um valor à poluição liberada no meio ambiente. Pagamento de imposto com base na quantidade ou na qualidade de uma descarga de poluentes no ambiente (ar, água ou solo). Ex.: emissões atmosféricas em toneladas de carbono. As taxas sobre emissões de poluição do ar foram implementadas por alguns países, incluindo França e Japão. A cobrança francesa da poluição do ar foi projetada para incentivar a rápida adoção de equipamentos do controle de poluição, com o retorno dos rendimentos para aquelas que pagam a cobrança como um subsídio para instalar o equipamento. No Japão, a taxação sobre emissões é projetada para elevar o rendimento e compensar vítimas da poluição de ar;
c) taxa de serviço: incidente sobre o valor da contratação de um serviço para despoluição de determinada área. Um exemplo seria a cobrança da biorremediação de solo contaminado por metais pesados;
d) administrativas: aplicadas com a finalidade de cobrir gastos dos serviços administrativos prestados pelas instituições de fiscalização ambiental. É usada para cobrir custos do governo com licenciamentos, controle ambiental etc. Constituem-se em instrumentos para operar os sistemas de regulação. Um exemplo bastante característico da se-

[13] Pereira (2000).

gunda é a Taxa de Fiscalização Ambiental (TFA), cujo histórico é discutido a seguir.

Quadro 7.2 *Tipos de taxação ambiental.*[14]

Incidência	Características	Vantagens	Desvantagens
Produto	Incide sobre produtos geradores de poluição em qualquer etapa de seu ciclo de vida (do berço ao túmulo).	Simplifica a fiscalização.	Não considera a estrutura ambiental de cada agente produtor, desestimulando os mais corretos.
Serviço prestado	O usuário paga de acordo com os custos de despoluição.	Eventualmente pode ser a forma mais simples de internalizar externalidades ambientais.	Procedimento do tipo "fim de tubo"; não estimula (pelo menos de forma direta) processos e/ou produtos mais eficientes; muitas vezes os custos podem simplesmente ser assumidos sem nenhuma ação para eliminar as causas da poluição.
Emissão	Taxação incide diretamente sobre as causas.	Atinge diretamente causas.	Maior custo de fiscalização.

Calderoni considera, além das taxas acima discutidas, também a taxa ao usuário, que são derivadas das taxas de poluição e são caracterizadas pelo pagamento direto pelos serviços públicos ou coletivos, por exemplo, coleta e manejo de resíduos sólidos domiciliares e coleta e tratamento de resíduo.[15] A renda obtida da cobrança dessas taxas deverá ser investida pelo próprio órgão de controle ambiental em sua infraestrutura e recuperação ambiental.

Normalmente os agentes preferem pagar exatamente o equivalente à sua poluição, o que leva a pagar também por seu controle. As cargas poluentes são classificadas conforme sua toxidade e potencial de degradação, e sua concentração é transformada numa medida equivalente denominada equitox, que serve de base para o cálculo do imposto a ser pago pelo poluidor.[16]

---

[14] Maimon (1996).

[15] Calderoni (2004).

[16] Bellia (1996).

As taxas somente serão efetivas se os custos gerados aos poluidores os impelirem a buscar soluções de controle ambiental mais baratas que o seu simples pagamento. A experiência de países desenvolvidos indica que a implantação de um sistema de taxação vem significando obrigar o empreendimento a utilizar mais racionalmente os recursos naturais em seu processo, o que em geral vem envolvendo: implantação de medidas técnicas, administrativas e legais, com incentivos econômicos.

A cobrança de taxas adicionais (sobretaxas) por unidade de poluente tem sido bastante eficaz, contudo esse mecanismo apresenta potencial "*dumping* ambiental", principalmente em países onde a legislação é mais restritiva, quando comparada a empresas de mesmo ramo de atividade, localizadas em países com legislação menos restritiva. Aquelas empresas localizadas em países com regulamentação ambiental menos restritiva podem oferecer um produto a um preço mais baixo no mercado. O sucesso de um dos dois empreendimentos ocorrerá em virtude do nível de restrição ambiental e do perfil do cliente.

A taxação vem sendo usada em países como Alemanha, França, Noruega, Suécia etc., onde cada indústria poluidora é taxada pela contaminação provocada pelos efluentes líquidos industriais que despeja nos rios. O controle é rígido e o valor é considerável. Na França, a tributação é um desdobramento natural da legislação que existe desde 1964, e as indústrias podem optar entre pagar taxas equivalentes à poluição real que provocam ou pagar por estimativa.

Os economistas prevêem tipicamente dois tipos de taxas de efluentes ou emissões. Inicialmente, é necessária a criação de uma taxa eficaz, projetada de modo a produzir um resultado eficiente, forçando o poluidor a compensar completamente todos os danos causados. Em um segundo momento, ela deve ser focada na relação custo-efetividade, projetada para conseguir um padrão ambiental predefinido com custo mais baixo de controle possível. No Japão, por exemplo, a taxa é calculada na base da quantidade de compensação paga às vítimas da poluição de ar no ano anterior. Embora a quantidade de compensação venha aumentando, a quantidade de emissões (a base a que a taxa é aplicada) vem diminuindo. Em consequência, de modo inesperado, as taxas elevadas da carga são necessárias a fim de levantar o rendimento suficiente para o sistema da compensação.[17]

---

[17] Tietenberg (2004).

Histórico da TCFA brasileira

A Lei nº 10.165 (27/12/2000) veio em substituição à Lei nº 9.960 (28/1/2000), que criou a Taxa de Fiscalização Ambiental (TCFA), na tentativa de pacificar os conflitos jurídicos decorrentes de ilegalidades e inconstitucionalidade da norma substituída.

Tudo começou com a Portaria nº 37, do Ministério do Meio Ambiente, em 1998, quando foi instituída uma taxa para que as pessoas físicas e jurídicas fizessem seu registro no Cadastro Técnico Federal de Atividades Potencialmente Poluidoras, estabelecendo sanções para a hipótese de inobservância de requisitos impostos aos contribuintes.

O Governo Federal resolveu então regulamentar a referida taxa através de uma Medida Provisória, de nº 2.015 (30/12/1999), que foi convertida na Lei nº 9.960 (28/1/2000), dando o nome de Taxa de Fiscalização Ambiental (TFA) e objetivando sua cobrança de pessoas físicas ou jurídicas que exercessem atividades potencialmente poluidoras e que utilizassem recursos ambientais. Em síntese, até o presente momento a cobrança da "taxa ambiental" pelo Governo Federal ficou apenas na tentativa, sendo por duas vezes suspensa por decisão do Supremo Tribunal Federal.

A nova Lei nº 10.165 (27/12/2000) trouxe algumas inovações, além de textos adaptados da norma anterior, dentre os quais:

a) o fato gerador ser "o exercício regular do poder de polícia conferido ao Instituto Brasileiro do Meio Ambiente e dos Recursos Naturais Renováveis (IBAMA) para controle e fiscalização das atividades potencialmente poluidoras e utilizadoras de recursos naturais";
b) o sujeito passivo ser considerado como todo aquele que exerça as atividades constantes no Anexo VIII da lei, estando obrigado a entregar relatório das atividades exercidas no ano anterior para o IBAMA, em formulário próprio;
c) definiu critérios para a conceituação de empresas de pequeno, médio e grande porte;
d) estabeleceu o pagamento da taxa sempre no último dia útil de cada trimestre do ano civil diretamente em conta vinculada ao IBAMA, ensejando o atraso em multa e encargos;
e) a obrigatoriedade até o dia 31 de março das pessoas físicas ou jurídicas potencialmente poluidoras fazerem seu cadastro, conforme salientado no início do texto.

Sem a devida contraprestação de serviços pelo IBAMA, exigida pelo artigo 145, II, da Constituição Federal, torna-se a nova "taxa ambiental" um imposto com mero fim arrecadatório e que, devido à sua concepção errônea, significaria séria distorção tributária, contrapondo-se aos princípios constitucionais. Além disso, as taxas, por objetivarem ressarcir o poder público do gasto com uma atividade específica e divisível, não podem ser fixadas em montante que gere arrecadação desproporcionalmente superior ao custo da atividade estatal, o que no caso estaria acontecendo.

Fonte: Lobo (2001).

Contudo, sem saber os custos do controle, a autoridade controladora não pode estabelecer um valor correto para taxação em uma primeira tentativa. É possível, entretanto, desenvolver um processo interativo de "tentativa e erro" para encontrar um nível de taxação apropriado a ser cobrado. Este processo é iniciado pela escolha de uma taxa arbitrária a ser cobrada, observando-se o nível de redução da poluição atingido, em virtude da cobrança imposta. Se a redução no nível de poluição observada for maior do que o desejado, o valor da taxa deve ser reduzido, se a redução observada for menor, o valor de cobrança deve ser elevado. A nova redução, que resulta do ajuste do valor de cobrança, pode, então, ser observada e comparada com a redução desejada. Alguns ajustes adicionais no valor podem ser feitos quando necessário. Este processo pode ser repetido até que a redução atual e desejada sejam igualadas. Nesse ponto, o valor correto de cobrança de emissões foi encontrado.[18]

7.2.1.2 Cobrança de impostos

O imposto funciona exatamente como a taxa, sendo cobrado sobre o valor da unidade do produto. Da mesma maneira como para a taxa, a sistemática para a definição da estrutura de impostos ambientais deve ser concebida e implantada de modo criterioso, pois um imposto extrafiscal altamente repressivo poderia trazer como consequência a inviabilização de determinadas atividades econômicas. Contra isso, certamente serão levantadas objeções baseadas no argumento de que o encerramento de determinada atividade trará consequências sociais graves. É forçoso reconhecer, todavia, que o caos social já está instalado em nosso país, paradoxalmente com o pleno funcionamento de muitas empresas nocivas ao meio ambiente e cuja ameaça a suas existências, com certeza, reavivaria o discurso demagógico de "sérios prejuízos sociais". O imposto ecológico teria algumas características de atuação extrafiscal, quais sejam:[19]

- a eleição dos recursos, produtos ou atividades atingidas por ele seria realizada pelo Poder Público, articulado com os movimentos ecológicos e outros organismos interessados na preservação ambiental e na proteção das reservas naturais brasileiras;
- haveria preferência para recair em fatos geradores que envolvem os recursos naturais não renováveis, em detrimento dos produtos, pois é mais fácil controlar umas poucas minas do que diversas fábricas. Esta preferência, no entanto, não excluiria o controle sobre os demais processos industriais e comerciais;
- uma das estratégias de sua utilização seria a elevação do valor de venda dos recursos não renováveis, que deveriam ter seu valor nos

[18] Tietenberg (2004).

[19] Freitas (1998).

patamares do mais próximo substituto renovável. Seria adotada uma seletividade em função da retirada dos recursos naturais não renováveis, da degradação do meio ambiente e mesmo do tempo de duração do produto;

- não haveria, para esse imposto, qualquer tipo de isenção ou estímulo fiscal, nem mesmo a imunidade quando o recurso ou produto sair para o exterior;
- a política de sua aplicação poderia ser articulada com os impostos de consumo (ICMS e IPI, por exemplo), os quais seriam seletivos não somente em função da essencialidade dos produtos, mas também em razão de sua durabilidade;
- poderia ter sua aplicação afinada com futura limitação de quotas de depleção (exaustão), cuja implementação também é premente;
- as receitas tributárias advindas do imposto teriam o destino específico de aplicação na conservação ambiental e na pesquisa voltada para atividades e processos produtivos que não prejudiquem a natureza.

O valor fiscal adicionado (VFA), principal critério de distribuição do Imposto sobre Circulação de Mercadorias e Serviços (ICMS), estimula as atividades econômicas. Todavia, leis estaduais, preconizadas no transcrito art. 158, parágrafo único, inciso II, da Constituição, têm introduzido novas regras para a repartição do ICMS dos Municípios, incorporando critérios sociais e, inclusive, ambientais. A instituição do ICMS Ecológico se deu por lei complementar, nos Estados do Paraná e Rondônia, em função de previsão nas respectivas Constituições Estaduais, indicando, em princípio, maior estabilidade ao sistema de incentivo. Em São Paulo, Minas Gerais e Rio Grande do Sul, o ICMS Ecológico foi criado por lei ordinária. No Estado do Mato Grosso, recente emenda constitucional possibilitou o Projeto de Lei Complementar nº 6, de 16/3/2000, incluindo o critério ambiental na divisão do ICMS dos Municípios.[20]

Os sistemas de ICMS Ecológico em operação no Paraná, São Paulo e Minas Gerais identificam, basicamente, duas linhas de estímulo a recursos ou serviços ambientais, que serão comentadas em seguida, a saber: espaços territoriais especialmente protegidos e sistemas de saneamento ambiental. Após, esses mecanismos e alternativas de aplicação do ICMS Ecológico serão considerados com relação a Estados da região amazônica.[21]

---

[20] Campos (2000).

[21] Campos (2000).

Nos EUA foi criado um imposto sobre a comercialização de produtos químicos (Superfund), um resultado da lei Comprehensive Response, Compensation an Liability Act (CERCLA), que gastou no período de 1990 a 1995 cerca de US$ 9,1 bilhões por ano nesse processo. Os locais mais contaminados são colocados em uma lista denominada National Priority List (NPL). O custo médio de recuperação de cada local é de 26 milhões de dólares.[22]

7.2.1.3 Concessão de subsídios e ajudas financeiras

Os subsídios, ao contrário das taxas ambientais, são instrumentos de assistência financeira que atuam como incentivos para as organizações mudarem sua conduta.[23] Além dos benefícios através do uso de incentivos econômicos, importantes ganhos podem ser obtidos através de melhorias no gerenciamento do uso dos recursos e da proteção ambiental, especialmente no Terceiro Mundo. Melhorias podem incluir a geração de empregos para pessoal especializado, sistemas de informação, meios administrativos e legais para o planejamento e gerenciamento do uso dos recursos.[24]

A política de subsídios é o reverso da taxação. Neste caso, os agentes econômicos recebem algum tipo de incentivo (redução ou isenção de impostos, reservas de mercado para seus produtos, créditos com juros baixos ou negativos etc.), ao invés de pagar para exercerem suas atividades de produção ou consumo.[25] Evidentemente, os preços aumentam com a taxação e diminuem com os subsídios (ou deveriam diminuir...), levando o mercado a um outro ponto de equilíbrio em relação aos consumos relativos dos bens e serviços postos à disposição do público. Todavia, é muito difícil estabelecer, *a priori*, se este ponto de equilíbrio corresponderá ao nível ótimo de produção sob os pontos de vista social e ambiental. Isto somente ocorrerá se os custos externos de cada atividade estiverem medidos com precisão.[26]

Os subsídios são instrumentos que podem ser aplicados de várias maneiras. Em muitas situações podem ser importantes para viabilizar a execução de políticas, em outras, principalmente quando de seu uso generalizado, podem

---

22 Moura (2002).

23 Calderoni (2004).

24 Corson (2002).

25 Bellia (1996).

26 Bellia (1996).

acarretar estímulos indevidos, ou seja, a criação da fonte poluidora, para que após essa ajuda seja usufruída pelo agente econômico.[27] Os principais tipos são apresentados no Quadro 7.3.

Quando os recursos são tabelados de modo a refletir os custos de seu fornecimento crescente, são usados de forma mais eficiente e sua administração é aperfeiçoada. Quando são tabelados de forma a incluir os custos de minimização da ameaça através da produção e processamento, a despesa com a proteção ambiental pode ser melhorada. Um dos exemplos mais claros de como o estabelecimento de preços pode afetar o uso dos recursos é o efeito dos aumentos no preço do petróleo da Organização dos Países Exportadores de Petróleo (OPEP), na década de 70, sobre o consumo de energia. Nos EUA, o consumo total de energia caiu 2% entre 1972 e 1983, apesar de um aumento de mais de 30% no PIB. A eficiência no uso de energia norte-americano, durante esse período, aumentou cerca de um terço.[28]

Quadro 7.3 *Tipos de subsídios ambientais.*[29]

Tipo de ajuda	Descrição
Subsídios	Ajudas não reembolsáveis para estimular a redução da poluição (efluentes através de compra de equipamento ou mudança de processo).
Ajuda fiscal	Aplicada sobre as políticas tributárias, reduzindo progressivamente seus impostos e taxas se certas medidas antipoluição forem estabelecidas. Influenciam diretamente as receitas ou benefício das empresas, já que acabam reduzindo os custos.
Sistema de consignação	Aplicação de sobretaxa sobre os produtos potencialmente poluentes. Se a poluição é evitada pelo retorno destes produtos ou de seus resíduos, através de um sistema de coleta, a poluição é reembolsada. Esta prática é habitual para garrafas de refrigerantes.
Incentivos financeiros por conformidade	Podem ser de dois tipos. • taxas de não conformidade que são impostas quando os poluidores não respeitam certas regulamentações. São calculadas a partir do montante de ganhos decorrentes do desrespeito às regulamentações; • depósitos de boa conduta, que são pagos aos agentes poluidores em virtude do cumprimento das regulamentações a eles aplicáveis.

27 Pereira (2000).

28 Corson (2002).

29 Maimon (1996).

O Banco Axial de São Paulo administra recursos de investidores, entre eles do Banco Mundial e do governo suíço, que estão interessados em aplicar recursos na preservação da biodiversidade da América Latina.[30]

Contudo, cabe salientar que os recursos utilizados para a concessão de ajudas financeiras para as organizações são originários em geral dos impostos pagos pelos contribuintes do próprio Brasil, quando oriundos de órgãos públicos de apoio a pesquisa e tecnologia, como: Fundação de Amparo à Pesquisa do Estado de São Paulo (FAPESP), Conselho Nacional de Pesquisa e Desenvolvimento (CNPq), Financiadora de Estudos e Projetos (FINEP) etc. Destaca-se a atuação dos bancos de nível nacional e internacional: Banco Nacional de Desenvolvimento (BNDS), Santander, Banco Interamericano de Desenvolvimento (BID); e de agências de fomento, como: Japan International Cooperation Agency (JAICA), Deutsche Gesellschaft für Technische Zusammenarbeit GmbH (GTZ) etc.

7.2.1.4 Eficácia dos mecanismos de transferência fiscal

Alguns comentários podem ser realizados em relação às condicionantes que influenciam a efetividade da implantação dos mecanismos de transferência fiscal:

a) alternativas muito polêmicas em virtude de sua complexidade inerente, existência na maioria das vezes de variáveis econômicas difíceis de prever ou controlar;
b) o uso de subsídios apresenta lógica inversa à da taxação e do imposto, uma vez que implica na redução ou isenção de imposto, concessão de crédito com juros baixos ou negativos, ou mesmo a fundo perdido;
c) os preços do produto com a taxação tendem a aumentar com a taxação e o imposto e reduzir com o subsídio. Deve-se, então, buscar um ponto de equilíbrio no uso dos dois tipos de instrumentos, a fim de atingir um ótimo social abrangente;
d) de modo geral, as fontes de recursos para a concessão de subsídios são o próprio Estado; elas em última instância saíram do bolso dos contribuintes;
e) pode-se atribuir uma taxação exponencialmente crescente em função da elevação da poluição.

30 Tachizawa (2002).

Para que se possa ter uma visão panorâmica global da evolução, aplicabilidade e eficácia das denominadas taxas e impostos na comunidade europeia, resultados do relatório de 1999, elaborado pela *European Environment Agency* (EEA), são sintetizados no Quadro 7.4.

Quadro 7.4 *Resumo de uma avaliação de taxas e impostos ambientais e sua eficácia ao longo do globo.*[31]

Instrumento	Efeito ambiental	Efeito do incentivo	Observações sobre a eficácia global
Taxas fiscais ambientais			
Imposto sobre enxofre (Suécia)	+++	+++	O teor médio de enxofre dos carburantes baixou consideravelmente (40%), em dois anos, obtendo-se reduções significativas das respectivas emissões. Embora seja uma taxa fiscal ambiental, teve forte efeito de incentivo, provavelmente devido ao seu elevado valor.
Imposto sobre o CO_2 (Suécia)	?/+	?	Substituição dos combustíveis fósseis por biocombustíveis no aquecimento urbano, em dois anos; maior competitividade da produção combinada de calor e eletricidade.
Imposto sobre o CO_2 (Noruega)	++	?	Análises parciais apontam para efeitos como a redução de 3 a 4% nas emissões totais de CO_2, em dois a três anos, a partir de uma tendência ascendente.
Imposto sobre voos domésticos (Suécia)	+	?	Algum impacto na aceleração da substituição das câmaras de combustão, por uma companhia aérea, e nas emissões em geral, em um a três anos.
Imposto sobre os resíduos (Dinamarca)	++	?	Avaliação em curso; forte aumento da reutilização do entulho de 12 para 82% em seis a oito anos e redução da produção de resíduos. O valor da taxa é quase o dobro do custo do tratamento dos resíduos.
Taxas de incentivo			
Diferenciação fiscal da gasolina sem chumbo (Suécia)	+++	+++	A diferenciação fiscal contribuiu substancialmente para a erradicação do chumbo em cinco a sete anos. O diferencial parece ter coberto os custos adicionais da produção de gasolina sem chumbo; forte efeito incentivador.

[31] European Environment Agency (EEA).

Diferenciação fiscal do gasóleo menos poluente (Suécia)	+++	+++	A diferenciação fiscal induziu a um forte aumento da quota de mercado do combustível menos poluente, cumprindo as normas ambientais mais rigorosas em três a quatro anos. A redução das taxas desses combustíveis proporciona fortes incentivos, pois reduz os custos de produção para um nível inferior aos dos combustíveis tradicionais.
Taxa sobre os resíduos tóxicos (Alemanha)	++	++	Redução de pelo menos 15% na produção de resíduos, em dois a três anos. A capacidade de incineração planeada foi consequentemente reduzida.
Taxa sobre os NOx (Suécia)	+++	+++	A concepção e o valor da taxa incentivaram as medidas de monitoração e atenuação nas fábricas responsáveis, contribuindo para reduzir em 35% as emissões de NOx, em dois anos. Reforço bem-sucedido da política de concessão de licenças.
Taxa sobre os adubos (Suécia)	+	?	Um dos fatores, no quadro da política de reforma agrícola, que contribuiu para a diminuição do uso de adubos artificiais em cinco a dez anos.
Taxa sobre a poluição dos recursos hídricos (França)	+	+	O sistema de recompensas fiscais e de contratos setoriais pode ter tido alguns impactos ambientais positivos em 10 a 12 anos. As verbas geradas por esta taxa são modestas.
Taxa sobre a poluição dos recursos hídricos (Alemanha)	+	+	Impacto positivo na solicitação e concessão de licenças para tecnologias mais "limpas". O seu anúncio precoce contribuiu para o fomento da construção de unidades de tratamento das águas residuais.
Taxas por serviço prestado: taxas de utilização			
Taxa de descarga em meio aquático (Holanda)	+++	+	A taxa gerou verbas para o rápido aumento da capacidade de tratamento. Embora o incentivo fiscal fosse baixo, o uso das receitas para esse fim contribuiu para melhorar substancialmente a qualidade da água em dez a quinze anos.
Taxa sobre os resíduos domésticos (Holanda)	+	?/+	Divisão mais justa dos custos de gestão dos resíduos domésticos; os valores variáveis podem ter incentivado a redução dos resíduos (10 a 20% menos de resíduos *per capita*).
Taxas por serviço prestado: taxas reservadas			
Taxas sobre as pilhas (Suécia)	++	0	Esta taxa viabiliza a reciclagem de pilhas (Pb). O nível de retorno, em 1993, era de 95% (60% em 1989). No caso de outras pilhas, o impacto ainda não é bem conhecido.

Legenda:
+/++/+++ = efeito pequeno/ médio/ elevado
0 = efeito nulo ou insignificante
? = efeito desconhecido

No caso do Brasil, não se tem conhecimento de um estudo similar, até porque, como foi comentado anteriormente, a tributação resume-se à aplicação de taxas de fiscalização, geralmente estaduais e municipais, e algumas iniciativas estaduais de imposto (ICMS) e compensações financeiras, como mostram os exemplos a seguir:[32]

- cobrança pelo uso da água em bacias hidrográficas por volume captado e efluente não tratado: existe Lei Federal em fase de regulamentação;
- tarifa de esgoto industrial, baseada no conteúdo de poluentes. Parcialmente implementada desde 1981, no Estado de São Paulo, foi implementada em 1986;
- compensação financeira a estados e municípios devido à exploração dos recursos naturais (hidrelétrica, produção de óleo, exploração minerais etc.). Totalmente implementada desde 1991, na forma de *royalties*;
- preço de Análise de Estudos Ambientais implementado em São Paulo desde 2003;
- ICMS ecológico: Paraná, Minas Gerais e São Paulo implementaram.

Além dos instrumentos de transferência fiscal, os mecanismos de mercado também são muito importantes para o processo de gestão ambiental.

7.2.2 Criação de mercados

Consiste na criação de mercados artificiais, em que os agentes podem transacionar produtos, quotas ou licenças que não tinham valor econômico antes da criação deste mercado.[33] Eles podem ser classificados em três tipos básicos: mercado de reciclados, mercado de seguros e mercado de licenças de poluição negociáveis. Sua criação é muito recente, particularmente a partir da década de 80, e se constituem na materialização de um novo paradigma para o processo de gestão ambiental.

---

[32] Fernandes (2005).

[33] Maimon (1996).

7.2.2.1 Mercado de Reciclados e *Ecobusiness*

Independentemente de sua natureza, resíduos em geral passam a ter valor econômico, uma vez que podem ser utilizados como insumos ou matéria-prima no mesmo ou em outros processos. Este tipo de mercado baseia-se no princípio de que o que é considerado como resíduo para uma empresa pode ser considerado por outra como um material a ser aproveitado como uma matéria-prima ou insumo de processo. A Federação das Indústrias do Estado de São Paulo (FIESP) apresenta uma bolsa de resíduos, onde os mesmos são negociados entre as empresas.

O mercado de reciclados vem evoluindo ao longo dos anos para a perspectiva do *ecobusiness* em virtude da necessidade da criação de novos processos associados à resolução de problemas ambientais das organizações onde novos empreendimentos são concebidos a partir de uma preocupação com o controle ambiental, e implicando na criação de novos produtos ou serviços: tratamento e disposição de resíduos, reciclagem de resíduos de modo geral, serviços para as situações de emergência no transporte de cargas e resíduos perigosos, monitoramento ambiental, análises ambientais, consignação de produtos,[34] produtos de materiais reciclados etc.

Os mercados "verdes" representam oportunidades de negócios onde a consciência ecológica está presente. Também são chamados de *ecobusiness*. Os segmentos desse mercado podem ser identificados em produtos destinados ao consumo, bens de capital e serviços. São eles:[35]

- ecoprodutos: destinados a atender à demanda dos consumidores "verdes", que estão dispostos a pagar mais por produtos ecologicamente corretos. São exemplos de ecoprodutos: produtos e embalagens feitos com papel reciclado, alimentos sem agrotóxicos, produtos que não foram testados em animais, entre outros;
- equipamentos: podem ser de controle de poluição, de despoluição e os que incorporam tecnologias limpas. O crescimento desse mercado é promissor na medida em que as empresas passam a ter preocupações ambientais, seja por imposição de regulamentações ou por adoção de uma postura proativa;

---

[34] A empresa não vende o produto, mas o aluga para o cliente. Ao final da vida útil do produto ou a partir do momento em que o cliente deseje trocá-lo por um novo, a empresa lhe fornece um novo, reciclando o antigo e alugando-o para um outro cliente (ex.: fogões, geladeiras, computadores). Esse tipo de processo reduz muito a produção de resíduos.

[35] Lustosa (2003).

- empresas prestadoras de serviços: também vislumbram um mercado promissor. Esses serviços podem ser de despoluição, reciclagem, controle de ruídos, recuperação de solos, de consultoria na área ambiental e até mesmo o turismo ecológico;
- biotecnologia: possibilita a melhoria genética e o consequente aumento de produtividade na agroindústria e outros setores da economia, fazendo uma agricultura casa vez mais intensiva e com possibilidade de utilização de menos agrotóxicos. A grande polêmica está em torno dos transgênicos ou OGM (organismos geneticamente modificados);
- bioeconomia: abre a possibilidade de exploração sustentável da fauna e flora, tanto na área de pesquisa quanto em novos produtos.

A tendência é que esse tipo de mercado se torne cada vez mais importante socialmente uma vez que o empreendedor deve a partir da percepção de problemas ambientais identificar a necessidade e oportunidade para a criação de um novo produto ou serviço.

7.2.2.2 Mercado de licenças negociáveis de poluição

São direitos de poluir adquiridos pelos agentes econômicos, por divisão de quotas ou por leilão, sob supervisão pública. Trata-se da criação de um mercado artificial que, através de procedimentos variados, permite a negociação do direito de poluir. Concretamente a partir da implantação do Protocolo de Kyoto e dos resultados divulgados recentemente pelo último relatório do IPCC, esse mecanismo ganhará grande impulso em nível mundial. Isso é tão importante que mesmo antes da implantação do protocolo o Brasil já negociava licenças de poluição com a Alemanha.

Envolve a ótica da renda de escassez, uma vez que, além de permitir enquadrar a cobrança como um "aluguel", permite, também, compreender o fenômeno da concessão, pelo Estado, dos certificados negociáveis de poluição. Trata-se da apropriação por parte da sociedade, através do Estado, de um recurso ambiental que se tornou escasso (por exemplo, o ar em uma grande região metropolitana) e da consequente permissão de uso limitado da capacidade assimilativa do mesmo (por exemplo, tendo em vista alcançar padrões de qualidade do ar melhorados). Seja através de um leilão inicial, seja através da alocação proporcional aos empreendimentos já existentes, o Estado passa então a racionar o espaço ambiental entre os diversos poluidores.[36]

O mercado de licenças negociáveis de poluição tem por base a "teoria do direito de propriedade" de Coase (1996). Se o mercado de licenças é competitivo e as firmas maximizam lucros, as emissões serão reduzidas com a introdução de licenças negociáveis. Podem ser classificadas em três tipos básicos:[37]

a) *bubbles*: quando duas fontes estacionárias de poluição podem se reajustar, compensando o aumento da poluição de uma pela diminuição da poluição da outra. As fontes podem ser de diferentes estabelecimentos na mesma empresa ou de duas empresas distintas;
b) *offset*: dispositivos que permitem a entrada ou expansão de uma firma em zonas geográficas com interdição de entrada. A nova empresa ou aquela que quer se expandir compra o direito de poluir de uma firma existente;
c) quotas: instrumentos que estabelecem um nível máximo de poluição ou produção de bens tóxicos e que podem ser comercializados.

O programa de comércio de emissões adotado nos Estados Unidos em 1970 foi uma tentativa de induzir mais flexibilidade na maneira pela qual os objetivos estabelecidos pela política do ar limpo poderiam ser atingidos. Assim, as fontes foram incentivadas a mudar as alternativas tecnológicas de controle previsto nos padrões de emissões, contanto que a qualidade do ar fosse melhorada ou pelo menos não afetada adversamente pela mudança. O programa foi implantado por meio de quatro políticas distintas, ligadas por um elemento comum conhecido como o crédito da redução de emissão.[38]

O tipo *bubbles* foi estabelecido a partir do Protocolo de Kyoto para as negociações de cotas de poluição entre os vários países e empresas. Esse mecanismo vem se configurando como uma oportunidade interessante para a participação do órgão de controle ambiental estadual, à medida que pode atuar como mediador na negociação das cotas de poluição entre os agentes poluidores. No entanto, para o controle de emissões de carbono em níveis regionais, as do tipo *offset* são mais interessantes, pois permitem o estabelecimento de um volume máximo de poluentes admissível; nesse caso o órgão de controle ambiental poderia definir por bacia atmosférica uma quantidade específica de emissões

[36] Canepá (2003).

[37] Maimon (1996).

[38] Tietenberg (2004).

de carbono. O volume total de emissões permitido seria definido em função da estimação da capacidade de suporte dos ecossistemas na região, por peculiaridades regionais como: presença de barreiras físicas, dinâmica de ventos para a dispersão de poluentes, periodicidade e duração de episódios de inversão térmica, capacidade de dispersão de cada poluente etc.

O sistema apresenta inúmeras vantagens em relação a outros instrumentos de gestão ambiental:

1. as empresas passarão a ter interesse em controlar sua poluição para poder negociar suas quotas;
2. concilia crescimento econômico e melhoria da qualidade ambiental;
3. atende ao princípio poluidor-pagador através da compra e venda de créditos;
4. estimula as empresas a controlarem efetivamente suas emissões;
5. estimula o setor privado a investir no uso de tecnologias limpas e produção mais limpa;
6. oferece alternativas em termos de custos de controle da poluição;
7. promove a utilização de métodos de antipoluição rentáveis e eficientes;
8. permite ampliações da empresa com uso de créditos da planta pré-existente;
9. estimula as organizações a investirem em novas tecnologias para aprimorar seu desempenho ambiental para a obtenção de créditos a serem negociados com empresas a se instalarem ou em casos de ampliações;
10. fornece ao Estado fonte de rendimentos para o processo de controle ambiental e despoluição;
11. viabiliza a coleta de dados para subsidiarem as taxações.

O órgão de controle ambiental ou ONGs ambientalistas podem adquirir quotas para reduzir a poluição.

A base do funcionamento desse tipo de mercado pressupõe:

a) determinar-se antecipadamente o nível máximo de poluição desejado para uma determinada região, bacia atmosférica ou bacia hidrográfica;
b) determinar a cota ou unidade de poluente base do sistema, de modo que cada unidade de licença represente uma certa quantidade de po-

luição e conjunto total de licenças que represente o volume máximo de poluentes admissível para a área em questão;

c) negociar as licenças entre os interessados (disponíveis como ações de empresas);
d) recursos obtidos destinam-se a atividades de proteção ambiental da área em questão (fiscalização ambiental, construção de sistemas de tratamento coletivos, remediação[39] de áreas contaminadas).

Nesse sistema, todas as fontes são obrigadas a possuir licenças para emissão de poluentes. Cada licença especifica exatamente o quanto é permitido à empresa emitir. As licenças são livremente transferíveis. A autoridade do controle emite exatamente o número das licenças necessárias para produzir o nível desejado de emissões. Qualquer emissão excedente ao permitido, na licença de uma dada fonte, levará o empreendimento a enfrentar sanções monetárias severas.[40]

A implantação do sistema de licenças negociáveis obedece às seguintes etapas:[41]

1. estabelecer o objetivo do nível de poluição desejada ou suportada;
2. o nível da qualidade ambiental deve ser definido em termos do total de emissões permitidas;
3. licenças, que constituem essencialmente direitos de propriedade, são então alocados às firmas. Cada licença permite ao proprietário emitir uma quantidade específica de poluição;
4. as organizações podem negociar estas licenças.

Alcoa (EUA) em julho de 1992

Vendeu por 7,5 milhões seus direitos de poluir o ar para a Ohio Edson, cujos direitos haviam sido obtidos pela troca de combustível com teor mais baixo de enxofre, na usina de Indiana.

---

39 Processo de descontaminação de uma determinada área (passivo ambiental) através da utilização de agentes biológicos (micro-organismos ou plantas) ou processos químicos.

40 Tietenberg (2004).

41 Maimon (1996).

Shell, Chevron Texaco, Norsk Hydro, Statoil e Suncor Energy Incorparation são seis importantes empresas de energia que participam do Projeto de Captação de Carbono (*Carbon Capture Project* – CCP), programa setorial conjunto de US$ 20 milhões, para pesquisar e desenvolver a próxima geração de tecnologia de separação de CO_2 e de seu armazenamento geológico seguro. Por meio do CCP, os parceiros do projeto visam desenvolver métodos eficazes para captar quantidades significativas de CO_2, emitidas por fontes industriais e geradoras de energia, armazenando o gás em formações geológicas abaixo da superfície da terra. Se for bem-sucedido, o projeto talvez resulte em reduções notáveis nas emissões de GHG num amplo espectro de indústrias, não apenas no setor de energia.[42]

O comércio de emissões permite separar quem pagará pelo controle de quem instalará o controle, introduzindo um grau adicional de flexibilidade. Esta flexibilidade é particularmente importante em áreas que ainda não aderiram ao comércio de licenças, devido ao fato de o custo marginal do controle ambiental ser muito elevado. Nesse contexto, certas fontes poluidoras que não seriam normalmente controladas, porque não poderiam suportar a implementação dos controles ambientais, sem sair do negócio, em virtude do fato de não terem recursos suficientes para tal, podem vir a ser controladas através do comércio de emissões. O rendimento derivado da venda de licenças pode ser usado para financiar os controles, prevenindo eficazmente a bancarrota de organizações pela cobrança exacerbada de controle ambiental.[43]

7.2.2.3 Mercado de seguros

Os agentes econômicos, ao terem responsabilidade legal pelos danos causados ao ambiente, presentes e passados, passam a ter precauções com os mesmos, inclusive com procedimentos securitários em relação ao ambiente. Os chamados *passivos ambientais*[44] passam a ser rubricas importantes na estrutura contábil das empresas, principalmente grandes. Surge nesse pro-

---

[42] Suncor apud Holliday et al. (2002).

[43] Tietenberg (2004).

[44] São em geral caracterizados por áreas contaminadas por resíduos sólidos ou produtos perigosos, geradas pela adoção, no passado, de práticas inadequadas de manejo e disposição. Surgem em sua maioria associados a áreas adjacentes às empresas, sendo considerados passivos por serem, em geral, rastreáveis em relação ao empreendimento gerador.

cesso de avaliação do patrimônio organizacional para processo de cobertura por seguros a necessidade da realização de uma criteriosa análise ambiental para que sejam evitados imprevistos associados com a superestimação patrimonial.

A partir do momento em que uma organização apresente um desempenho ambiental mais elevado principalmente com base na implantação de Sistemas de Gestão Ambiental (ISO 14001 ou Produção Mais Limpa), ela reduz significativamente o seu fator risco ambiental. Além disso, empresas que apresentam um histórico ambiental evidenciando um desempenho ambiental superior, pela inexistência ou baixíssima frequência de penalizações ambientais (multas obtidas em virtude de acidentes ambientais ou em condições normais de operação), podem vir a obter reduções significativas no valor de seu seguro patrimonial, por evidenciar baixa probabilidade de risco ambiental.

7.2.3 Protocolo verde

O Protocolo Verde é um documento firmado entre o Governo Federal através de seus Ministérios e bancos oficiais brasileiros, incorporando a variável ambiental na gestão e concessão de crédito oficial e benefícios fiscais com o objetivo de criar mecanismos que evitem a utilização destes créditos e benefícios fiscais em atividades e empreendimentos que sejam prejudiciais ao meio ambiente.[45]

Esse protocolo surgiu como resultado de um grupo de trabalho instituído em 1995 por representantes das seguintes instituições:

a) Ministério do Meio Ambiente, dos Recursos Hídricos e da Amazônia Legal;
b) Ministério da Agricultura, do Abastecimento e da Reforma Agrária;
c) Ministério da Fazenda;
d) Ministério do Planejamento e Orçamento;
e) Instituto Brasileiro do Meio Ambiente e dos Recursos Naturais Renováveis;
f) Banco Central do Brasil;
g) Banco do Brasil;
h) Caixa Econômica Federal;

[45] Dias (2006).

i) Banco Nacional de Desenvolvimento Econômico e Social;
j) Banco do Nordeste do Brasil;
k) Banco da Amazônia.

A iniciativa tomada por esse grupo de instituições busca cumprir o estabelecido no artigo 12 da Lei nº 6.938 (31/8/1981), a qual dispõe sobre a Política Nacional do Meio Ambiente (PNMA):

> "As entidades e órgãos de financiamento e incentivos governamentais condicionarão a aprovação de projetos habilitados a esses benefícios ao licenciamento, na forma da lei, e ao cumprimento das normas, dos critérios e dos padrões expedidos pelo CONAMA."

Nesta mesma lei estão previstas penalizações, para aqueles empreendimentos que não cumprirem as determinações exigidas pela PNMA, estabelecendo em seu artigo 8º que compete ao CONAMA: "Determinar, mediante representação do IBAMA, a perda ou restrição de benefícios fiscais concedidos pelo Poder Público, em caráter geral ou condicional, e a perda ou suspensão de participação em linhas de financiamento em estabelecimentos oficiais de crédito."

Os cinco bancos participantes do grupo divulgaram um documento intitulado "Carta de Princípios para o Desenvolvimento Sustentável", no qual firmaram compromisso com o desenvolvimento sustentável (Quadro 7.4).

Com o apoio desse mecanismo, os recursos só seriam liberados às pessoas ou empresas que não tivessem dívidas com o IBAMA. Caso contrário, além de não poderem receber o empréstimo, elas seriam incluídas no Cadastro de Inadimplentes do Banco Central (CADIN), o que as impede de fazer qualquer transação com instituições financeiras governamentais ou de participar de concorrências públicas.[46]

---

[46] Dias (2006).

Quadro 7.5 *Carta de princípios para o desenvolvimento sustentável.*

Os bancos a seguir assinalados reconhecem que podem cumprir um papel indispensável na busca de um desenvolvimento sustentável que pressuponha contínua melhoria no bem-estar da sociedade e da qualidade do meio ambiente. Para tanto, propõe-se a empreender políticas e práticas bancárias que estejam sempre e cada vez mais em harmonia com o objetivo de promover um desenvolvimento que não comprometa as necessidades das gerações futuras.

Princípios gerais do Desenvolvimento Sustentável:

1. A proteção ambiental é um dever de todos que desejam melhorar a qualidade de vida no planeta e extrapola qualquer tentativa de enquadramento espaço-temporal.
2. Um setor financeiro dinâmico e versátil é fundamental para o desenvolvimento sustentável.
3. O setor bancário deve privilegiar de forma crescente o financiamento de projetos que não sejam agressivos ao meio ambiente ou que apresentem características de sustentabilidade.
4. Os riscos ambientais devem ser considerados nas análises e nas condições de financiamento.
5. A gestão ambiental requer a adoção de práticas que antecipem e previnam degradações do meio ambiente.
6. A participação dos clientes é imprescindível na condução da política ambiental dos bancos.
7. As leis e as regulamentações ambientais devem ser aplicadas e exigidas, cabendo aos bancos participar da sua divulgação.
8. A execução da política ambiental nos bancos requer a criação e o treinamento de equipes específicas dentro de seus quadros.
9. A eliminação de desperdícios, a eficiência energética e o uso de materiais reciclados são práticas que devem ser estimuladas em todos os níveis operacionais.
10. Os princípios aqui assumidos devem constituir compromisso de todas as instituições financeiras.

7.2.4 O índice de sustentabilidade nas bolsas de valores

A empresas estão cuidando dos aspectos sociais e ambientais, inserindo-se no contexto da cidadania, e muitas delas têm obtido benefícios econômicos e maior durabilidade em longo prazo, ou seja, o risco do investidor é menor.[47] A redução do fator risco associado ao empreendimento em virtude da menor probabilidade de ocorrência de acidentes ambientais vem tornando muitos empreendimentos mais atrativos aos investidores.

O desempenho ambiental de uma organização pode ser inclusive indiretamente afetado pelo de seus fornecedores. Um exemplo disso é o fato de que o

[47] Corson (2002).

acidente em Bhopal, na Índia, com uma empresa fornecedora de serviços da Union Carbine fez com que os valores das ações da empresa caíssem à metade no dia seguinte após o acidente. Isso levou a Union Carbide, a qual detinha uma posição de liderança no mercado mundial, a perder terreno para a concorrência, além de sofrer prejuízos incalculáveis, financeiros e de imagem.[48]

Em virtude das preocupações na forma como o desempenho econômico de um empreendimento pode ser afetado pelo seu nível de desempenho socioambiental, surgiram os indicadores de sustentabilidade. Esses índices fornecem subsídios para avaliação do nível de responsabilidade sócio ambiental dos empreendimentos, permitindo compará-los de forma objetiva e isenta.

Já existem muitos indicadores que permitem a alguns investidores e comerciantes combinar os interesses comerciais com a consciência ecológica. As empresas de investimento socialmente responsáveis não são os típicos "tubarões" de Wall Street. Elas também buscam o lucro, é claro, mas já o farejam em negócios que podem reduzir a poluição existente e no investimento em empresas que encontraram maneiras de manter nosso planeta habitável.[49]

Para acompanhar essa nova realidade, o índice americano Dow Jones, que mede o desempenho financeiro das empresas, criou, em 1999, um grupo de indicadores paralelo, chamado de Índice Dow Jones de Sustentabilidade (*Dow Jones Sustainability World Index*).

Foi o resultado de um esforço conjunto a *Sustainable Asset Management* (SAM), gestora de recursos da Suíça especializada em empresas comprometidas com a responsabilidade social e ambiental.

Entre julho de 1996 e julho de 2001, o Índice Dow Jones de Sustentabilidade ultrapassou com folga o Dow Jones Geral: 18,4% para o primeiro, contra 14,8% para o segundo. O Índice Dow Jones de Sustentabilidade evidencia a lucratividade das ações das 312 empresas com melhor desempenho socioambiental, dentre as cerca de três mil que compõem o índice Dow Jones Geral, principal índice bolsístico do mundo. Hoje, a principal ferramenta de escolha de ações de empresas com responsabilidade social e ambiental é o Índice Dow Jones de Sustentabilidade (*Dow Jones Sustainability Group Index*-DJSI). O índice é formado por 312 ações de empresas de 26 países e quatro brasileiras integram

[48] Moura (2002).

[49] Berle (1992).

a lista: Itaú, Unibanco, Embraer e CEMIG.[50] As empresas que integram a lista do DJSI têm vários benefícios, como:

- reconhecimento público da preocupação com a área ambiental e social;
- o reconhecimento dos *stakeholders* importantes, tais como: legisladores, clientes e empregados. O que pode, por exemplo, conduzir a uma maior lealdade do cliente e do empregado;
- benefício financeiro crescente pelos investimentos baseados nos índices;
- resultados altamente visíveis, internos e externos à companhia. Todos os componentes são anunciados publicamente pelo Boletim do Índice, e as companhias são autorizadas a usar "membro da etiqueta oficial do DJSI".

Atenta a esse cenário a Bolsa de Valores do Estado de São Paulo (BOVESPA), em conjunto com várias instituições,[51] decidiu unir esforços para criar um índice de ações que seja um referencial (*benchmark*) para os investimentos socialmente responsáveis, o *Índice de Sustentabilidade Empresarial (ISE)*. Nesse sentido, essas organizações formaram um Conselho Deliberativo presidido pela BOVESPA, que é o órgão responsável pelo desenvolvimento do ISE. A Bolsa é responsável pelo cálculo e pela gestão técnica do índice. O ISE tem por objetivo refletir o retorno de uma carteira composta por ações de empresas com reconhecido comprometimento com a responsabilidade social e a sustentabilidade empresarial, e também atuar como promotor das boas práticas no meio empresarial brasileiro.

Atualmente, os grupos de investimento que carregam a tocha do ambientalismo estão espalhados de costa a costa. Em Battleboro, Vermont, encontramos o Catalyst Group, um grupo de "anjos" investidores fundado por Bob Barton, em 1987, que se concentra na fatia do mercado das companhias de US$ 5 a

---

50 Corson (2002).

51 Associação Brasileira das Entidades Fechadas de Previdência Privada (ABRAPP); Associação Nacional dos Bancos de Investimento (ANBID); Associação dos Analistas e Profissionais de Investimento do Mercado de Capitais (APIMEC); Instituto Brasileiro de Governança Corporativa (IBGC); International Finance Corporation (IFC); Instituto Ethos; e Ministério do Meio Ambiente (MMA).

US$ 15 milhões que estejam envolvidas em "negócios ambientais, socialmente responsáveis e sem fins lucrativos".[52]

Naturalmente, os fundos de investimento adaptaram-se rapidamente a essa nova realidade. Para atender ao investidor ambientalmente ético, foram criados novos fundos, nos quais os critérios sociais, ambientais e de governança corporativa são aplicados no processo de seleção dos melhores papéis.[53] O chamados Fundos de Investimentos Socialmente Responsáveis (*Socially Responsible Investments* – SRI) não são uma novidade no mercado financeiro internacional, existindo desde a década de 1960, tendo tido seu prestígio ampliado com o recente *boom* da responsabilidade social corporativa.[54]

Esse contexto também gerou uma preocupação muito maior com os processo de fusão e aquisição de empreendimentos, com a aquisição de passivos ambientais devido à Lei de Crimes Ambientais, de 1998, que possibilitou, além de outras sanções, a cobrança de valores extremamente altos aos responsáveis por danos ambientais. Portanto, a quantificação do passivo ambiental antes de fusões ou aquisições de empresas com alto potencial poluidor passou a ser uma prática corrente, pois pode levar à redução do preço da transação ou até mesmo impedi-la. Em muitos casos, o próprio vendedor não tem noção de seu passivo ambiental. Entretanto, alguns avanços em relação ao controle ambiental das empresas ainda precisam ser incorporados pelos investidores e acionistas, como a exigência da contabilidade ambiental, um instrumento importante para verificação contínua do passivo ambiental.[55]

A preocupação dos investidores em investirem em organizações com um desempenho ambiental superior está, sem dúvida, predominantemente associada ao fato de o risco inerente ao desempenho ambiental regular de uma organização poder vir a ser alvo de escrutínio público, afetando automaticamente o valor de suas ações. Ao se investir em empreendimentos considerados sinônimos de excelência em desempenho ambiental esse risco é automaticamente eliminado, tendo como consequência uma menor probabilidade de oscilações, do preço de compra e venda das ações no mercado.

---

52 Berle (1992).

53 Governança corporativa é o sistema que permite aos acionistas ou quotistas o governo estratégico de sua empresa e a efetiva monitoração da direção executiva. As ferramentas que garantem o controle da propriedade sobre a gestão são o Conselho de Administração, a Auditoria Independente e o Conselho Fiscal.

54 Vinha (2003).

55 Lustosa (2003).

Assim, menor risco ambiental do empreendimento significa maior lucratividade para os acionistas.

As mesmas dinâmicas econômicas que criaram a necessidade do desenvolvimento dos instrumentos econômicos de gestão ambiental também são responsáveis pela acentuação dos impactos ambientais verificados ao longo das últimas décadas estreitamente inter-relacionadas com o processo de globalização da economia.

7.3 Implicações socioambientais da globalização para a economia brasileira

O processo de globalização é uma consequência do advento do *neoliberalismo,* teoria econômica baseada no liberalismo, a qual defende que o Estado não deve intervir de forma alguma na economia de um país, porque isso prejudica o funcionamento do mercado livre. Parte da premissa de que um mercado livre e desregulamentado se autorregula e é capaz de corrigir os desequilíbrios na economia, impulsionando a ampliação da produtividade e uma aceleração do desenvolvimento. Ao serem abolidas todas as barreiras econômicas às empresas, se induz a criação de um mercado global autorregulado pelas próprias empresas que o constituem.

Será que as empresas multinacionais têm capacidade para regular a economia e construir uma sociedade justa e ecologicamente sustentável?

A globalização surge, nos anos 80, encabeçada principalmente por duas grandes potências econômicas mundiais, EUA e Reino Unido. A implantação desse processo tornou muitas nações mais vulneráveis (principalmente em países subdesenvolvidos) a problemas econômicos em outros países, afetando dinâmicas econômicas entre eles, como se pode perceber pelas recentes inquietações financeiras que vêm agitando os chamados mercados emergentes. A crise, além de subjugar países em desenvolvimento à esmagadora procura de investidores estrangeiros, também condenou suas florestas, sendo a renda de sua degradação uma forma fácil de pagar aos seus credores estrangeiros.

Curiosamente, a Agenda 21, em sua Seção 1, declara enfaticamente que o desenvolvimento sustentável pode ser atingido através da liberalização do mercado. Esta era a visão estratégica na época do Eco 92; resta perguntar a que nações esse tipo de percepção é conveniente. A degradação ambiental, particularmente de florestas naturais, atingiu a partir desse período um nível de degradação sem precedentes.

A globalização é uma megatendência redutível à economia e sua compreensão não se confina ao aumento dos fluxos comerciais e de capitais e mesmo aos de tecnologia. Tampouco à sua promoção de super acumulação de capitais e de riquezas e ao empobrecimento dos excluídos. Mas abarca também uma intensa mercantilização do mundo, uma exigência de negociações contínuas, um confronto entre valores e crenças. No entanto, a globalização não seria compreensível sem uma economia global.[56]

As atuais formas assimétricas e desiguais da globalização prejudicam os interesses dos países em desenvolvimento, favorecendo alguns incluídos e deixando de fora muitos excluídos. Os incluídos vivem o capitalismo reformado, enquanto os excluídos estão condenados a formas mais duras e até selvagens de capitalismo.[57] Esse processo vem gerando, particularmente nos países desenvolvidos, o achatamento salarial e o estabelecimento de um padrão de bem-estar social extremante consumista e inatingível para a maioria esmagadora dos cidadãos do mundo.

Vem sendo materializado através de processos como privatizações, desregulamentações, subsidiação, liberalização do comércio e investimentos, o que vem afetando os recursos naturais em diferentes países subdesenvolvidos, uma vez que afeta sua soberania.

Os países subdesenvolvidos, desprovidos de capitalismo nacional, com altas taxas de desemprego e elevado crescimento da população, tornam-se exportadores de matérias-primas com preços aviltados, não têm alternativa a não ser procurar investimentos produtivos transnacionais para poderem mitigar o desemprego, aprimorar o nível tecnológico da sua produção e permitir o surgimento de novas exportações com vantagens competitivas. Por tudo isso existe hoje fome de investimentos transnacionais em todos os países, e não é fácil ser escolhido como sede de investimentos pelas requisitadas e presunçosas potências da economia global.[58]

As exportações de matérias-primas desses países não obtêm preços rentáveis; suas dívidas continuam sendo um pesado fardo, suas importações aumentam,

[56] Müller (2001).

[57] Sachs (2004).

[58] Rivero (2002).

os investimentos produtivos não chegam e não surgem novas empresas exportadoras de produtos mais intensivos em tecnologia que sejam competitivos na economia global. Os programas de liberalização, desregulamentação e privatização são levados adiante, mas não nascem verdadeiras economias de mercado porque grande parte da população não consegue ultrapassar a linha da pobreza.[59] O processo de escoamento de produtos em virtude da ausência de fronteiras e barreiras alfandegárias vem infelizmente favorecendo a obtenção de lucro rápido e fácil para algumas organizações, raramente ou nunca compatível com a proteção do meio ambiente e com os direitos dos trabalhadores e dos povos indígenas.

A capacidade de importar é, portanto, a variável crucial para se escapar da armadilha da pobreza. Se ela puder ser aumentada por meio da expansão das exportações e pelo acesso a fontes externas de capital em condições razoáveis (sem disparar uma outra armadilha – a acumulação de uma dívida externa impossível de ser gerenciada), o país terá entrado no caminho virtuoso do desenvolvimento.[60]

Em virtude disso, o problema ambiental latino-americano não se reduz à deterioração dos recursos de ar e água, embora não deixe de ser substantiva. O problema prioritário é a depredação passada e presente dos recursos da região. Esses recursos têm sido sobreutilizados por uma exploração extremamente irracional geralmente em benefício de grupos poderosos, sob o olhar complacente dos governantes e, em muitos casos, com pouco proveito para impulsionar o desenvolvimento interno.[61] Instala-se então uma forma de corruptela das dinâmicas da cadeia trófica, onde os países desenvolvidos encontram-se no topo, estimulando o uso dos recursos naturais, de forma predatória, particularmente nos países em desenvolvimento. Ou seja, após esses países comprometerem a sustentabilidade dos recursos naturais em sua área geográfica de origem, também passam a contribuir para a degradação das áreas de outros países. As dinâmicas desse processo são ilustradas na Figura 7.1.

59 Rivero (2002).

60 Sachs (2004).

61 Donaire (1999).

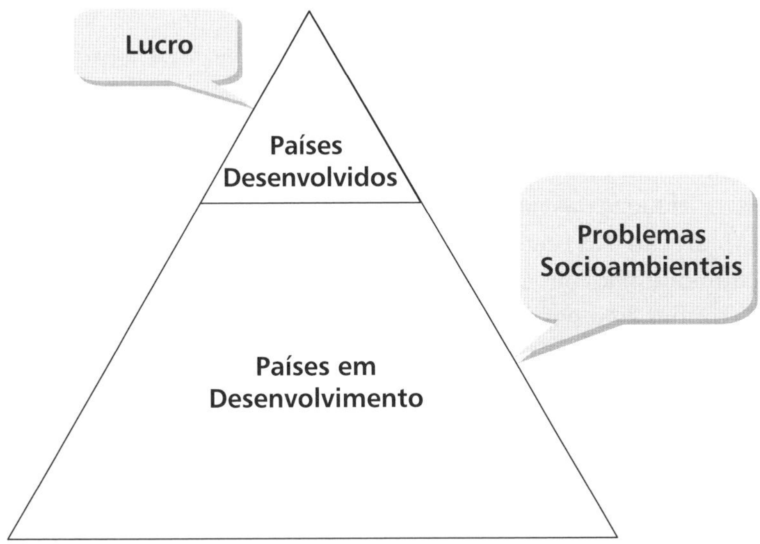

Figura 7.1 *Dinâmicas socioeconômicas e ambientais estabelecidas entre países em desenvolvimento e desenvolvidos.*

A preponderância da competitividade na globalização, que poderia ser entendida como a concorrência renovada e expandida, encontra cada vez mais obstáculos em favorecer a construção de novas formas de coesão social, pelas dificuldades em incorporar, de um lado, as questões provenientes do uso dos recursos naturais, agora já aceitos como finitos, donde emerge a noção de *ecologia*, e, de outro, as questões que concernem à participação popular na riqueza social, donde emerge a noção de *equidade*.[62]

O deslocamento de multinacionais para países que oferecem maiores facilidades econômicas vem ocasionando:

a) exploração da classe trabalhadora;
b) exploração e degradação dos recursos naturais;
c) facilidade de exploração dos recursos numa escala global e geração de desigualdades socioambientais nos países;
d) encorajamento de acesso barato às matérias-primas de outros países ao separar os custos e benefícios da exploração ambiental, pelo comércio desregulamentado.

62 Müller (2001).

Os graves desequilíbrios ecológicos também ameaçam a soberania do Estado-nação. Poluição, perda da biodiversidade, esgotamento de recursos e aquecimento do clima não respeitam fronteiras nacionais. Todos esses desequilíbrios ocorrem porque as políticas econômicas vigentes, especialmente nos Estados-nação mais ricos, não descontam do Produto Interno Bruto (PIB), ao calcularem a "riqueza das nações", as irreversíveis perdas ecológicas. Permite-se assim a exploração dos recursos até seu esgotamento, e, sobretudo, se promovem globalmente padrões de consumo incompatíveis com a ecologia e muito difíceis de mudar sem correr o risco de grandes turbulências sociais, uma vez que os cidadãos com elevada renda não abrirão mão de seu alto nível de vida, nem os pobres desistirão do sonho de viver como eles.[63]

O comércio desregulamentado também possibilita que muitos países utilizem os recursos naturais de forma irracional em seus processos produtivos, sem considerar a capacidade de absorção e regeneração dos mesmos, uma vez que o sistema facilita a importação desses recursos de outros países e ecossistemas.

Isso é facilmente perceptível quando se comparam as *pegadas ecológicas*[64] de países desenvolvidos, como Estados Unidos (10,3), Austrália (9,0) e Canadá (7,7), com as de países em desenvolvimento, como Brasil (3,1), China (1,2), Índia (0,8).[65] Os valores de pegada ecológica para os países desenvolvidos denotam uma incapacidade dos recursos ali existentes em atender a demanda do padrão de consumo de suas populações, em outras palavras, o nível de degradação ambiental é superior à capacidade de suporte dos ecossistemas locais, sendo então necessário drená-los de outros países. Um detalhe importante é que os recursos naturais, segundo dinâmicas econômicas estabelecidas, são considerados *commodities*, por possuir baixo valor agregado (sem incorporação de trabalho e capital), apresentando, portanto, um preço de venda extremamente baixo quando comparado a bens manufaturados. Isso por que o valor do consumo do bem ambiental, exceto para bens que apresentam um valor diferenciado, pelo seu nível de escassez mundial (pedras preciosas e ouro), não é inserido nesse processo.

A questão da importância de um padrão de consumo sustentável da população mundial está condicionada a paradigmas culturais e sua importância será extensamente discutida no capítulo que segue.

---

[63] Rivero (2002).

[64] Ver mais detalhes na seção 8.2

[65] Wackernagel et al. apud Dias (2002).

8 Educação Ambiental: o Instrumento dos Instrumentos

A percepção dos problemas socioambientais vem se tornando cada vez mais evidente ao longo das últimas décadas. Isto vem levando o homem a repensar o seu modelo de crescimento econômico, buscando alinhá-lo ao ideal do desenvolvimento sustentável. A combinação de algumas variáveis, como aumento vertiginoso do contingente populacional humano no planeta associado ao aumento da expectativa de vida do homem em virtude da revolução médica, bem como a adoção de padrões de consumo populacionais insustentáveis, vem gerando grande sinergismo do processo de degradação da qualidade ambiental.

Em virtude deste contexto, a educação ambiental deve ser considerada como importante instrumento de gestão ambiental para a materialização da visão do desenvolvimento sustentável. Apesar disso, os efeitos benéficos de seu aprimoramento poderão ser percebidos principalmente em horizontes de médio e longo prazos. Entretanto, sua aplicabilidade, de maneira efetiva, está condicionada à implantação de políticas públicas educacionais compatíveis, que subsidiem uma mudança cultural, de modo a afetar holisticamente os hábitos e posturas de uma determinada sociedade. O processo de degradação ambiental de uma região está sem dúvida condicionado ao padrão de consumo de seus habitantes, o qual pode ser do tipo sustentável ou insustentável (subconsumo e superconsumo). Em virtude disso, o fator cultural deve se encarado como um importante ponto de alavancagem para a busca do ideal do desenvolvimento sustentável.

Qualquer que seja a ferramenta utilizada no processo de gestão ambiental, independentemente de seu nível de abrangência (municipal, estadual e federal), sem dúvida, a efetividade de sua implantação passará obrigatoriamente por um processo de sensibilização ambiental. Tanto a implantação de um Sistema de Gestão Ambiental ISO 14001, como a implantação de um simples programa de coleta seletiva municipal de lixo urbano, demandarão alguma forma de sensibilização ambiental.

Posto isto, o objetivo deste capítulo é discutir o processo de educação ambiental como um instrumento indispensável de gestão ambiental e para a materialização do ideal do desenvolvimento sustentável, bem como a dependência de sua efetividade de políticas públicas educacionais bem estruturadas e consistentes, utilizando como contextualização o caso brasileiro.

8.1 A importância da educação para a gestão ambiental

Graças ao seu intelecto, o homem criou um mundo próprio, aparentemente independente, ao lado do mundo natural: é o mundo da economia global, baseada na tecnologia. Os ecossistemas antrópicos apresentam como característica marcante um nível elevadíssimo de entropia, uma consequência natural da sua baixa autonomia local ou insustentabilidade. Os impactos ambientais decorrentes da entropia gerada por estes ecossistemas vêm evidenciando ao longo das últimas décadas um potencial muito elevado de comprometimento da qualidade de vida do homem, sua saúde e mesmo sua sobrevivência.

A necessidade de conciliar o crescimento e preservação ambiental, duas questões antes tratadas separadamente, levou à criação e ao amadurecimento do conceito de desenvolvimento sustentável, que surge como uma alternativa inclusive de abrangência global. A consciência de que é necessário utilizar com parcimônia os recursos naturais, uma vez que estes podem se esgotar rapidamente, mobiliza a sociedade no sentido de se organizar para que o crescimento econômico não seja predatório, mas sim sustentável. Tal aspecto é salientado por Leff,[1] ao afirmar que "*a questão ambiental não é ideologicamente neutra nem distante dos problemas sociais e interesses econômicos*".

A capacidade de carga do planeta Terra não poderá ser ultrapassada sem que ocorram grandes catástrofes ambientais. Entretanto, não se conhece qual é essa capacidade de carga, e será muito difícil conhecê-la com precisão, sendo

---

1 Leff (2001).

necessário adotar uma postura proativa. Nesse sentido, é preciso criar as condições socioeconômicas, institucionais e culturais que estimulem não apenas um rápido progresso tecnológico poupador de recursos naturais, como também uma mudança em direção a padrões de consumo que não impliquem o crescimento contínuo e ilimitado do uso de recursos naturais *per capita*.[2]

Neste sentido, as estratégias de ação política sobre os processos ecológicos vinculam-se obrigatoriamente às ações práticas de desenvolvimento social. Atualmente a expressão *problema ambiental* não é suficiente para explicar de maneira abrangente os impactos decorrentes da ação antrópica sobre o ambiente circundante. É mais adequada a utilização da expressão *problemas socioambientais*, uma vez em que, ao alterar a qualidade ambiental, o homem tem a sua qualidade de vida e sua saúde afetada, de maneira direta e/ou indireta, pelos impactos por ele gerados, em um círculo vicioso. A miséria também pode ser considerada como uma forma de poluição sem dúvida gerada pela falta de equidade intrageracional ou intergeracional.

A equidade intrageracional deve ser considerada em vários níveis de abrangência de análise (municipal, estadual, regional, nacional e internacional), uma vez que envolve a falta de autonomia local de um país e a forma como a área de origem dos recursos naturais é explorada, onde são consumidos esses recursos, bem como sua acessibilidade. A sustentabilidade intergeracional, por sua vez, pode ser considerada sob os mesmos níveis de abrangência que a intrageracional, mas focaliza o uso atual e a disponibilidade destes recursos para as gerações seguintes.

A possibilidade da construção de uma sustentabilidade deve levar em conta os princípios extraídos dos recentes avanços nos paradigmas e teorias científicas, uma vez que a insustentabilidade atual é resultante, em grande parte, do conhecimento superado e inadequado para lidar com as questões socioambientais. Os princípios filosófico-científicos, emergentes dos novos paradigmas e teorias, que podem, tentativamente, criar uma melhor base para a construção da sustentabilidade, são os seguintes: contingência; complexidade; visão sistêmica; recursividade; conjunção; interdisciplinaridade.[3]

A resposta ao desafio urbano deve levar em consideração a singularidade das diversas configurações naturais, culturais, sociopolíticas, históricas e da

---

2 Romeiro (2003).

3 Rohde (1998).

tradição de cada cidade.[4] Isto sem dúvida explica a dificuldade no uso de soluções gerais e homogêneas, uma vez que se deve obrigatoriamente considerar a mais diversa gama de problemas, gerados, principalmente, pela combinação das variáveis acima citadas. Isto evidencia a importância do conceito de equifinalidade sistêmica, onde não existem soluções consideradas ótimas, mas sim soluções mais adequadas a um determinado contexto, o qual sem dúvida implica na análise de todos os atores e fatores envolvidos no processo de gestão ambiental, buscando respeito à cultura local.

Assim, é imperativo repensar a forma de organização da sociedade, o uso qualitativo e quantitativo que ela faz de seus recursos naturais e as consequências da ação dos agentes econômicos. Isso implica em estudos sociais, ambientais e compreender suas inter-relações e interdependências.[5] Através disto, será possível dar apoio às reflexões, análise, síntese, buscando soluções e estratégias de curto, médio e longo prazo para o contexto vivenciado, ou seja, de modo a viabilizar cientificamente um futuro mais próspero economicamente, porém mais justo e mais harmonioso.

O crescimento da produção capitalista depende de novos mercados e, portanto, da criação de novas necessidades para os consumidores. Assim, as necessidades da população aumentam juntamente com a escala da produção industrial, com a demanda por recursos naturais e com os rejeitos dos processos produtivos. Evidentemente, a abordagem da questão ambiental do ponto de vista da indústria não esgota a discussão sobre sustentabilidade, pois o comportamento dos consumidores e dos outros setores econômicos é variável decisiva.[6]

Nesse contexto, em primeiro lugar devem-se buscar mudanças de longo prazo nos padrões de consumo das populações, uma vez que a busca do ótimo social não resultará de sua elevação, mas sim da redução. Em segundo lugar, uma minimização de *input* físico por unidade de utilidade para o consumidor, implicando uma redução da utilização do meio ambiente como provedor de insumos e como fossa de resíduos (no limite, ciclos fechados de materiais). Que a academia e os governos tenham desenvolvido preferencialmente a segunda alternativa, por outro lado, não surpreende, pois ela está evidentemente mais ao alcance de nossa cultura e instituições atuais (do Ocidente e da Revolução Industrial). Por sua vez, a primeira alternativa requer uma verdadeira revolu-

---

4 Sachs (1993).

5 Becker (2001).

6 Lustosa (2003).

ção, social, cultural e até religiosa, e não será feita pela academia, mas no dia a dia dos governos. Isso pela necessidade de se mudar o atual panorama social que apresenta como elementos preocupantes: alta densidade demográfica, alta produção *per capita*, elevada taxa de utilização de recursos naturais (inclusive os não renováveis), geração em grande escala de resíduos não degradáveis pela natureza. Tudo isso faz com que o meio ambiente não seja mais um bem livre, tornando evidente a necessidade de utilizá-lo com parcimônia.[7]

Com o avanço da conscientização ecológica nos países do Norte nas décadas de 70 e 80, desenvolveram-se tecnologias que possibilitaram melhor controle da emissão de poluentes, maior economia energética e substituição de alguns recursos naturais escassos. Contudo, em longo prazo a sustentabilidade do sistema econômico não é possível sem estabilização dos níveis de consumo *per capita* de acordo com a capacidade de carga do planeta.[8]

8.2 Pressuposto cultural, um ponto de alavancagem para a gestão ambiental: harmonização dos padrões de consumo e a pegada ecológica

Entre os seis pressupostos do desenvolvimento sustentável, aqui considerados como fundamentais para a materialização do ideal do desenvolvimento sustentável, é importante salientar a importância do pressuposto cultural. A questão cultural atua como mediadora entre a sociedade e a natureza. Cultura é um conjunto de valores, dos usos e das instituições, profundamente ligados a postulados éticos.[9] Por outro lado, também está articulado com uma outra variável extremamente importante neste jogo de harmonização do social, do ecológico e do econômico, que é o estilo de vida, o qual reflete um padrão de consumo.

Sem dúvida alguma, o pressuposto cultural se constitui no ponto de alavancagem de maior impacto entre os demais pressupostos do desenvolvimento sustentável. O conceito de ponto de alavancagem é muito discutido dentro da visão holística ou sistêmica. Ponto de alavancagem pode ser considerado como aquele ponto específico de intervenção em um sistema onde as ações nas estruturas podem levar a alterações significativas e duradouras, que são

---

7 Boulding apud Cánepa (2003).

8 Romeiro (2003).

9 Sachs (2000).

muitas vezes pontos de difícil identificação.[10] A lógica de alavancagem segue o princípio da economia dos meios, em que os melhores resultados provêm não de esforços em larga escala, mais sim de pequenas intervenções bem focalizadas. Alem deste autor muitos outros estudiosos e interessados na questão socioambiental reconhecem na abordagem sistêmica uma matriz de organização do conhecimento interdisciplinar necessária ao planejamento de intervenção em uma dada realidade, e a advogam como instrumento exemplar de análise da questão socioambiental.[11]

A educação é essencial para o desenvolvimento, pelo seu valor intrínseco, na medida em que contribui para o despertar cultural, a conscientização, a compreensão dos direitos humanos, aumentando a adaptabilidade e o sentido de autonomia, bem como a autoconfiança e a autoestima. É claro que tem também um valor instrumental com respeito à empregabilidade. Porém, a educação é condição necessária, mas não suficiente, para que o indivíduo possa ter acesso a uma condição de trabalho decente, devendo vir junto com um grupo de políticas de desenvolvimento. Um dos paradoxos que prevalecem hoje é o desemprego maciço de adultos existindo lado a lado com o intolerável fenômeno do trabalho infantil.[12]

Isso é importante, porque a visão oblíqua de muitos gestores e o comprometimento em atender os interesses e demandas de uma oligarquia dominadora sobre as políticas brasileiras vem levando ao depauperamento do ensino público, tanto em níveis básicos como superior. A questão educacional é fundamental para a sustentabilidade, uma vez que ela passa não só pela maneira como o indivíduo utiliza os recursos naturais a sua disposição, a qual se evidencia através de seu padrão de consumo, como também pelo controle de natalidade, diretamente associado com o nível cultural de uma população, a qual também implica em educação sexual. A articulação do binômio contingente populacional x padrão de consumo das populações é crítico para a sobrevivência do ser humano no planeta.

Sem dúvida, é muito mais fácil buscar atingir a sustentabilidade através da implantação da inovação tecnológica do que através de uma mudança nos padrões de consumo das populações, particularmente em certos países do globo. A grande dificuldade, na segunda alternativa, está em que a estabilização dos

---

[10] Senge (2004).

[11] Sachs (1975); Sachs (1986); Leff (1986); Vieira (1992).

[12] Sachs (2004).

níveis de consumo *per capita* pressupõe uma mudança de atitude, de valores, que contraria aquela prevalecente ligada à lógica do processo de acumulação de capital, em vigor desde a ascensão do capitalismo e que se caracteriza pela criação incessante de novas necessidades de consumo. Dever-se-ia, portanto, passar de uma "civilização de ter" para uma "civilização do ser".[13] Isso pode ser claramente percebido comparando-se os valores da pegada ecológica entre os vários países do globo (Quadro 8.1).

Isso porque os desejos humanos parecem ser ilimitados, enquanto os recursos disponíveis para satisfazê-los são insuficientes, tornando necessário, pois, geri-los de modo a obter o máximo de satisfação com o mínimo de recursos. Para tanto, os economistas desenvolveram todo um embasamento teórico e modelos que auxiliam na compreensão dos fatores e dos mecanismos envolvidos na geração da riqueza e de sua distribuição.[14] É importante aqui salientar a diferença entre necessidade de um indivíduo, ou seja, um conjunto de elementos que ele realmente necessita para a sua sobrevivência, do querer (vontade ou desejo), que é extremamente subjetivo e vem sendo historicamente determinado por paradigmas sociais, mais principalmente por influência da mídia, encontrando-se aí a origem da irracionalidade no consumo de recursos naturais.

Quadro 8.1 *Pegada ecológica, disponibilidades de área ecoprodutiva e déficit ecológico de alguns países.*[15]

	PE (ha/p)	TED (ha/p)	DE(ha/p)
Alemanha	5,3	1,9	– 3,4
Argentina	3,9	4,6	0,7
Austrália	9,0	14,0	5,0
Áustria	4,1	3,1	– 1,0
Bélgica	5,0	1,2	– 3,8
Brasil	3,1	6,7	3,6
Canadá	7,7	9,6	1,9
Chile	2,5	3,2	0,7

13 Apud Romeiro (2003).

14 Calderoni (2004).

15 Wackernagel et al. apud Dias (2002).

China	1,2	0,8	– 0,4
Colômbia	2,0	4,1	2,1
Coreia	3,4	0,5	– 2,9
Dinamarca	5,9	5,2	– 0,7
Espanha	3,8	2,2	– 1,6
EUA	10,3	6,7	– 3,6
Grécia	4,1	1,5	– 2,6
Holanda	5,3	1,7	– 3,6
Hong Kong	5,1	0,0	– 5,1
Índia	0,8	0,5	– 0,3
Israel	3,4	0,3	– 3,1
Itália	4,2	1,3	– 2,9
Japão	4,3	0,9	– 3,4
México	2,6	1,4	– 1,2
Peru	1,6	7,7	6,1
Portugal	3,8	2,9	– 0,9
Reino Unido	5,2	1,7	– 3,5
Suíça	5,0	1,8	– 3,2
Venezuela	3,8	2,7	– 1,1
Legenda: PE = pegada ecológica TED = terras ecoprodutivas disponíveis DE = déficit ecológico			

A atual pegada ecológica de um cidadão norte-americano típico é de 10,3 ha; representa cerca de três vezes mais a área que lhe cabe na divisão global. Na verdade, se todos os habitantes da Terra atingissem o mesmo padrão de consumo do povo norte-americano, seriam necessários *mais três planetas* para sustentar a vida humana. Se a população mundial continuar a crescer e chegar aos 10 bilhões de habitantes, em 2040, como previsto, cada ser humano terá apenas 0,9 ha de terra ecoprodutiva (assumindo que não haja mais degradação do solo!). Viver sob tais condições pode significar a absoluta inviabilidade ou desmonte da forma atual de organização e estrutura da sociedade humana.[16]

Tanto a conservação como a preservação ambiental estão condicionadas a fatores culturais inerentes ao indivíduo e que devem ser moldados prioritariamente durante a formação de seu caráter (nível instrucional básico), como em uma abordagem corretiva após esta fase de sua vida. Contudo, cabe ressaltar que, para que o indivíduo torne-se disposto a conservar ou preservar a qualidade ambiental, ele não somente necessita querer, como também deve poder fazê-lo. O poder fazê-lo está geralmente associado com o padrão de consumo no qual se enquadra uma determinada população.

Com relação à maneira como o indivíduo se relaciona com os recursos naturais de que tem o usufruto, podem-se destacar três padrões típicos de consumo e cada um destes padrões está associado ao nível de desenvolvimento de uma região:

- **subconsumo:** padrão típico observado em países em desenvolvimento, onde as populações apresentam um baixo nível de renda, sobrevivendo com menos de um salário-mínimo por mês. Estas populações apresentam um padrão de consumo marginalizado, não apresentando condições de optar por produtos ecologicamente corretos, uma vez que simplesmente ignoram a questão ambiental, e também por não apresentarem um nível de renda familiar que lhes possa permitir realizar esta escolha, simplesmente optando pelo produto mais acessível (mais barato);
- **consumo sustentável:** padrão tipicamente observado em países desenvolvidos, em que as famílias apresentam uma renda familiar compatível com um maior nível de consumo, os quais independentemente disso utilizam estes recursos de maneira racional. O consumidor preocupa-se em selecionar produtos que evidenciem um processo de produção ambientalmente mais adequado, evidenciando um comprometimento com a conservação dos recursos naturais, ainda que tenha que pagar mais caro pelo mesmo. Alguns países europeus apresentam-se mais próximos a esse padrão de consumo;
- **superconsumo:** padrão de consumo observado também em países desenvolvidos, em que a população apresenta um padrão de consumo com potencial para seleção de produtos ambientalmente mais

[16] Dias (2003).

adequados, mas que não o realiza por limitações culturais. Este tipo de população é em geral mais imediatista e consumista.

Os padrões de consumo acima discutidos apresentam uma tendência geral que pode ser observada em determinados países, estados ou cidades, os quais podem contribuir para gerar padrões de degradação ambiental bastante diferenciados. As populações que apresentam um consumo sustentável são encontradas em países europeus de modo geral. Populações enquadradas no padrão de subconsumo estão normalmente localizadas em países em desenvolvimento, enquanto populações com perfil de superconsumo, em países desenvolvidos.

Os dois padrões de consumo insustentáveis geram normalmente padrões de degradação ambiental diferenciados, sendo que o padrão gerado em virtude do subconsumo (padrão de degradação 1) normalmente implica na rápida exaustão dos recursos naturais, uma vez que o indivíduo depende deles para sobreviver, principalmente em virtude dos bens ambientais serem considerados *commodities* (baixo valor agregado – baixo valor de mercado). Isto é graficamente ilustrado na Figura 8.1.

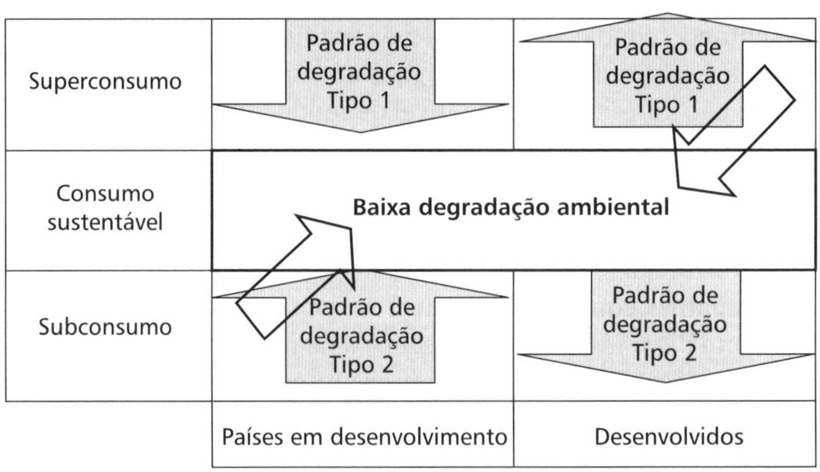

Figura 8.1 *Correlacionamento entre padrões de consumo sustentável e insustentável e padrões de degradação ambiental.*

A grande dificuldade neste caso é como sensibilizar indivíduos enquadrados no padrão de subconsumo para a importância da conservação/preservação ambiental. Cabe discutir as diferenças conceituais entre as palavras *conscientizar* e *sensibilizar*. Um indivíduo pode tornar-se consciente das implicações ambientais de um determinado comportamento após receber informação a respeito, ou seja, ele não mais ignora o assunto. Contudo, só após estar efetivamente motivado para mudar seu comportamento ele pode ser considerado sensibilizado; e essa motivação somente ocorrerá a partir do momento em que sejam eliminados determinados bloqueadores motivacionais. Estes bloqueadores motivacionais estão presentes principalmente quando o indivíduo não tem suas necessidades básicas atendidas (subconsumo) ou quando em sua cultura o individualismo e imediatismo prevalecem (superconsumo).

É necessário que se transformem as escolhas nos mercados, que se modifique a forma como os indivíduos usam os produtos e serviços e como lidam com seus resíduos. Entretanto, é importante que os consumidores acreditem que essas mudanças melhorarão suas vidas e as vidas de seus filhos. Assim, o desafio para as empresas é fornecer os serviços e os componentes funcionais de nossa sociedade de consumo, mas imaginar novas maneiras de fazê-lo, com muito menos dependência em relação a materiais, energia, trabalho e resíduos. O mercado continua a demandar qualidade, conveniência e conteúdo. As empresas bem-sucedidas encontrarão maneiras de atender a essas necessidades, mas não à custa da saúde do planeta.[17]

8.3 A motivação para a conservação/preservação ambiental

A partir de certo nível de bem-estar econômico, a população torna-se mais sensível e disposta a pagar pela melhoria da qualidade do meio ambiente, o que teria induzido a introdução de inovações institucionais e organizacionais necessárias para corrigir as falhas de mercado decorrentes do caráter público da maior parte dos serviços ambientais.[18] Desse modo, a compreensão da manifestação da subjetividade humana, ou seja, a conformação de novos valores na construção de novas interpretações da relação homem e natureza, busca como base novos padrões cognitivos.[19] É importante considerar, nestes padrões cognitivos, os fatores que induzem o indivíduo a compreender sua relação com o meio que o cerca, pois sem dúvida isto é essencial para que o mesmo modifique suas posturas como profissional e cidadão. A consideração destes dois

---

17 Holliday et al. (2002).

18 Romeiro (2003).

19 Leff (2001).

papéis que o indivíduo exerce socialmente e sua influência sobre o meio sem dúvida pode implicar em diferenciados impactos ambientais. Por exemplo, os impactos ambientais gerados pelo engenheiro civil são completamente distintos do indivíduo desvinculado do contexto profissional, em seu dia a dia pessoal. A forma como as obras de engenharia civil são conduzidas pode gerar diversos impactos ambientais (contaminação de solo e recursos hídricos superficiais/subterrâneos, contribuir para o esgotamento de recursos naturais etc.) através da produção de resíduos sólidos, efluentes de processo e ritmo de consumo de insumos e matérias-primas.

A teoria motivacional de Maslow fornece subsídios muito interessantes para que se possa analisar como o indivíduo necessita estar motivado para a conservação ambiental, possibilitando uma melhor compreensão do ser humano e de suas necessidades, as quais funcionam segundo uma hierarquia naturalmente predefinida. A discussão desta hierarquia de necessidades é extremamente importante, uma vez que determinará o potencial de sensibilização de um indivíduo para a conservação ou preservação da qualidade ambiental.

Maslow possuía uma visão humanista, acreditando no potencial de autorealização de todo ser humano. Considerava que algumas condições eram fundamentais para alcançar esta realização e que o desenvolvimento sadio do ser humano está condicionado a uma série de fatores. Ele necessita ser aceito e respeitado, bem como escutado de forma empática, de modo que perceba que seu interlocutor apresente a capacidade de colocar-se em seu lugar. Entretanto, o ser humano somente pode atingir este nível de realização como indivíduo na medida em que suas necessidades fisiológicas (básicas) e de segurança tenham sido previamente atendidas, e que a sua motivação obedece a uma hierarquia de necessidades (Pirâmide de Necessidades de Maslow), conforme ilustrado na Figura 8.2. Os vários patamares da referida pirâmide recebem a seguinte interpretação:

- **fisiológicas (básicas):** necessidades apresentadas pelo indivíduo desde o momento de seu nascimento. São condições biológicas impostas a qualquer organismo vivo, de natureza essencialmente instintiva. Aparecem na base da pirâmide e são fundamentais para a sobrevivência (comer, beber, ter uma moradia e processo reprodutivo);
- **segurança:** autopreservação, ou seja, de evitar o perigo físico, evitar a privação das necessidades fisiológicas, buscar a estabilidade. O

medo, ansiedade e o estresse predispõem negativamente a motivação do indivíduo;

- **sociais:** o indivíduo sente necessidade de ser aceito e de pertencer a grupos, estabelecendo assim relações de amizade e amor. Na impossibilidade de satisfazer esta necessidade, torna-se solitário, depressivo e hostil;
- **estima:** sente a necessidade de estima, ou seja, tanto de autoestima quanto pelo grupo onde está inserido. Isto significa prestígio, *status* e consideração;
- **auto-realização:** predomina a necessidade de realizar aquilo de que é capaz e que gosta de fazer. Esta necessidade é de âmbito mais elevado.

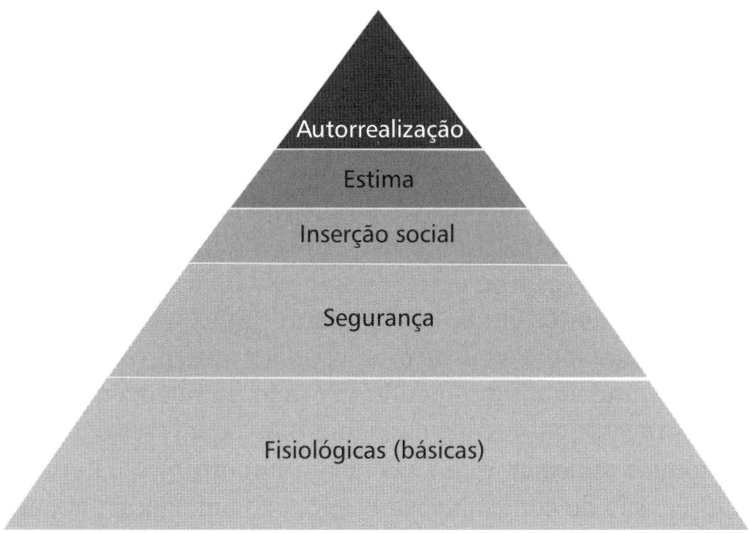

Figura 8.2 *Pirâmide de necessidades de Maslow.*

Pode-se observar que cada pessoa tem um grau de interesse, desejo, habilidade e aptidão para realizar suas atividades pessoais e profissionais. Estar motivado é estar constantemente em uma situação de estresse para satisfazer uma necessidade interna. É importante salientar que, segundo a teoria de Maslow, a motivação do indivíduo deve partir do contexto no qual está inserido, segundo uma ordem de prioridades ao seu alcance no momento em virtude do contexto em que está inserido, assim, uma vez que um nível de necessidade é atingido, deixa de ser um fator motivador e o indivíduo busca atualizar automaticamente seu objetivo para um nível superior. Ou seja, na medida em que as necessidades vão sendo atendidas segundo a hierarquia estabelecida pela pirâmide, as do nível imediatamente superior passarão a ser almejadas e as do nível imediatamente inferior são evidentemente esquecidas. As pessoas procuram intuitivamente uma crescente autoafirmação e realização.

A argumentação de Maslow torna evidente que um pai de família, por exemplo, jamais será convencido de que é errado desmatar uma área de preservação permanente, a qual é fundamental para o equilíbrio dos ecossistemas e abastecimento de recursos hídricos, quando estas árvores constituem a única fonte de renda para sua família. Infelizmente, nestes casos, a exploração dos recursos naturais a qualquer custo significa a única garantia de sobrevivência e atendimento de suas necessidades básicas. Infelizmente, nestas condições, os indivíduos só conseguem raciocinar em termos de sua sobrevivência em curto e médio prazo. Isto gera um ciclo vicioso difícil de ser quebrado, mesmo em médio prazo, mas cuja situação pode ser muito melhorada através do investimento em políticas educacionais focadas em educação ambiental, a qual deve sem dúvida perpassar pela educação sexual.

Cabe salientar que o processo de educação ambiental envolve em um primeiro momento o processo de conscientização ambiental, quando o indivíduo toma contato com a realidade que o cerca e sobre os impactos ambientais gerados pela sua existência, tanto como cidadão quanto como profissional. Contudo, é necessário que o indivíduo, além de estar consciente do problema, esteja sensibilizado ou efetivamente comprometido, gerando assim uma mudança em suas atitudes. Este processo é ilustrado na Figura 8.3, a qual ressalta a importância da visão sistêmica aplicada, que evidencia a importância da visão sistêmica para a compreensão do contexto socioeconômico-ambiental em que a mesma está sendo realizada, tanto para educador como para seu pupilo. Assim, para que o indivíduo mude sua perspectiva de interação com o meio ambiente, adquirindo uma visão crítica de como pode atuar no sentido de contribuir, como cidadão e profissional, para a melhoria da qualidade ambiental.

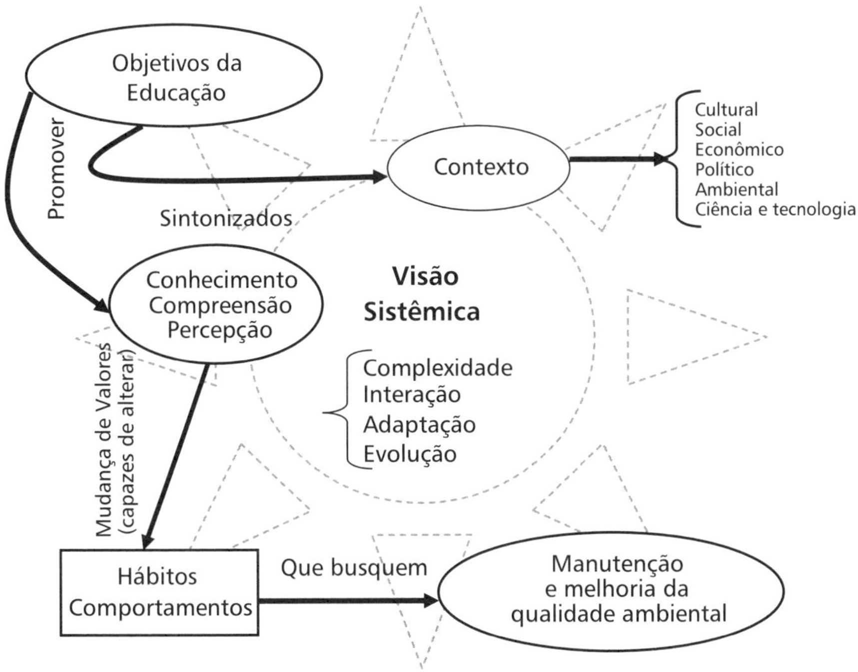

Figura 8.3 *Essência da atividade de educação ambiental e a importância da visão sistêmica.*[20]

A capacidade do indivíduo de responder às demandas de um cidadão em sintonia com a perspectiva do desenvolvimento sustentável deve envolver produção de meios de subsistência, que depende da combinação dos seguintes elementos: [21]

a) acesso a ativos requeridos para a produção de bens e serviços para autoconsumo, no âmbito da economia doméstica;
b) acesso ao treinamento, técnicas e ativos necessários para a produção de bens e serviços orientados para o mercado mediante autoemprego;
c) disponibilidade de trabalho decente, de tempo integral ou parcial, para os membros da família que o desejam;
d) acesso universal aos serviços públicos;

[20] Adaptada de Dias (2003).

[21] Sachs (2004).

e) acesso à habitação autoconstruída, alugada ou adquirida mediante esquemas subsidiados de moradia popular;
f) disponibilidade de tempo livre para atividades não produtivas.

O desenvolvimento pretende habilitar cada ser humano a manifestar potencialidades, talentos e imaginação, na procura da autorrealização e da felicidade, mediante empreendimentos individuais e coletivos, numa combinação de trabalho autônomo e heterônomo e de tempo dedicado a atividades não produtivas. A boa sociedade é aquela que maximiza essas oportunidades, enquanto cria, simultaneamente, um ambiente de convivência e, em última instância, condições para a produção de meios de existência viáveis, suprindo as necessidades materiais básicas da vida (comida, abrigo, roupas) numa variedade de formas e de cenários (famílias, parentela, redes, comunidades). Mesmo sendo muito importante o acesso aos serviços de saúde, eles fazem parte de um objetivo mais amplo, que é o de melhorar a saúde das pessoas. Isto depende de uma alimentação adequada (segurança alimentar), do acesso à água limpa, da melhoria das condições de moradia e de trabalho, de melhor educação e de medidas preventivas, como vacinação.[22] Sem dúvida, grande parte da responsabilidade de prover a infraestrutura básica necessária à formação de um cidadão em sintonia com a perspectiva do desenvolvimento sustentável deverá ser fornecida pelo Estado.

8.4 Sensibilização ambiental e espiritualização do ser humano

A dinâmica do sistema econômico, destacadamente associada com o processo de globalização, um fenômeno econômico bastante recente, segunda metade do século XX, vem levando a um acirramento da competitividade entre processos produtivos nacional e internacionalmente. Em consequência disso, os indivíduos tornaram-se, de modo geral, mais materialistas e individualistas. A concretização da visão do desenvolvimento sustentável está muita associada à preocupação e ao respeito ao próximo, o que naturalmente viabilizaria a materialização da equidade intrageracional e intergeracional.

Historicamente, através do avanço do paradigma mecanicista ou cartesiano, principalmente através da física, o homem foi progressivamente se desvencilhando de suas crenças religiosas em virtude do autodeterminismo científico,

22 Sachs (2004).

passando a ver a ciência como uma resposta para todos os problemas.[23] Curiosamente, este processo de divinização do conhecimento científico foi questionado somente a partir da mecânica quântica, pela divulgação dos resultados das pesquisas de Albert Einstein (teoria da relatividade) e Heisenberg (princípio da incerteza).

A palavra *religião* tem sua origem no latim *religare*, cujo significado é conectar-se com Deus, considerando Deus toda a lógica que está por trás dos sistemas vivos ou ecossistemas. Assim, sem dúvida, a natureza pode ser considerada como uma forma de manifestação divina, considerando aqui divino tudo aquilo que não pode ser plenamente compreendido ou explicado. Isto é particularmente importante mesmo atualmente, quando o homem percebe cada vez mais os impactos socioambientais gerados pela sua falta de compreensão das dinâmicas ambientais.

A questão do respeito à divindade não implica necessariamente na obrigatoriedade da crença em Deus, mas no reconhecimento de que o ser humano ainda não domina o conhecimento com relação a uma série de fenômenos e dinâmicas ambientais, ou seja, no respeito ao desconhecido. Entretanto, é fundamental lançar um olhar crítico sobre a forma em que estas crenças podem afetar a vida do ser humano atualmente e no futuro, uma vez que é constituída por uma série de crenças e valores. Este é um aspecto que também deve ser seriamente abordado no processo educacional, pois quanto menos crítico o indivíduo maior a possibilidade de estar susceptível a determinados paradigmas religiosos ecologicamente pouco adequados.

Enquanto, por um lado, a espiritualização do ser humano venha, sem dúvida, a viabilizar o alcance do ideal do desenvolvimento sustentável, pode também distanciá-lo deste objetivo. Particularmente em virtude dos paradigmas adotados por determinadas religiões, que censuram qualquer forma de controle de natalidade baseada em pressupostos gerados por dogmas religiosos. Isto acontece não só no Brasil como em vários outros países do globo, sendo a consequência de uma interpretação equivocada da Bíblia.

8.5 Crescimento populacional e paradigmas religiosos

A variação da taxa de crescimento populacional é essencialmente um fenômeno de médio e longo prazo. É fundamental para subsidiar a formulação

---

[23] Capra (1982).

de políticas públicas de natureza social, econômica e ambiental, uma vez que a dinâmica do crescimento demográfico permite o dimensionamento de demandas, tais como: o acesso aos serviços e equipamentos básicos de saúde, saneamento básico, educação, infraestrutura social, emprego e outras.[24]

Nesse contexto, é óbvia a importância da educação sexual, como componente fundamental da educação ambiental, uma vez que conscientiza e sensibiliza o indivíduo para a necessidade do controle de natalidade e da necessidade de planejamento familiar criterioso, para a viabilização da conservação ou preservação ambiental.

Isto evidencia a importância do controle da taxa de crescimento populacional dos países, de um programa de controle de natalidade e do planejamento familiar pautado e regulamentado através de políticas públicas eficazes. O principal entrave a esse processo vem sendo a resistência dos indivíduos, particularmente no Brasil, baseada em paradigmas sociais e dogmas religiosos. Esta associação pode ser facilmente observada na análise da Figura 8.4, a qual ilustra como os paradigmas religiosos podem influenciar o Índice de Desenvolvimento Humano (IDH), índice educacional, número de filhos por mulher nos países. Para a elaboração deste gráfico, utilizaram-se como referência dez países do globo, cinco com o IDH mais elevado e cinco com os níveis de IDH mais baixos no mundo. É interessante observar na Figura 8.4 a existência de uma correlação positiva muito elevada entre taxa de natalidade, nível educacional e prosperidade de uma nação, o que pode ser ilustrado através do IDH. Ou seja, nações com famílias menores apresentam melhores condições de prover recursos aos seus cidadãos.

A cultura, mediante suas instituições sociais legítimas, justifica a natureza e a forma do sistema capitalista de produção. Como instituição social, a religião também pode contribuir para este processo de alienação das massas, pregando a passividade e a resignação.[25] Marx considerava a religião como o "ópio do povo", um mecanismo capaz de obliterar no indivíduo sua capacidade crítica, fortalecendo cada vez mais um sistema de crenças e valores baseados em dogmas religiosos. De certo modo, as considerações tecidas pelo filósofo têm importância. No entanto, é fundamental salientar que determinadas religiões têm sua origem em um processo de questionamento religioso e político, baseando-se em paradigmas questionadores e críticos e buscando uma desvinculação com paradigmas preexistentes.

---

[24] IBGE (2004).

[25] Marx (1977); Marx (1981).

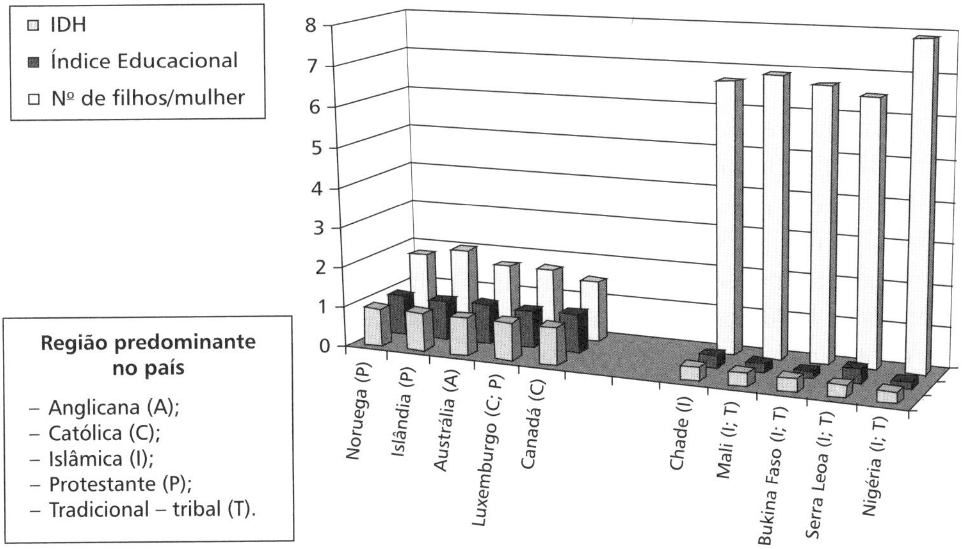

Figura 8.4 *Inter-relações entre o Índice de Desenvolvimento Humano (IDH) e paradigmas religiosos de dez países do globo.*[26]

A manutenção do equilíbrio ecológico, necessária para a sobrevivência da espécie humana, está condicionada ao controle do contingente populacional de cada nação, o qual envolve a implantação de soluções viáveis, o mais brevemente possível, uma vez que conter o crescimento demográfico envolve projetos de longo prazo, tanto do ponto de vista de implantação como para obtenção dos resultados esperados. Trata-se de uma questão lógica e clara; quanto maior o número de habitantes, maior o consumo, logo, o descontrole da taxa de natalidade de uma nação certamente acarretará a rápida exaustão de muitos recursos ambientais indispensáveis à manutenção da vida do ser humano.

Recursos anteriormente considerados inesgotáveis são, hoje, comprovadamente finitos. Considerando-se a elevação do contingente populacional em progressão geométrica e recursos naturais com baixa capacidade de reposição e sabidamente finitos, percebe-se que existe um limite bastante claro para a capacidade de suporte dos ecossistemas, que é condicionada pela quantidade de indivíduos que este ecossistema pode suportar em um dado momento.

[26] *Human development indicators report* (UNO, 2005).

Considerando-se a elevação da expectativa de vida dos indivíduos em virtude da revolução médica, o controle da natalidade assume uma importância ainda mais vital.

Em muitas nações do globo, há falta de evidências do interesse em controlar o crescimento populacional, particularmente por tratar-se de um mecanismo de intervenção que, embora crucial, é extremamente complexo. O direito de criar filhos é considerado, em muitos países, como um direito inalienável do indivíduo, imune às influências fora da família. Indira Gandhi, antiga primeira ministra da Índia, perdeu uma eleição em 1970 principalmente em virtude de sua abordagem agressiva e direta ao controle da população. Embora tenha recuperado subsequentemente sua posição, os políticos em outros países democráticos certamente não perderam a mensagem. Estabelecer que nenhuma família pode ter mais de duas crianças não é política palatável atualmente. Tal situação é frequentemente vista como uma violação não ética nos direitos daqueles que são mentalmente, fisicamente e monetariamente capazes para cuidar de famílias maiores. Assim, a falha no controlar do crescimento da população pode provar-se como devastadora para a qualidade de vida, particularmente em populações de países de alto crescimento populacional e consequentemente com baixos rendimentos.[27]

O que o ser humano necessita compreender é que as mudanças nos paradigmas sociais e ecológicos significam uma importante alternativa para o processo de gestão ambiental que busca um novo foco para o planejamento familiar, considerando que:[28]

1. a mudança da agricultura para uma economia industrial reduziu a produtividade das crianças. Em uma economia agrícola, as mãos extras são úteis, mas em uma economia industrial leis quanto ao trabalho infantil resultam em criança contribuindo substancialmente menos aos ganhos da família. Consequentemente, a demanda do investimento para crianças é reduzida;
2. nos países com sistemas econômicos primitivos, uma das poucas formas pela qual uma pessoa pode garantir a segurança da velhice é ter muitos filhos que possam amparar sua velhice. Não se pode pensar em filhos como um sistema de previdência social, mas em muitas sociedades eles são precisamente isso. Quando são desenvolvidos em

[27] Tietenberg (2004).

[28] Tietenberg (2004).

uma nação meios alternativos de prover segurança na velhice do indivíduo, o benefício do número adicional de filhos diminui acentuadamente;

3. em alguns países, o *status* da mulher é definido quase exclusivamente em função do número das crianças que ela cria. Se o *status* pessoal é correlacionado positivamente com grandes famílias, isto aumentará a atratividade para a formação de famílias mais numerosas;
4. uma diminuição na mortalidade infantil pode também fazer com que a necessidade de um número maior de filhos aumente. Quando ela é elevada, é necessário um grande número de nascimentos para produzir o número desejado das crianças nas idades quando são necessárias. A base para esta argumentação foi obtida durante uma tentativa de reduzir a mortalidade infantil em um dos Estados do sudeste da Índia. Aparentemente, este programa teve o efeito colateral de reduzir o índice de natalidade;
5. algumas evidências sugerem também que à proporção que se reduz o número de filhos por família se tende a gerar um padrão de crescimento mais equilibrado. Isso é uma consequência do fato de que o número de empregos aumenta, em virtude da melhor distribuição dos recursos entre um número menor de indivíduos na sociedade. Aqueles países que vêm tipicamente vivenciando uma fase de declínio sustentável da fertilidade, apesar dos baixos níveis de renda média *per capita*, são usualmente caracterizados por uma distribuição de renda relativamente igualitária e participação relativamente difundida nos benefícios do desenvolvimento;
6. em iguais circunstâncias, baixo crescimento populacional deve também ajudar a reduzir a desigualdade da renda. Isso porque as famílias de baixa renda são tipicamente mais numerosas; em média, elas sentirão este efeito de maneira mais acentuada. Esta tendência para o crescimento do número de famílias de baixa renda ser mais acentuado em ralação as de alta renda é reforçada a partir do nível de oferta de trabalho. A baixa disponibilidade de trabalho, o que mantém os salários baixos, apresenta como um benefício adicional trazido pelo crescimento lento da população a elevação dos salários dos trabalhadores. Os salários são uma importante fonte de rendimentos, particularmente para as famílias de baixa renda.

É importante ressaltar não só a percepção de capacidade de suporte de ecossistemas, como também a de suporte do sistema econômico, que devem ser sempre consideradas, uma vez que uma parcela da riqueza produzida por uma nação é necessariamente revertida em benefício de sua população através da cobrança de impostos. À medida em que esta riqueza gerada tem que ser compartilhada entre um maior número de indivíduos, pode-se perceber muito claramente a limitação de sua conversão em benefícios sociais de modo mais equitativo.

Embora o crescimento da população não seja a única, ou talvez nem mesmo a mais importante, fonte da insustentabilidade, é definitivamente um fator significativo. Parece razoável existir um nível máximo de atividade econômica que possa ser sustentado sem minar a base de recursos da qual é dependente. A população determinará como os frutos dessa atividade serão compartilhados. Embora uma pequena população global possa experimentar padrões de vida individuais relativamente elevados, uma população maior teria que se contentar com menos.[29]

8.6 Ilustração do caso brasileiro

Visando analisar a influência da cultura na sustentabilidade de uma população, tomaremos como exemplo o Brasil, aqui discutido com base em dados divulgados pelo Instituto Brasileiro de Geografia e Estatística (IBGE).

8.6.1 Educação ambiental implica em educação sexual

Embora se perceba, considerando a população brasileira como um todo, a existência de uma tendência à redução do contingente populacional desde 1955 até o presente momento (Figura 8.5), por serem estes valores gerais não refletem a taxa de natalidade observada entre famílias que ganham mensalmente menos que um salário-mínimo/mês. Infelizmente, enquanto o número de filhos vem-se reduzindo no caso de famílias de classe média e alta, o mesmo não vem acontecendo para famílias que vivem com menos de um salário-mínimo/mês. Percebe-se que no Brasil existe uma tendência à estabilização desde 1995 do número de famílias que recebem menos de ½ salário-mínimo *per capita* (20 a 25%), quando comparado ao ano de 1992, que atingia o valor de 35%, o que sem dúvida é economicamente positivo (Figura 8.6).

---

[29] Tietenberg (2004).

Embora a Figura 8.5 aponte para uma redução na taxa de natalidade da população brasileira, de modo geral e desconsiderando-se as diferenças entre as classes sociais, um fenômeno muito preocupante e que vem assolando o mundo, mas particularmente importante no Brasil, é a elevação alarmante do número de adolescentes grávidas (idades de 11 a 14 anos). Isto é um forte indicativo da necessidade de realização de uma efetiva educação ambiental nas escolas, no sentido de que os indivíduos sejam também munidos de informações e maturidade para compreender e saber lidar com a realidade que os cerca, como cidadãos conscientes, inclusive de sua sexualidade.

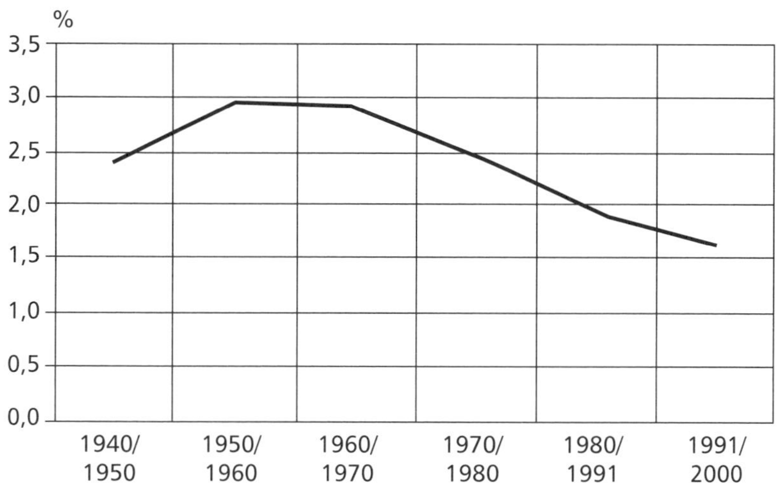

Figura 8.5 *Taxa média geométrica de crescimento anual da população brasileira (1940/2000).*

A gravidez na adolescência tem sido identificada como um dos grandes problemas de saúde pública tanto no Brasil como em muitos países, principalmente porque vem aumentando preocupantemente desde o final de século passado. Para que se tenha uma noção da dimensão do problema da gravidez entre adolescentes, foram publicados, pelo Population Reference Bureau (PRB), em 1992, resultados de pesquisas realizadas em nove países do continente americano, incluindo o Brasil. Esse estudo mostra que, na América Central, nascem, a cada ano, entre 99 e 139 crianças por 1.000 adolescentes de 15 a 19 anos de idade, sendo que a taxa é mais elevada nos países mais pobres. No Caribe, a cada 1.000 adolescentes de 15 a 19 anos de idade, nascem entre 84 e 104 bebês por ano e, na América do Sul, 83 a 97 nascimentos por 1.000 adolescentes. No Brasil, as taxas de gravidez na adolescência variam muito, mas estima-se que sejam de aproximadamente 20-25% e que 1 em cada 5 gestantes é adolescente.[30]

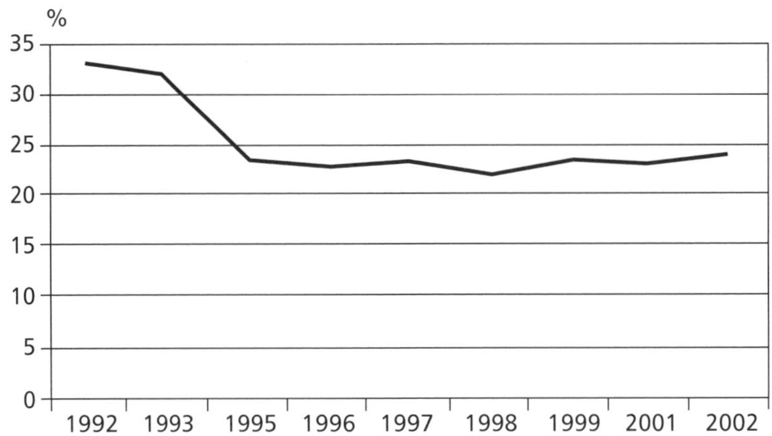

Figura 8.6 *Proporção de famílias brasileiras residentes em domicílios particulares, com rendimento familiar* per capita *de até 1/2 salário-mínimo (1992-2002).*

Algumas adolescentes brasileiras, ao serem interpeladas sobre o porquê de não utilizarem métodos anticoncepcionais, responderam que tinham vergonha que o seu parceiro pudesse imaginá-las como garotas de moral duvidosa, denotando uma grande insegurança gerada pela baixa autoestima das mesmas.[31] Além disto, é importante enfatizar que, segundo Maslow, para que os indivíduos estejam motivados para a conservação ambiental, devem sentir-se inseridos socialmente (terceiro patamar da pirâmide), para com isto ter sua autoestima fortalecida (quarto patamar da pirâmide). Como discutido acima, a falta de perspectiva para estas adolescentes (inserção social) pode ser, sem dúvida, um fator a mais a contribuir para o baixo nível de controle de natalidade, gerando um ciclo vicioso que agravará ainda mais os impactos socioambientais decorrentes em um país. Onde existem crise econômica e desemprego este problema tende a se agravar sem uma educação ambiental eficaz.

Uma meta importante nos programas sociais deveria ser prorrogar a primeira gravidez para depois dos 30 anos, quando o casal apresenta maturidade psicológica e econômica mais adequadas para criar um filho com sucesso e

[30] Santos Jr. (1999).

[31] Takiuti (2005).

com todos os recursos que o mesmo tem direito para se tornar um indivíduo socialmente produtivo. A gravidez antes dos 14 anos acelera o crescimento populacional em uma proporção alarmante.

Um elemento que deve ser sempre enfatizado no processo de educação ambiental é a educação sexual, de modo a fornecer ao indivíduo os elementos básicos para que ele compreenda a importância do planejamento familiar, sendo ao mesmo tempo munido de informações sobre biologia reprodutiva humana e uso de métodos anticoncepcionais. O indivíduo necessita estar consciente de que cada ser humano é responsável por uma parcela do impacto ambiental.

Outros elementos, como a precocidade sexual induzida por fatores ambientais, bem como a sexualidade sempre evidente na mídia, podem potencializar ainda mais o problema. A Figura 8.7 ilustra de modo abrangente os inter-relacionamentos e interdependências entre educação ambiental e sustentabilidade.

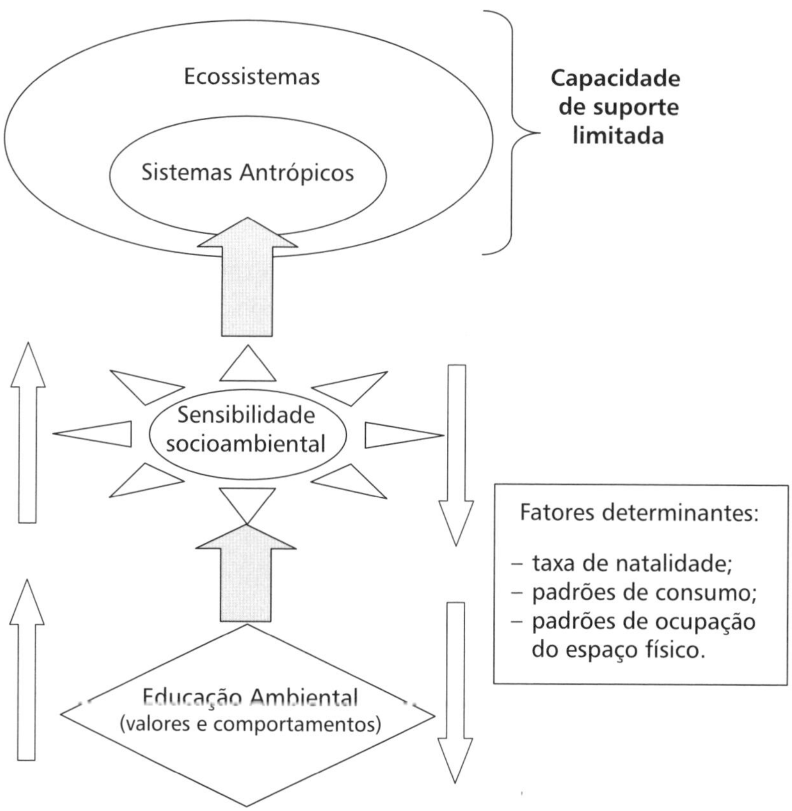

Figura 8.7 *Importância da educação ambiental como instrumento de gestão ambiental.*

O indivíduo adequadamente formado deve perceber-se como uma espécie animal igual às demais. Seu único diferencial é a capacidade de raciocínio, que faz com que possa adaptar o meio às suas necessidades, diferentemente das demais espécies, que se adaptam ao seu meio. Em virtude dessa capacidade, o ser humano deve ter sabedoria suficiente para utilizar racionalmente os recursos naturais de que dispõe, assegurando assim a sua sobrevivência como espécie no planeta, bem como a das demais espécies.

Não existe nenhum organismo que viva em isolamento e que seja capaz de sobreviver sem manutenção do equilíbrio ecológico dos ecossistemas, o qual está evidentemente condicionado a sua inter-relação com os ecossistemas antrópicos. Os animais dependem da fotossíntese das plantas para atenderem a suas necessidades energéticas; as plantas dependem do dióxido de carbono produzido pelos animais, bem como do nitrogênio fixado pelas bactérias em suas raízes; e todos juntos, vegetais, animais e micro-organismos, regulam toda a biosfera e mantêm as condições propícias para a preservação da vida.[32] Infelizmente, até o presente momento o homem, em virtude de suas características peculiares, vem promovendo desequilíbrio ecológico.

8.6.2 A importância da efetividade do processo educacional e a educação ambiental

A educação avança no caminho de oferecer alternativas para a formação de sujeitos que construam um futuro melhor. Este constitui uma vasta mudança institucional, num contexto de graves dificuldades econômicas, sociais e ambientais; por isso envolve um grande esforço dos docentes e da comunidade de toda a América Latina. Torna-se necessário construir a partir destes elementos, desde a ação cotidiana. A ambientalização dos currículos deve ser vista como um importante elemento organizador da prática, não como uma forçosa inserção sentida como violação curricular.[33]

No Brasil, estatísticas muito positivas estão associadas à taxa de alfabetização de pessoas de 15 anos ou mais (em 2002, 88%) e à taxa de escolarização em faixas etárias acima de 5 anos, conforme expresso na Figura 8.8. Refletem uma tendência crescente quanto ao número de indivíduos que têm acesso à educação, mas constituem apenas uma informação quantitativa, não refletindo a qualidade do ensino tido como referência para a formação do cidadão.

---

[32] Capra (2002).

[33] Luzzi (2003).

Somente através do estabelecimento de um sistema de ensino de qualidade é possível formar um indivíduo ambientalmente responsável, um cidadão capaz de contribuir para que a visão do desenvolvimento sustentável torne-se algo factível.

A análise comparativa das Figuras 8.8 e 8.9 evidencia que, embora a primeira aponte para o fato de que um maior número de indivíduos vem tendo acesso à educação, a segunda mostra que isso não vem se refletindo positivamente na forma como esta população consome os recursos naturais, notadamente materiais de construção, fertilizantes e minerais ferrosos e não ferrosos, cujo consumo vem aumentando acentuadamente desde 1992.

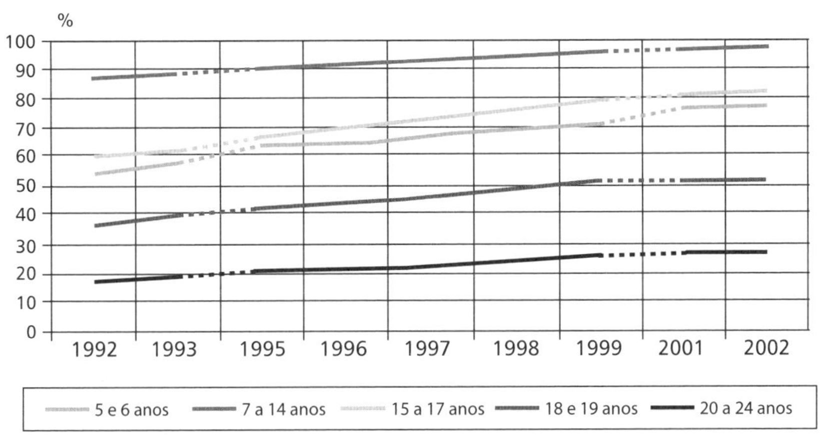

Figura 8.8 *Taxa de escolarização no Brasil de pessoas de 5 a 24 anos de idade, por grupos de idade (1992 – 2002).*

Isso é um indicativo da necessidade de melhoria da qualidade de ensino brasileiro, tendo-se em vista que, atualmente, o conceito de cidadão atingiu uma perspectiva mais abrangente, em que o mesmo "tem direito a um meio ambiente saudável e equilibrado" (artigo 225 da Constituição Federal Brasileira), tendo também como dever importante contribuir para a conservação/preservação da qualidade ambiental.

Estas são algumas informações que enfatizam a necessidade de repensar a política educacional brasileira, a qual não contempla a educação ambiental, e deveria ser tratada inclusive de forma intertransdisciplinar, mas sequer chega a ser abordada de forma continuada e sistemática nas escolas de ensino fundamental e médio.

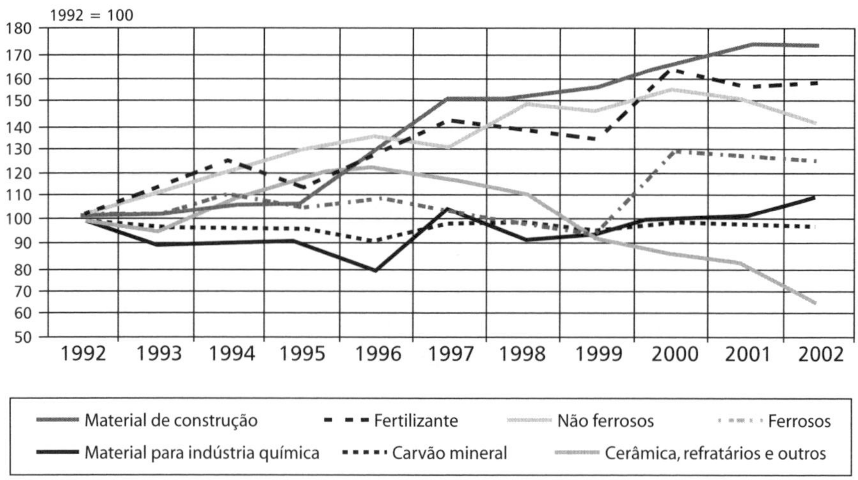

Figura 8.9 *Índice do consumo mineral (*per capita*) no Brasil (1992-2002).*

Segundo dados da ONU (senso de 2002), o Brasil apresenta um índice de reprovação de 21% (alunos do ensino fundamental), estando mais bem classificado que somente 15 outros países, incluindo integrantes da América Central e África. Este estudo indica que a alta taxa de repetência reflete condições insatisfatórias de ensino e de aprendizagem. Isto é particularmente significativo, considerando o fato de que algumas redes de ensino, como as de São Paulo e Minas Gerais, implantaram o sistema de progressão continuada, em que o aluno só repete ao final de cada ciclo (no primário, vai até a quarta série). Os dados do MEC (Ministério da Educação) mostram que, no Brasil, cerca de 20% dos alunos matriculados na educação fundamental estão nesse sistema.

Enquanto o processo de educação ambiental encontra-se estabelecido no Brasil pela Lei nº 9.795 (27/4/1999), o qual dispõe sobre a Política Nacional de Educação Ambiental, dando outras providências, nada se verifica em relação a sua efetiva implantação. Normalmente, as iniciativas voltadas para a educação ambiental são mediadas pelo próprio interesse e percepção da escola da importância de sua implantação.

Além disso, as diretrizes estabelecidas pelo Ministério da Educação (MEC) não vêm infelizmente contemplando, até o momento, obrigatoriedades relacionadas à educação ambiental, a qual deveria estar sendo efetivamente implantada. Isto é uma questão de extrema importância, principalmente no nível fundamental (1ª a 8ª séries), quando os valores culturais do cidadão estão sendo moldados, sendo posteriormente fortalecidos através de atividades descontinuadas de educação ambiental informal.

Cabe no contexto da educação ambiental informal destacar a participação das organizações não governamentais de cunho ambientalista, as quais vêm apresentando o importante papel de alertar a sociedade, através do direcionamento dos holofotes da mídia para o problema, sensibilizando-a para a importância da proteção ambiental. Essa consciência, embora latente e, em muitos casos, ainda pouco perceptível, vem sendo suficiente para que entidades ambientalistas mobilizem amplos setores da comunidade, desequilibrando a relação das forças envolvidas no processo.[34]

Assim, faz-se necessária a construção de uma nova sociedade para uma nova realidade institucional do setor ambiental, de maneira a corrigir os desvios do passado em relação ao desrespeito com o meio ambiente e dar respostas mais adequadas aos problemas ambientais pontuais e globais. Omitir a participação da comunidade e das entidades civis organizadas na resolução dos problemas de meio ambiente é persistir nos erros do passado e não fortalecer as forças dos movimentos populares por um meio ambiente ecologicamente sustentado.[35] Isso, sem dúvida, somente poderá ser obtido através de um processo educacional de qualidade, o qual deve obrigatoriamente envolver no escopo da educação ambiental a educação sexual.

Contribuir para a constituição de uma atitude ecológica caracteriza a principal aspiração da educação ambiental. É por isso que ela traz consigo forte potencial para alimentar esse ideal de sujeito ecológico, ao mesmo tempo em que opera como importante mediação, pela qual esse ideal vai sendo transformado em experiências concretas de identificação e subjetivação de indivíduos e coletividades. Dessa maneira, a educação ambiental está efetivamente oferecendo um ambiente de aprendizagem social e individual no sentido mais profundo da experiência de aprender.[36]

Contudo, para assegurar a efetividade de todos os outros instrumentos de gestão ambiental anteriormente discutidos, é fundamental que o sistema educacional de qualquer nação seja capaz de formar indivíduos conscientes de seus direitos, mas principalmente de seus deveres em relação ao meio ambiente. Para que isso ocorra, é necessário que as desigualdades sociais sejam amenizadas e a miséria e o analfabetismo sejam efetivamente erradicados.

---

[34] Dias (2006).

[35] Brito e Câmara (1998).

[36] Carvalho (2004).

Considerações Finais

Vários instrumentos de gestão ambiental foram sendo desenvolvidos ao longo dos anos, buscando conciliar o desenvolvimento econômico com a proteção ambiental. Cada um deles é consequência do contexto social, no que tange ao grau de degradação ambiental, desenvolvimento tecnológico e nível de sensibilização ambiental dos indivíduos. Inicialmente surgiram os instrumentos de comando e controle, mecanismos coercivos e punitivos, os quais podem ser considerados como instrumentos de gestão ambiental por excelência, considerados indispensáveis, principalmente pelo atual nível de amadurecimento social para a questão ambiental.

Os instrumentos de comando e controle podem ser agrupados tanto em abrangência de gestão macro e esfera pública, que são os instrumentos focados em um âmbito mais abrangente que o organizacional, como em abrangência de micro e esfera pública, completamente focados no processo de gestão organizacional. Em ambos os grupos, é fundamental a atuação do poder público como agente mediador entre os interesses dos vários atores envolvidos no processo de gestão ambiental.

Esses mecanismos foram sucedidos pelo mecanismo de autocontrole, que é uma consequência do amadurecimento da percepção neoliberal de que, através de mecanismos voluntários, o mercado é capaz de regular a proteção ambiental. Embora esses instrumentos sejam importantes para o processo de gestão ambiental, não são suficientes e dependem dos mecanismos de comando e controle. O grande mérito desse tipo de instrumento é que essa dependência induz automaticamente a organização ao cumprimento da regulamentação ambiental aplicável a sua atividade, produtos e serviços, independentemente da fiscalização ambiental. Ou seja, indiretamente, esse tipo de instrumento passa a funcionar na ótica dos de comando e controle, reduzindo assim a necessidade de fiscalização ambiental, uma vez que a organização passa a se autofiscalizar.

Os instrumentos de autocontrole podem ser também considerados de abrangência micro e esfera privada, uma vez que a organização tem a flexibilidade de optar ou não por sua implantação, passando a controlar seu desempenho ambiental independentemente da ação do poder público. Cabe destacar que, nesse caso, pelo fato de a organização buscar atingir um desempenho ambiental geralmente superior ao exigido pela regulamentação ambiental, ela passa a ser menos visada pela fiscalização.

Assim como os instrumentos de autocontrole, os instrumentos de mercado ou econômicos surgiram como uma resposta neoliberal complementar a este mecanismo, em virtude da sua maior ênfase às dinâmicas de mercado. Este tipo de instrumento é muito importante, uma vez que apresenta a capacidade de induzir mesmo aqueles empreendedores com uma postura mais reativa a investir na melhoria de seu desempenho ambiental, em virtude do fato de poderem perceber os benefícios econômicos imediatos desse processo. A despeito de sua concepção inicial, são instrumentos que também pressupõem, para um processo efetivo de gestão ambiental, a participação do poder público como agente mediador entre os interesses dos vários atores envolvidos, pois em muitos casos, como na implantação de taxas, impostos, subsídios e mercado de licenças de poluição, é necessária sua intervenção reguladora.

Esses grupos de instrumentos de gestão ambiental apresentam uma função complementar no processo de gestão ambiental, não existindo uma configuração predefinida que possa ser recomendada, mas deve-se buscar a configuração mais adequada à realidade em questão do Município, Estado ou nação. Isso deverá ser definido pela combinação entre os vários tipos de instrumentos, considerando-se o contexto envolvido (político, ambiental, econômico, social, cultural, geográfico, tecnológico etc.) a fim de viabilizar a visão do desenvolvimento sustentável. Sempre considerando que, na maioria das situações, uma intervenção do detalhe para o geral, ou seja, focada no Município ou no máximo Estado, é mais efetiva que investir em mudanças do geral para o detalhe, ou seja, partindo-se do nível federal. Essa lógica parte do raciocínio modular de implantação de processos de mudança da realidade, que ao ser reproduzida produz um efeito mais abrangente.

Contudo, a educação ambiental deve ser considerada como o instrumento dos instrumentos de gestão ambiental, em virtude de ser o pressuposto básico para a implantação da maioria dos outros instrumentos. É impossível viabilizar a implantação de qualquer processo de gestão ambiental, nos mais diversos níveis (municipal, estadual, regional ou nacional), sem que se dependa em algum nível da educação ambiental. Todos os problemas socioambientais são gerados pelas deficiências nas políticas implantadas. Na fiscalização da implantação de suas diretrizes, percebe-se que, sempre, a diferença entre a situação atual (problemática) e a imagem do que seria a situação ideal, ou a mais próxima dela possível, passa obrigatoriamente pela elaboração e implantação de políticas públicas adequadas ao contexto local, dos mais diversos âmbitos (municipal, estadual, regional e federal). A situação da educação no Brasil ilustra esta situação e evidencia que, enquanto o sistema educacional brasileiro não sofrer uma drástica reformulação, dificilmente será possível galgar o caminho do desenvolvimento sustentável.

Ainda que muitas vezes seja complexo melhorar a qualidade do ensino público municipal buscando suporte em políticas de abrangência federal, nada impede que cada Município faça uma análise de sua realidade e decida as alternativas mais interessantes para sua realidade, seguindo assim efetivamente as diretrizes estabelecidas pela Agenda 21. Assim, aqueles municípios que tenham melhorado a situação de seu sistema educacional, através da criação de políticas públicas municipais compatíveis, poderão servir como exemplo a ser seguido por outros Municípios, cujo efeito multiplicador pelo exemplo positivo poderia fazer com que políticas federais fossem reestruturadas.

Cabe aqui perguntar "quem" está sendo beneficiado pela manutenção dessa condição de um grande contingente de indivíduos em condição de analfabetismo funcional, ou no mínimo culturalmente malformados, e que condições permitem que esta situação venha sendo sustentada ao longo dos anos, bem como a que interesses isso vem atendendo.

No Brasil, assim como em qualquer outro país do globo, o investimento em um sistema de ensino que envolva uma visão sistêmica, através de uma ênfase em educação ambiental transdisciplinar, é fundamental para um processo de gestão ambiental eficiente, permitindo assim a materialização da visão do desenvolvimento sustentável.

Referências

ACSELRAD, H. Externalidade ambiental e sociabilidade capitalista. In: CAVALCANTI, C. **Desenvolvimento e natureza**: estudo para uma sociedade sustentável. 2. ed. São Paulo: Cortez; Recife: Fundação Joaquim Nabuco, 1998. p. 128-138.

AGÊNCIA NACIONAL DAS ÁGUAS – ANA. Disponível em: <http://www.ana.gov.br/GestaoRecHidricos/Outorga/default2.asp>. Acesso em: 25 set. 2006.

AMBIENTE BRASIL. **Prazo para recuperação da camada de ozônio aumenta 15 anos.** Disponível em: <http://www.ambientebrasil.com.br/noticias/index.php3?action=ler&id=26328>. Acesso em: 18 ago. 2006.

ANDRADE, R. O. B.; TACHIZAWA, T.; CARVALHO, A. B. **Gestão ambiental**: enfoque estratégico aplicado ao desenvolvimento sustentável. São Paulo: Makron Books, 2000.

ASSUNÇÃO, J. V. Controle ambiental do ar. In: PHILLIP JR., A.; ROMÉRIO, M. A.; BRUNA, G. C. **Curso de gestão ambiental**. Barueri: Manole, 2004.

BECKER, D. F. Sustentabilidade: um novo (velho) paradigma de desenvolvimento regional. In: ________ (Org.). **Desenvolvimento sustentável**: necessidade e/ou possibilidade? 3. ed. Santa Cruz do Sul: EDUNISC, 2001. p. 27-94.

BELLIA, V. **Introdução à economia do meio ambiente.** Brasília: Instituto Brasileiro do Meio Ambiente e dos Recursos Naturais Renováveis, 1996.

BENAKOUCHE, R.; CRUZ, R. S. **Avaliação monetária do meio ambiente**. São Paulo: Makron Books,1994.

BERLE, G. **O empreendedor verde**: oportunidade de negócios em que você pode salvar a Terra e ainda ganhar dinheiro. São Paulo: Makron; McGraw-Hill, 1992.

BOAS, C. L. V. **Análise econômica do problema de deterioração ambiental decorrente da geração de energia elétrica**. Disponível em: <http://www.cprm.gov.br/rehi/simposio/go/analise%20economica%20do%20problema%20de%20deterioracao%20ambiental%20decorrente%20da%20geracao%20de%20energia%20eletrica.pdf>. Acesso em: 20 set. 2006.

BRAGA, B.; HESPANHOL, I.; CONEJO, J. G. L.; BARROS, M. T. L.; SPENCER, M.; PORTO, M.; NUCCI, N.; JULIANO, N.; EIGHER, S. **Introdução à engenharia ambiental**. 2. ed. São Paulo: Prentice Hall, 2005.

BRAGA, P. L. S. Valorização contingente no Parque Nacional da Lagoa do Peixe, RS. In: XIV Congresso de Iniciação Científica/IV Mostra de Produção Universitária/FURG. "Integrando Saberes", 2005, Rio Grande, RS. **Anais eletrônicos...** Disponível em: <http://www.ceema.furg.br/paolaIVmostra.pdf>. Acesso em: 4 set. 2006.

__________; OLIVEIRA, C. R.; ABDALLAH, P. R. Aplicação do método de valoração contingente no Parque Nacional da Lagoa do Peixe, RS. In: III Seminário de Economia do Meio Ambiente, 2003, Campinas, SP. Regulação estatal e autorregulação empresarial para o desenvolvimento sustentável, 2003. **Anais eletrônicos...** Disponível em: <http://www2.furg.br/ depto/dceac/ceema/paola.htm>. Acesso em: 4 set. 2006.

BRAGA, R. Política urbana e gestão ambiental: considerações sobre o plano diretor e o zoneamento urbano. In: CARVALHO, P. F.; BRAGA, R. **Perspectivas de gestão ambiental em cidades médias**. Rio Claro: LPM-UNESP, 2001. p. 95-109.

BRITO, F. A.; CÂMARA, J. B. D. **Democratização e gestão ambiental**: em busca de desenvolvimento sustentável. 3. ed. Petrópolis: Vozes, 1998.

BRÜSEKE, F. J. O problema do desenvolvimento sustentável. In: CAVALCANTI, C. **Desenvolvimento e natureza**: estudo para uma sociedade sustentável. 2. ed. São Paulo: Cortez; Recife: Fundação Joaquim Nabuco, 1998. p. 29-40.

BURSZTYN, M. A. A. **Gestão ambiental**: instrumentos e práticas. Brasília: IBAMA, 1994.

CABRAL, W. **Economia ambiental**. (compilação), 2005.

CALDERONI, S. Economia Ambiental. In: PHILLIP JR., A.; ROMÉRIO, M. A.; BRUNA, G. C. **Curso de gestão ambiental**. Barueri: Manole, 2004. p. 571-616.

CAMARA, E. B. Brasil teve 73% do desmatamento da América do Sul, diz FAO. Disponível em: <http://www.bbc.co.uk/portuguese/reporterbbc/story/2007/03/070313_coberturaflorestalebc.shtml>. Acesso em: 21 mar. 2007.

CAMPOS, L. P. R. **ICMS Ecológico**: experiências nos estados do Paraná, São Paulo, Minas Gerais e alternativas na Amazônia, 2000. Disponível em: <http://www.mma.gov.br/port/sds/index.cfm>. Acesso em: 22 set. 2006.

CÁNEPA, E. M. Economia da poluição. In: MAY, P. H.; LUSTOSA, M. C.; VINHA, V. **Economia do meio ambiente**: teoria e prática. Rio de Janeiro: Elsevier, 2003. p. 61-79.

CAPRA, F. **O ponto de mutação**. São Paulo: Cultrix, 1982.

__________. **As conexões ocultas**: ciência para uma vida sustentável. São Paulo: Pensamento: Cultrix, 2002.

CARE BRASIL. Disponível em: <http://www.care.org.br/Noticia.asp?CodSecao=0&Nivel=0&Cod Conteudo=288>. Acesso em: 10 out. 2006.

CARVALHO, I. C. M. **Educação ambiental**: a formação do sujeito ecológico. São Paulo: Cortez, 2004.

CAVALCANTI, C. **Desenvolvimento e natureza**: estudo para uma sociedade sustentável. 2. ed. São Paulo: Cortez; Recife: Fundação Joaquim Nabuco, 1998.

COMISSÃO MUNDIAL PARA O MEIO AMBIENTE E DESENVOLVIMENTO (CMMAD). **Nosso futuro comum**. 2. ed. Rio de Janeiro: FGV, 1991.

CORSON, W. H. **Manual global de ecologia**: o que você pode fazer a respeito da crise do meio ambiente. São Paulo: Augustus, 2002.

CUSTÓDIO, H. B. Legislação brasileira do estudo de impacto ambiental. In: TAUK, S. M. (Org.). **Análise ambiental**: uma visão multidisciplinar. 2. ed. São Paulo: Editora da Universidade Estadual Paulista (UNESP), 1995.

DIAS, G.F. **Pegada ecológica e sustentabilidade humana**. São Paulo: Gaia, 2002.

__________. **Educação ambiental**: princípios e práticas. 8. ed. São Paulo: Gaia, 2003.

DIAS, R. **Gestão ambiental**: responsabilidade social e sustentabilidade. São Paulo: Atlas, 2006.

DONAIRE, D. **Gestão ambiental na empresa**. 2. ed. São Paulo: Atlas, 1999.

EUROPEAN ENVIRONMENT AGENCY – EEA. **Environmental taxes – implementation and environmental effectiveness**, 1999. Disponível em:<http://reports.pt.eea.europa.eu/92-9167-000-6-sum/pt/page001.html>. Acesso em: 21 set. 2006.

FERNANDES, P. V. **Impacto ambiental**: doutrina e jurisprudência. São Paulo: Revista dos Tribunais, 2005.

FERNANDES, R. A eficácia dos instrumentos econômicos para o desenvolvimento sustentável. **Jus Navigandi**, Teresina, ano 9, nº 589, 17 fev. 2005. Disponível em: <http://jus2.uol.com.br/doutrina/ texto.asp? id=6342>. Acesso em: 6 set. 2006.

FERRARI, A. C. Futuro limpo. **Scientific American Brasil**, nº 53, p. 5, 2006.

FERREIRA, Aurélio Buarque de Holanda. **Dicionário Aurélio básico da língua portuguesa**. Rio de Janeiro: Nova Fronteira, (s/d).

FERREIRA, A. C. S. **Contabilidade ambiental**: uma informação para o desenvolvimento sustentável. São Paulo: Atlas, 2003.

FIESP/CIESP. **Micro e pequenas empresas no estado de São Paulo e a legislação ambiental**. jun. 2001.

FINANCIADORA DE ESTUDOS E PROJETOS (FINEP). Disponível em: <http://www.finep.gov.br//imprensa/noticia.asp?cod_noticia=1070>.

FREITAS, R. J. D. Imposto, uma perspectiva ecológica. **Jus Navigandi**, Teresina, ano 2, nº 24, abr. 1998. Disponível em: <http://jus2.uol.com.br/doutrina/texto.asp?id=1724>. Acesso em: 22 set. 2006.

FUNDAÇÃO BRASILEIRA PARA O DESENVOLVIMENTO SUSTENTÁVEL, FBDS. Disponível em: <http://www.fbds.org.br/article.php3?id_article=281> Acesso em: 21 dez. 2006.

GÓMEZ, W. H. Desenvolvimento sustentável, agricultura e capitalismo. In: BECKER, D. F. (Org.). **Desenvolvimento sustentável**: necessidade e/ou possibilidade? 3. ed. Santa Cruz do Sul: EDUNISC, 2001. p. 95-116.

HARRINGTON, H. J.; KNIGHT, A. **A implementação da ISO 14.000**: como atualizar o sistema de gestão ambiental com eficácia. São Paulo: Atlas, 2001.

HENKELS, C. **Identificação de aspectos e impactos ambientais**: proposta de método de aplicação. 2002. 139 f. Dissertação (Mestrado em Engenharia de Produção) – Programa de Pós-Graduação em Engenharia de Produção, Universidade Federal de Santa Catarina, Florianópolis.

HITCHENS, D. M. W. N. The implications for competitiveness of environmental regulations for peripheral regions in the E.U. **Omega the International Journal of Management Science**, nº 27, p. 101-114, 1999.

HOGAN, D. J. A relação entre população e meio ambiente: desafios para a demografia. **População e meio ambiente**. São Paulo: SENAC, 2000.

______. Migração, ambiente e saúde nas cidades brasileiras. In: HOGAN, D. J.; VIEIRA, P. F. **Dilemas socioambientais e desenvolvimento sustentável**. 2. ed. Campinas: Editora da UNICAMP, 1995. p. 149-167.

HOLLIDAY, C.; SCHMIDHEINY, S.; WATTS. P. **Cumprindo o prometido**: casos de sucesso de desenvolvimento sustentável. Rio de Janeiro: Campus, 2002.

IBAMA – Instituto Brasileiro do Meio Ambiente e dos Recursos Naturais Renováveis. Disponível em: <http://www.ibama.gov.br/compensacao/>. Acesso em: 11 set. 2006.

__________. Disponível em: <http://www.ibama.gov.br/licenciamento/>. Acesso em: 11 set. 2004.

IBGE (Instituto Brasileiro de Geografia e Estatística). Indicadores de desenvolvimento sustentável do Brasil, 2004.

KINLAW, Dennis C. **Empresa competitiva e ecológica**: desempenho sustentado na era ambiental. São Paulo: Makron Books, 1997.

LANNA, A. E. **Instrumentos de gestão ambiental**: métodos de gerenciamento de bacias hidrográficas. Brasília: IBAMA – Instituto Brasileiro do Meio Ambiente e dos Recursos Naturais Renováveis, 1994.

LEFF, E. **Saber ambiental**. Rio de Janeiro: Vozes, 2001.

LIU, K. K. Y. Energy efficiency and environmental benefits of rooftop gardens. **Construction Canada**, v. 44, nº 2, p. 17, 20-23 , mar. 2002.

LOBO, M. P. A nova "Taxa Ambiental". **Jus Navigandi**, Teresina, ano 5, nº 50, abr. 2001. Disponível em: <http://jus2.uol.com.br/doutrina/texto.asp?id=1970>. Acesso em: 19 set. 2006.

LOPES, A. L. B.; RIBEIRO, J. C. J.; CAMPOS, L. P. R.; LANNA, M. T.; CAMARGOS, R. M. F. **ICMS Ecológico**. Belo Horizonte: Fundação Estadual do Meio Ambiente – FEAM/Instituto Estadual de Florestas – IEF/Secretaria de Estado de Meio Ambiente e Desenvolvimento Sustentável – SEMAD – Governo do Estado de Minas Gerais, 1997.

LORA, E. S. **Prevenção e controle da poluição nos setores energéticos, industrial e de transportes**. Brasília: ANEEL, 2000.

LUSTOSA, M. C. J. Industrialização, meio ambiente, inovação e competitividade. In: MAY, P. H.; LUSTOSA, M.C.; VINHA, V. **Economia do meio ambiente**: teoria e prática. Rio de Janeiro: Elsevier, 2003. p. 155-172.

LUZZI, D. A "ambientalização" da educação formal. Um diálogo aberto na complexidade do campo educativo. In: LEFF, E. **A complexidade ambiental**. São Paulo: Cortez, 2003. p. 178-216.

MAGLIO, I. C. **Análise ambiental**: uma visão multidisciplinar. 2. ed. São Paulo: Universidade Estadual Paulista, 1995.

MAIMON, D. **Passaporte verde**: gestão ambiental e competitividade. Rio de Janeiro: Qualitymark, 1996.

MARX, K. **Capital**. New York: Vintage Books, 1977. v. 1.

__________. __________. **Capital**. New York: Vintage Books, 1981. v. 2 e 3.

MASLOW, A. The comparative approach to social behavior. **Journal of Social Forces**, 15, 487-490, 1937.

__________. A theory of human motivation. **Psychological Review**, 50, 370–396. p. 88-101, 1943.

MATTOS, M. Brasil finaliza proposta para elaboração de lista de bens ambientais na OMC. Disponível em: <http://www.mma.gov.br/ascom/ultimas/index.cfm?id=2686>. Acesso em: 19 jul. 2006.

MENDES, A. D. Envolvimento e desenvolvimento: introdução à simpatia de todas as coisas. In: CAVALCANTI, C. **Desenvolvimento e natureza**: estudo para uma sociedade sustentável. 2. ed. São Paulo: Cortez; Recife: Fundação Joaquim Nabuco, 1998. p. 54-76.

MILARÉ, E. **Direito do ambiente**: doutrina-jurisprudência-glossário. São Paulo: Revista dos Tribunais, 2004.

MINISTÉRIO DO MEIO AMBIENTE, MMA. Disponível em: <http://www.mma.gov.br/ port/sds/index.cfm> Acesso em: 21 dez. 2006.

__________. Ministro do STF vota a favor de dispositivo da Lei de Compensação Ambiental. Disponível em: <http://www.mma.gov.br/ascom/ultimas/index.cfm?id=2623>. Acesso em: 16 jun. 2006.

MONTEIRO, A. G. **Metodologia de avaliação de custos ambientais provocados por vazamento de óleo**: o estudo de caso do complexo REDUC-DTSE. 2003. Tese (Doutorado em Planejamento Energético e Ambiental) – Universidade do Rio de Janeiro, Rio de Janeiro.

MOREIRA, I. V. D. Aplicações da Avaliação de Impactos Ambientais: critérios para a seleção de projetos. In: **Manual de avaliação de impactos ambientais**. 2. ed. Curitiba: IAP: GTZ, 1993.

MOTTA, R. S. As técnicas das análises de custo-benefício na avaliação ambiental. In: TAUK, S. M. (Org.). **Análise ambiental**: uma visão multidisciplinar. 2. ed. São Paulo: Editora da Universidade Estadual Paulista, 1995.

__________. Regulação e instrumentos baseados no mercado: aspectos conceituais. In: MOTTA, R. S.; YOUNG, C. E. F. **Instrumentos econômicos para a gestão ambiental no Brasil**. Rio de Janeiro, 1997. Disponível em: <http://www.mma.gov.br/port/sds/index.cfm>. Acesso em: 21 nov. 2006.

MOTTA, R. S.; YOUNG, C. E. F. **Instrumentos econômicos para a gestão ambiental no Brasil**. Rio de Janeiro, 1997. Disponível em: <http://www.mma.gov.br/port/sds/index.cfm>. Acesso em: 21 nov. 2006.

MOURA, L. A. A. **Qualidade e gestão ambiental**: sugestões para implantação das Normas ISO 14000 nas Empresas. 3. ed. São Paulo: Juarez de Oliveira, 2002.

MÜLLER, G. **Desenvolvimento sustentável**: notas para a elaboração de um esquema de referência. In: BECKER, D. F. (Org.). **Desenvolvimento sustentável**: necessidade e/ou possibilidade? 3. ed. Santa Cruz do Sul: EDUNISC, 2001. p. 117-138.

NEDER, R. T. Limites políticos-institucionais ao desenvolvimento sustentável no Brasil: descentralização e espaço público em municípios de São Paulo. In: HOGAN, D. J.; VIEIRA, P. F. **Dilemas socioambientais e desenvolvimento sustentável**. 2. ed. Campinas: Editora da UNICAMP, 1995. p. 37-71.

__________. **Crise socioambiental**: estado & sociedade civil no Brasil (1982-1998). São Paulo: Annablume: FAPESP, 2002.

ORTIZ, R. A. Valoração Econômica Ambiental. In: MAY, P. H.; LUSTOSA, M. C.; VINHA, V. **Economia do meio ambiente**: teoria e prática. Rio de Janeiro: Elsevier, 2003. p. 81-99.

PEDRINI, A. G. (Org.) **Educação ambiental**: reflexões e práticas contemporâneas. 5. ed. Petrópolis: Vozes, 2002.

PEREIRA, P. A. S. **Rios, redes e regiões**: a sustentabilidade a partir de um enfoque integrado dos recursos terrestres. Porto Alegre: AGE, 2000.

PHILLIP JR., A.; MAGLIO, I. C. Política e gestão ambiental: conceitos e instrumentos. In: PHILLIP JR., A.; PELICIONI, M. C. F. **Educação ambiental e sustentabilidade**. Barueri: Manole, 2005.

PORTER, M. E.; VAN DER LINDE, C. Verde e competitivo. In: PORTER, M. **Competição**: estratégias competitivas essenciais. Rio de Janeiro: Campus, 1999.

PROÁGUA. **Cobrança pelo uso da água bruta**: experiências europeias e propostas brasileiras. GPS – RE – 011 – RO, Rio de Janeiro: COPPE/UFRJ, 2001.

QUEIROZ, S. M. P. Avaliação de impactos ambientais: conceitos, definições e objetivos. In: **Manual de avaliação de impactos ambientais**. 2. ed. Curitiba: IAP: GTZ, 1993. p. 3110-3200.

RAMPAZZO, S. E. A questão ambiental no contexto do desenvolvimento econômico. In: BECKER, D.F. (Org.). **Desenvolvimento sustentável**: necessidade e/ou possibilidade? 3. ed. Santa Cruz do Sul: EDUNISC, 2001. p. 157-188.

RAUPP, E. H. Desenvolvimento sustentável: a contabilidade num contexto de responsabilidade social de cidadania e de meio ambiente. In: VIII CONVENÇÃO DE CONTABILIDADE DO RIO GRANDE DO SUL, 2001, Gramado, RS. Disponível em: <http://www.redecontabil.com.br/ download/palestras/pal_04.pdf#search=%22ELENA%20HAHN%20RAUPP%22>. Acesso em: 4 set. 2006.

RIBEIRO, M. A. **Ecologizar**: pensando o ambiente humano. Belo Horizonte: Rona, 2000.

RIVELLI, E. A. L. Evolução da legislação ambiental no Brasil: políticas de meio ambiente, educação ambiental e desenvolvimento urbano. In: PHILLIP JR., A.; PELICIONI, M. C. F. **Educação ambiental e sustentabilidade**. Barueri: Manole, 2005. p. 285-302.

RIVERO, O. **O mito do desenvolvimento**: os países inviáveis no século XXI. Petrópolis: Vozes, 2002.

ROHDE, G. M. **Epistemologia ambiental**: uma abordagem filosófico-científica sobre a efetuação humana alopoiética. Porto Alegre: Edipucrs, 1996.

__________. Mudanças de paradigma e desenvolvimento sustentado. In: CAVALCANTI, C. **Desenvolvimento e natureza**: estudo para uma sociedade sustentável. 2. ed. São Paulo: Cortez; Recife: Fundação Joaquim Nabuco, 1998. p. 41-53.

ROMEIRO, A. R. Economia ou economia política da sustentabilidade. In: MAY, P. H.; LUSTOSA, M. C.; VINHA, V. **Economia do meio ambiente**: teoria e prática. Rio de Janeiro: Elsevier, 2003. p. 1-29.

SACHS, I. Meio ambiente e desenvolvimento: estratégias de harmonização. In: ANDRADE, M. C. et al. (Org.) **Meio ambiente, desenvolvimento e subdesenvolvimento**. São Paulo: Hucitec, 1975.

__________. **Ecodesenvolvimento**: crescer sem destruir. São Paulo: Vértice, 1986.

__________. **Estratégias de transição para o século XXI**: desenvolvimento e meio ambiente. São Paulo: Studio Nobel: Fundap, 1993.

__________. **Caminhos para o desenvolvimento sustentável**. Rio de Janeiro: Garamond, 2000.

__________. **Desenvolvimento**: includente, sustentável, sustentado. Rio de Janeiro: Garamond, 2004.

SANTOS JR., J. D. dos. Fatores etiológicos relacionados à gravidez na adolescência: vulnerabilidade a maternidade. **Cadernos: Juventude, Saúde e Desenvolvimento**, Brasília: Ministério da Saúde, 1999.

SANTOS, M. R. M. O princípio poluidor-pagador e a gestão de recursos hídricos: a experiência europeia e brasileira. In: MAY, P. H.; LUSTOSA, M. C.; VINHA, V. **Economia do meio ambiente**: teoria e prática. Rio de Janeiro: Elsevier, 2003. p. 291-313.

SÃO PAULO. SECRETARIA DE ESTADO DE MEIO AMBIENTE. **Instrumentos econômicos e financeiros**. Governo do Estado, 1998.

__________. Disponível em: <http://www.cetesb.sp.gov.br/licenciamentoo/onde_fazer/define_licenciamento.asp>. Acesso em: 14 nov. 2006.

SECOVI – SP. **Indústria imobiliária e a qualidade ambiental**: subsídios para o desenvolvimento sustentável. São Paulo: Pini, 2000.

SEIFFERT, M. E. B.; LOCH, Carlos. Systemic thinking in the environmental management: support for the sustainable development. **Journal of Cleaner Production**, 13, p. 1197-1202. 2005.

__________. **ISO 14001: Sistemas de Gestão Ambiental**: implantação objetiva e econômica. São Paulo: Atlas, 2006.

SENAI. Centro Nacional de Tecnologias Limpas (CNTL). Disponível em: <http://srvprod.sistemafiergs.org.br/ portal/page/portal/sfiergs_senai_uos/senairs_uo697>. Acesso em: 13 nov. 2006.

SENGE, Peter M. **A quinta disciplina**: arte e prática da organização de aprendizagem. São Paulo: Círculo do Livro: Best Seller, 2004.

SEROA DA MOTTA, R.; YOUNG, C. E. F. (Org.) **Instrumentos econômicos para a gestão ambiental no Brasil**. Rio de Janeiro, 1997. Disponível em: <www.mma.gov.br>.

SILVA, M. A. R. Economia dos recursos naturais. In: MAY, P. H.; LUSTOSA, M. C.; VINHA, V. **Economia do meio ambiente**: teoria e prática. Rio de Janeiro: Elsevier, 2003. p. 33-60.

SILVEIRA, V. F. Geoprocessamento como instrumento de gestão ambiental. In: PHILLIP JR., A.; ROMÉRO, M. A.; BRUNA, G. C. **Curso de gestão ambiental**. Barueri: Manole, 2004. p. 945-968.

SINDICATO DAS EMPRESAS DE COMPRA, VENDA, LOCAÇÃO E ADMINISTRAÇÃO DE IMÓVEIS DE SÃO PAULO (SECOVI – SP). **A indústria imobiliária e a qualidade ambiental**: subsídios para o desenvolvimento urbano sustentável. São Paulo: Pini, 2000.

SIRVINSKAS, L. **Manual do direito ambiental**. São Paulo: Saraiva, 2003.

SOCOLOW, R. H.; PACALA, S. W. Medidas pragmáticas: um plano para manter o carbono sob controle. **Scientific American Brasil**, 53, p. 30-37, 2006.

STAHEL, A.W. Capitalismo e entropia: os aspectos ideológicos de uma contradição e a busca de alternativas sustentáveis. In: CAVALCANTI, C. **Desenvolvimento e natureza**: estudo para uma sociedade sustentável. 2. ed. São Paulo: Cortez; Recife: Fundação Joaquim Nabuco, 1998. p. 104-127.

STIX, G. Introdução: Como consertar o clima. In: **Scientific American Brasil**. 53, p. 26-29.

TACHIZAWA, T. **Gestão ambiental e responsabilidade social corporativa**: estratégias de negócios focadas na realidade brasileira. São Paulo: Atlas, 2002.

TAKIUTI, A. D. Coordenadora do Programa de Saúde do Adolescente e do Programa Saúde da Mulher/Secretaria de Saúde do Estado de São Paulo, 2005.

TASCHNER, S. P. Degradação ambiental em favelas de São Paulo. In: TORRES, H.; COSTA, H. **População e meio ambiente**: debates e desafios. São Paulo: SENAC, 2000.

TEIXEIRA, G. Diário Oficial publica regras para compensação ambiental. Disponível em: <http://www.mma.gov.br/ascom/ultimas/index.cfm?id=2434>. Acesso em: 6 abr. 2006.

TIBOR, T.; FELDMAN, I. **ISO 14000**: um guia para as normas de gestão ambiental. São Paulo: Futura, 1996.

TIETENBERG, T. H. **Environmental economics and policy**. 4. ed. EUA: Pearson Addison Wesley, 2004.

TINOCO, J. E. P.; KRAEMER, M. E. P. **Contabilidade e gestão ambiental**. São Paulo: Atlas, 2004.

TOLMASQUIM, M. T. Economia do meio ambiente: forças e fraquezas. In: **Desenvolvimento e natureza**: estudos para uma sociedade sustentável. São Paulo: Cortez, 1995.

UNITED NATIONS ORGANIZATION (UNO). Human Development Indicators Report, 2005.

UNIVERSIDADE FEDERAL DO AMAZONAS (UFAM). Mal de Minamata (contaminação por mercúrio). Disponível em: <http://www.cq.ufam.edu.br/cd_24_05/Minamata.htm>. Acesso em: 20 jan. 2007.

USA TODAY. Green roofs swing temperatures in urban jungles. Disponível em: <http://www.usatoday.com/tech/columnist/aprilholladay/2006-04-24-green-roofs_x.htm>. Acesso em: 20 ago. 2008.

VALLE, C. E. **Como se preparar para as normas ISO 14000**: qualidade ambiental. São Paulo: Pioneira, 2000.

VESTER, F. **Ballungsgebiete in der Krise/Urban systems in crisis**. Stuttgart: Deutsche Verlags-Anstalt, 1976.

VINHA, V. As empresas e o desenvolvimento sustentável: da eco-eficiência à responsabilidade social corporativa. In: MAY, P. H.; LUSTOSA, M. C.; VINHA, V. **Economia do meio ambiente**: teoria e prática. Rio de Janeiro: Elsevier, 2003. p. 173-196.

YOUNG, C. E. F. Contabilidade Ambiental Nacional: fundamentos teóricos e aplicação empírica no Brasil. In: MAY, P. H.; LUSTOSA, M. C.; VINHA, V. **Economia do meio ambiente**: teoria e prática. Rio de Janeiro: Elsevier, 2003. p. 101-132.

Pré-impressão, impressão e acabamento

GRÁFICA SANTUÁRIO

grafica@editorasantuario.com.br
www.graficasantuario.com.br
Aparecida-SP

2019
1 2 3 4 5 6 7 8 9 10